跨界力

如何让你和产品更受欢迎

董佳韵 | 著

清华大学出版社
北京

内 容 简 介

本书是一本跨界之作，作为跨界中的事业进阶篇，重在跨界力的提升，由道到术。全书贯穿一个核心思想：给的能力（给什么？怎么给？为什么给？）；一个核心模型：跨界认知塔；一套实操方法：四种跨界类型、跨界四步骤和五大秘密技巧。

本书能够支持事业遇到瓶颈的人，得以快速获得走出困境的各项技巧和有效方法，能够支持没有资源和人脉的人，获得"真正的"人脉和资源，能够增强我们对事情的掌控力、反脆弱力、自信力，让我们在这个充满不确定性的时代拥有更多的安全感和自在感。

要实现这一切的秘密，就在于一把钥匙："给的能力"。作者鼓励所有人，不仅要懂得"吃水不忘挖井人"，更不要忘记"给你铁锹"的那个人。

本书封面贴有清华大学出版社防伪标签，无标签者不得销售。

版权所有，侵权必究。举报：010-62782989，beiqinquan@tup.tsinghua.edu.cn。

图书在版编目（CIP）数据

跨界力：如何让你和产品更受欢迎 / 董佳韵著. —北京：清华大学出版社，2021.7
ISBN 978-7-302-58452-0

Ⅰ. ①跨… Ⅱ. ①董… Ⅲ. ①产品营销 Ⅳ. ①F713.50

中国版本图书馆CIP数据核字（2021）第118421号

责任编辑：杜春杰
封面设计：刘　超
版式设计：文森时代
责任校对：马军令
责任印制：沈　露

出版发行：清华大学出版社
网　　址：http://www.tup.com.cn，http://www.wqbook.com
地　　址：北京清华大学学研大厦A座　　邮　编：100084
社 总 机：010-62770175　　邮　购：010-62786544
投稿与读者服务：010-62776969，c-service@tup.tsinghua.edu.cn
质量反馈：010-62772015，zhiliang@tup.tsinghua.edu.cn

印 装 者：小森印刷霸州有限公司
经　　销：全国新华书店
开　　本：170mm×240mm　　印　张：16.25　　插　页：2　　字　数：257千字
版　　次：2021年9月第1版　　印　次：2021年9月第1次印刷
定　　价：59.80元

产品编号：090492-01

本书从创作之初到诞生之日，历经了太多令人感动的人和故事。这些人为本书提供了大量真实案例、个人观点，他们毫不吝啬，不求回报，对整本书的创作、出版、推广等环节可谓功不可没。在此，我们把他们的姓名、职务和部分人的照片一并附在书中以示感谢。

跨界影响力人物

胡 杨	东方今报社长	
张锡磊	中原网副总编辑	
晓 弛	河南广播电视台交通事业部房产工作室	
沈丹丹	音乐人	
Yulia Pogrebnyak	Professor of Military institute 军事学院教授	
谷铁峰	有门33班创始人	
劳家进	灯塔运营创始人	
郑 好	鸡蛋女王/爱牧农业董事长/女王驾到俱乐部发起人	
邹豫丹	行动学堂合伙人/混池大学创新助教/思维模型实验室气质主播	
佘枭飞	WorkFace 召集人/美图文创总经理	
邱琪琛	美食博主/阿邱文化传媒品牌总监	
李 亚	南开大学商学院金牌教授/央视经济频道专家	
杨 铎	财经作家, 代表作《裂变》《私域电商》	
李 菁	畅销书作家/女性个人品牌商业顾问	
张尚国	清华大学出版社策划编辑	
高 伟	清华大学出版社审稿编辑	
杨艳霞	河南科学技术出版社编辑	

彭春雨	《销售与市场》主编	
王振杰	资深出版人	
张 敏	中信童书主编	
李媛媛	光年小课堂主编	
张鸿雁	作者初中班主任/"全国青少年冰心文学大赛"等赛评委	
段若琦	原智联招聘华北区运营总监/津和平区政协委员	
兑 颜	华彬快消品集团河南分公司总经理	
刘蔚群	广东太古可口可乐公司粤西BU市场销售总监	
王一如	统一企业（中国）投资有限公司乳品事业部产品经理	
俞虹全	金伯利珠宝市场总监	
张多铎	英思力美语市场总监	
付少军	杭州初奥魔法式甜点创始人	
冯驰翔	驰翔读书会创始人	
雅 桑	自媒体up主	
潘大鹏	郑州品牌联盟群主/原白象食品集团品牌主管	
刘 芳	那大沉香研究院（海南）有限公司营销副总	

备注：排名不分先后，每一位都很重要。

应文婕　苏州拾穗企业管理咨询创始人
余孝威　2020艾菲全球奖大中华区终审评委
袁孝薇　市场部网上海分会会长/驰亚科技联合创始人
张　超　市场部网海南分会会长
刘　兴　市场部网安徽分会副会长/早安艺术主理人
黄豪杰　市场部网青岛分会副会长/鑫泉教育合肥分公司市场总监
周　恒　市场部网安徽分会执行会长
周　升
紫　凡　市场部网重庆分会会长/前融创文旅TOP产品线营销策划人
钟金秀　市场部网佛山分会副会长/金宝贝（佛山）市场部负责人
付秧群　市场部网武汉分会副会长/中德名车集团营销中心总监
郭祎伟　市场部网河北分会会长/58同城到家精选C端城市经理
武　伟　市场部网宁夏分会会长/同程艺龙西北市场总监
范明湘　市场部网成都分会会长/四川合力保险代理机构总
孟晓鹏　市场部网湖南分会会长/青鸟梦想动漫游戏品牌开创者
吕博妍　市场部网哈尔滨分会会长/智联招聘哈尔滨分公司市场经理
李　泉　市场部网韶关分会分会长/哔哩体育创始人
潘小双　市场部网济南分会会长/多家高校新媒体产业导师/壹市场创始人

老　柯　市场部网/异业邦创始人
程巢宣　市场部网宁波分会常务副会长
高敏涛　市场部网西北总会会长/西安品牌策划创意行业协会/秦领会会长
刘　兴　市场部网西北创意行业协会执行会长/西安品牌
黄豪杰　市场部洛阳分会执行会长/玩转洛阳宝妈团创始人/招生邦创始人
黄鸣雷　市场部网常州分会会长/常州初见信息科技项目部总经理
李春帆　市场部网湖南分会会长/莱上市公司总监
李高峰　市场部网威海分会会长/中白文化交流中心（白俄罗斯）山东副主任
李　磊　市场部网苏州分会会长/领亚供应链总经理
柳　仝　市场部网华东总会会长/艾逗传媒董事长
马文东　市场部网北京分会会长/创一格文化创办人
南　洋　市场部网大连分会会长/网易传媒
容冠鹏　市场部网佛山分会会长/原网易传媒广州分公司项目经理
汪春友　市场部网芜湖分会会长/趣播科技负责人
王　婷　市场部网甘肃、青海分会会长/兰州康美口腔医疗集团市场部负责人
尉　言　市场部网山西分会会长/山西绿碳赋能公司总经理
许志远　市场部网济宁分会会长/济宁市饮水思源教育创始人

推荐语

跨界力是这个时代下几乎各行各业都需要的一种重要能力,从行业的变革到品牌的创新、从问题的解决方式到能力的多元融合、从思维的突破到资源的整合……本书值得每一位想要在具有不确定性的高速发展时代寻求突破和创新、拓展更多可能性的企业和个人参考学习。

——胡杨 《东方今报》社长

跨界的应用已渗透到社会中的方方面面,大到全球大型企业,小到我们每一个人。通过自身资源的某一特性与其他表面上看似不相干的资源进行有效而特别的搭配应用,可放大相互资源的价值,甚至可以经融合面世出一个出乎意料的完整独立个体。董佳韵通过自己的方式,演绎不同的跨界故事。只要用心而为,"跨界"就能为出一片新天地。

——赵丹虹 河南网易文化传媒总经理

所谓的跨界力,反映出的是一个人解决问题的综合能力。而解决问题能力的高低,决定了你的价值所在。每一个问题,如果都能总结出最佳解决方案,那就等同于积累了一份场景的应对措施,日积月累下来,你能应对的场景会让你远超同龄人。解决问题的能力源于不断的学习,佳韵分享的思考体系和众多案例,能够帮你积累更多场景,梳理自己的思考方式。

——陈欣 凤凰网商业市场总经理

身处营销领域这么多年,很少看到切入点是从"How"中的"跨界"这一点出发,试图向营销前端"Who,What"更深层面的探究和反溯。透过本书,可以看出作者比较深厚的营销实践能力和超强的总结能力，这是一本适合于品牌和营销爱好者学习的好书。

——关海涛　荣耀中国区 CMO / 中国区副总裁

跨界是一个很重要的话题，而往往被简单理解为异业合作、跨界营销。我多次在营销和创新论坛上以"跨界、创新"为主题内容发表演讲，把跨界和创新画上等号。成功的商业创新都是从跨界开始的，都是将不同的模式与事物进行跨界组合，就如同动画片跨界旅游成就了迪士尼乐园和主题公园行业。同样，个人的成功也是在跨界中突破原有范畴、打开思维定势而获得的。董佳韵把"跨界力"作为一种思想和方法做了全面思考和总结，对职场人有特别的启发意义和学习价值。

——郭为文　品牌战略和文旅产业顾问 / 前携程集团战略合作和营销创新部总经理 / 市场传播部总经理 / "携程在手，说走就走"品牌定位打造者

跨界，首先是一种基于文化属性的自我认知。伴随人类文明进入不同发展阶段，广义的跨界行为普遍存在于社会和经济的各个层面，其产生源于本体感受到自身不足，需要借助外力进行赋能、增强、迭代进化。如果要对跨界进行溯源，那么人类历史早期当中为了趋利避害追寻更好的生存环境的人种迁徙和融合，可以说就是最早的"跨界力"行动之一。

回到当下，互联网的发展在极短时期内迅速改变了世界形态，传统行业、传统产业在互联网裹挟和激发下，或往死或涅槃。而 2019 年年末的一场新冠肺炎疫情，更挑战着很多行业和品牌的生存底线——"不变即死"。我们看到层出不穷的创意跨界案例，既有成功也有哗众取宠。Anyway，行动力是最重要的，过程中可以纠偏，可以打怪升级。

本书作者从诸多亲身或亲闻实践中将理论春风化雨般滋润读者心田，值得点灯细读。

——王晓琳　豫园文商集团战略发展部联席总经理

看书名以为是市场上的工具书，看后觉得是一种"创新思维的创新演绎"。打开思维格局，你会发现"跨界"会让工作、生活、交友等变得更加生动、有趣、有效。一个"给"字，不仅仅是字面上的给予、支持和帮助，更多收获的恰恰是因为"给"而带来的惊喜。换个角度去思考，换种方式去构想，它（这本书）会带"给"你更多的收获。惊喜，无处不在……

——刘蔚群　广东太古可口可乐有限公司市场销售总监

对于那些明智地使用本书中所分享的五大跨界秘密技巧的人来说，他们终将获得更强大的品牌效力和更惊人的投资回报率。我亲眼见过这些秘密技巧被付诸实践，并且都被证明是切实可行的跨界攻略。

——王一如　统一企业（中国）投资有限公司乳品事业部产品经理

互联网的下半场是"红海"竞争，但却是属于跨界人才的"蓝海"畅游。每家公司都开始寻觅 π 型人才，他们把 T 型人才的垂直专业和横向延展再做突破，并完全跨界到全新的领域去进行探索。这是未来十年的人才发展趋势。这本《跨界力》就是让你我在这场全新浪潮中找到底层逻辑，打通任督二脉，少走弯路，找到适合你我的跨界阵地。

——刘硕裴　腾讯直播商务总监/腾讯学院高级讲师

"利己必先利他"，作者藉由自身经验，总结分享了实际的跨界做法与成果。当你能学会把"给"的精神运用于跨界合作时，就等于是在带领一个超大规模且超高绩效的团队，那么你自然容易更胜一筹。

——胡馨如　宝洁前大中华区传播与公关部总经理/国际五百强企业高管教练

跨界资源整合能力，是衡量一个市场人自身价值的重要维度。因为跨界所需要的逻辑思考力、人脉网络、沟通力、可靠性、信任度以及为人处世等方面的综合能力，是跨界成功所需要的底层能力。董佳韵的《跨界力》不仅提炼了她多年成功跨界实践的理论框架，也在底层能力的提升上给出了具体的实操步骤，读来让人有一种久违的清新感。

——丰涛　中国银联品牌营销部高级总监

作为老朋友及合作伙伴，我深知市场部网的社群运营极具特色，而董佳韵正是这个版块的负责人。这本书的内容从理论、观点、方法、案例、工具方面完整阐述了一套"舍与得"的跨界应用科学体系，并且这套方法论也完全符合黄金圈法则。金氏世界纪录保持者、世界第一汽车推销员乔•吉拉德说过："我们实际上推销的是我们自己……"

——孙浩　中国广告协会理事/中欧市场营销协会会长/锦绣红枫咨询集团董事长

跨界，不仅需要勇气，更需要方法。在一个你不熟悉的领域要想获得成功，已有的资产、经验或知识可能无法得到有效施展，而如果一切重新开始积累，那么你输掉的是时间成本会带给你的机会。本书作者在她在学习和实战中得到的经验当中归纳出一套跨界方法论，对于准备尝试跨界的读者来说，拥有这本书实属事半功倍的幸事。

——陈华杰　上海丽人丽妆资深总监/上海家化六神前品牌总监

这是一个快速变化的时代，变得让人有些不知所措，变得让人感觉时刻需要"充电"。当我看见董佳韵女士的这本《跨界力》后受到了很大启发，原来应对变化的最好办法就是开放——打开自己的边界，用跨界的思路走出一条新路。

而对于如何打开自我的边界，书中提到的善意和真诚这两点是非常重要的，"利他"是解决一切困难的利器，"讲真话"是最好的自我介绍方式，作者的这个观点也正是我自己几十年职场经验的总结，希望这本书能带给更多的朋友以启发和思考。

——韩秀超　上海云连品牌管理有限公司创始人/百事可乐前市场总监/壳牌石油合资公司总经理

自序

我知道一个令人雀跃的秘密,它能为我们带来好运,还有我们想要的东西,包括生活和事业。

它曾经无数次给我带来意想不到的惊喜和感动。遗憾的是,过去我并不知道为什么我能够在每一个十字路口遇见那些贵人,更没有意识到,原来我一直都悄无声息地拥有这个秘密。

我有一个秘密

6年前,有一次我到外地帮公司经销商消化库存,同时策划品牌活动,提升产品在当地的知名度。而我恐惧的是,自己在那个地方一个人也不认识。没想到半天不到,我就找齐了所需要的全部资源。准确地说,是我得到了一连串陌生人的帮助。

2016年,是我人生中最大的转折点,许多事情都发生了变故。当人生跌入谷底时,我以为会体会到"人走茶凉"的感觉。没想到的是,无论是坚持举办的跨界品牌对接会,还是LADY DONG全球视野女性论坛,这之后的每一届都令我深受感动。我时常收到这样的信息:

"会长,有什么我能帮忙的吗?我可以早点过去。"

"佳韵,你路上不用着急,这边有我呢!"

"佳韵,你这次的媒体稿件我包了。"

"佳韵,现场的伴手礼我包了。"

"佳韵,需要我做什么你尽管发话。"

"佳韵,我去做志愿者吧!"

"佳韵……"

(嗯……写下这些文字的时候,我的嗓子哽咽了。)

我问他们："我何德何能得到你们这么多的支持,何德何能被你们这么信赖?"

我收到的只有几个字："因为你值得啊!"

于是,那几年,我没花一分钱,就和朋友们一起举办了3届500人的女性论坛,还有众多期的主题沙龙,帮助本地女性朋友聆听到了许多知名畅销书作家的分享。如美国洛杉矶前任副市长陈愉(Joy Chen)、德国本·福尔曼教授、畅销书作者李菁和沉香红……在邀请他们之前,我们从未见过面,也就是他们根本不知道董佳韵是谁。

然而,幸运和感动的是,他们都给予了我莫大支持。这里面有太多的故事,如果你愿意听,有机会我会继续分享给你们。

说起来很奇怪,我似乎有一种能量,总是能够在重要时刻获得许多的信赖和帮助。正如这本书能够出版,就是一个又一个未曾谋面过的朋友的引荐。

突然想起一件事。在本书书稿刚刚完成的时候,我的笔记本电脑突然开不了机了,情急之下,我发了一个朋友圈求救。

很快,一个联想的朋友立刻打来电话,告诉了我所有的解决办法。挂完电话,我的微信又收到酒店总经理李晓萍的信息(我们刚认识不久),她直接让公司技术部和我通了电话。刚挂完电话,李总(李晓萍总经理)又推过来一个叫王晓伟的微信名片,留言说:"这个朋友很专业,报我的名字。"

当天晚上7点,天空下着小雨,王晓伟开车来我家楼下取走了我的笔记本电脑。两天后,他就开车给送了回来。巧的是,那天天空依然飘着小雨,大概老天和我一样,都被感动了吧。

这样的故事,这样的感动,充盈着我的生活……

每次看到朋友们聚精会神听我分享,目光中流露出羡慕和好奇的眼神,我都特别希望能将这一份幸运传递出去。于是,我决定向大家公开这背后的秘密——

"给。"

所谓"给",就是一种换位思考,是一种很自然地优先为别人着想的思维方式,更是一种懂得如何帮助别人的能力。简单来说,就是不仅要愿意给,还要懂得如何给,同时要具备给的能力,这三者缺一不可。换句话说,这里面包含着洞察力、善良、热情、自我认知、资源整合、沟通力等一系列特质与能力。

秘密是如何发挥能量的

在传播"给"这一秘密的过程中,我发现它在事业中的确给予了大家非常强大的力量。

一位朋友兴高采烈地打来电话告诉我说,她终于和她非常喜欢的一家知名企业合作成功了。有趣的是,对方历来不跟其他人进行类似的合作,但她们第一次见面就敲定了合作细节。

这位朋友当时在某家连锁洗衣店任市场总监。记得我们第一次见面时,她曾说自己很迷茫,不知道洗衣行业该如何突破和创新。我很好奇她究竟是怎样打破对方底线的?

她说,一开始她也不清楚,直到事后对方负责人跟她说了这么一番话:"你知道吗?其实我们一般是不轻易跟别人合作的,更何况咱们是第一次见面。但你知道为什么我要和你合作吗?"

她说:"不知道。"

对方负责人说:"就是因为在我们第一次聊天时,我觉得你真的太真诚了,你不断地说你还有什么可以支持到我们,你还能为我们做什么,甚至有些是你的个人资源。说真的,你是我遇到过的第一个在谈合作时,这么不像谈判的合作伙伴。当时我就立马决定,一定要跟你合作。"

接着,我的这位朋友对我说:"我一直记得你讲的一句话,我印象特别深。"

"哪句话?"我问道。

"能给的资源要可劲儿地给。"听她这么一说,我没忍住,哈哈地笑了起来,心想这句话挺"佳韵"风格的。

"说真的,你这句话与大家通常理解的谈判技巧完全不一样。一开始我对这么'傻'的做法也是半信半疑,但我用的这几次全都收到了意外效果。我太幸运了!佳韵,认识你太好了!"

我不太好意思地笑了。

再后来,越来越多的老板和高管掌握了"好运"的秘密,他们的事业也突破了卡点,实现了更多的合作和创新。

- 一个新兴的矿泉水品牌,本着"给"的精神,仅在一场跨界沙龙中,就增加了5个长期合作的知名品牌,且收获了6笔订单。

- 一个创业做国际少儿舞蹈学校的朋友,在一场跨界沙龙中,热情地帮助其他会员对接资源后,意外地收到了群友为她即将举办的大赛所提供的总价值50万元的实物赞助。
- 一个新进入本地的网约车品牌,其负责人从没有人脉,到迅速和10家知名品牌成功合作,在一个月内便迅速打开了本地市场。
- 一个乳饮品牌以超低成本价,为一个卤肉店品牌提供新品作为活动赠品,结果9天时间里,不仅让卤肉店的店面营收增长了21万元,而且该乳饮品牌既消化了库存,又实现了更多顾客对新品的体验,实现了双赢。
- 一个本地知名的连锁餐饮品牌,为他们的顾客提供了超出期待的服务和惊喜,获得了极好的口碑,成为所在餐饮街区最火爆的品牌,在别家生意冷清的情况下,他们的门前却排起了长队。

……

不止如此,还有许多朋友的人生也发生了逆转。

我身边有许多朋友的人生都令人羡慕,他们遇到困难时,总是有很多人伸手去帮助他们,而且帮得义无反顾、毫无所求。

我想分享给你的是:没有人会拒绝真诚的、善良的、美好的人。

这就是我在本书中想要送给你的第一份跨界礼物:一份关于"好运"的秘密。

为什么要写这本书

除了"给"的能力外,在本书中,你还会经常看到这样的思想:突破原有边界,以及10种跨界思维中最常用到的用户思维(换位思考)。这些思想能够帮助你提升解决问题的能力,激发你的创意,引领你嗅到一些特别的机会。这种突破原有边界的内在力量,就是跨界力。

在这个时代,唯一不变的是变化。

共享单车来的时候,自行车不太好卖了;外卖行业兴起之后,餐饮实体店的销量受影响了;网约车出现之后,出租车行业受波动了;线上购物越来越便利,线下实体店的生意越来越难做了;手机的拍摄功能越来越强大,普通相机销量下滑了……

自序

还记得那个新闻吗？收费站员工下岗后，哭诉"除了收费，我什么也不会"。其实，不仅如此，很多行业都在变。银行自助体系和线上支付越来越方便、安全，银行柜员的岗位越来越少了；餐饮店上了自助点单系统，服务员数量明显减少了；企业里专职负责打字和复印的岗位已经基本不存在了……随着科技、互联网和社会的飞速发展，各行各业的岗位会越来越少，更多的人面临着下岗或者转行的危机。

然而，与此同时，我们不仅发现了——瓜子品牌出面膜、奶糖品牌出润唇膏、食用油品牌出卸妆油、音乐品牌开酒店、花露水品牌出鸡尾酒、饮料品牌出表白瓶、轮胎品牌跨界餐饮、洗衣店里开咖啡馆、图书出版社跨界影业、银行跨界书店、书店跨界电影院、电影跨界共享单车……还发现了——主持人跨界潮品、歌手做演员、演员开饭店、教师辞职创业、高管成为斜杠青年、旅行家同时也是摄影师和作家……我也一样，既写书，又讲课，还做咨询和平台。我们每个人都有了更多重的身份。

那么，问题来了——

- 为什么有些企业愿意去跨界并且跨界成功，而有些企业则不去跨界或跨界失败？
- 为什么有的人生精彩纷呈，而有的人生却犹如囚牢？
- 为什么有的人能够自在面对人生困境，而有的人则时常被问题卡住？

这是过去我一直在思考的问题，也是本书的由来。有差别就一定有原因，找到原因，我们就能够设计一座"桥梁"，找出问题的答案。

随着研究的深入，我发现，拥有跨界力是一种相当独特而又省力的生活方式，它不仅对我们的事业有极大的帮助，更会引领我们过上自在的生活。

我真心地希望这本书能够帮助到那些暂时身处瓶颈的朋友，让我们一起"看见"更多的可能。我也期待着未来不久后，你能成为一名跨界践行官，并能够帮助更多处在困境中的朋友实现跨界梦想。

我们每一个人都是如此的优秀，期待我们大家都能成为自己人生/事业的设计师，真心地祝福你的生活、事业、爱情终将圆满！愿你此生，温暖而又自在！

董佳韵

2021 年 6 月

夸力

如何让你和产品更受欢迎

董佳韵 著

为什么要拥有跨界力？

什么是真正的跨界

- 跨界VS跨界力
- 跨界力能带来什么价值
  - 社会的价值
  - 公司的价值
  - 个人生命的价值

跨界的应用

- 行业进程
- 学术领域
- 问题解决
- 品牌领域
- 社交领域
- 生涯发展
- 个人发展

如何拥有跨界力

跨界力三要素

- 10个必……
  - 用户思维、整……
  - 突破思维、让……
  - 关联思维、发散思维……
- 打造个……
- 建立真正……

重新定义"真正……
五个方法，让更……
关于感恩，你有……

跨界四大类型

产品跨界：让产品捕获消费者的心

两种常见的应用方法

案例1：一个瓶盖上的16个小心思
产品创意好不好，取决于是否满足了用户三个层次的需求

案例2：可以咬着吃的饮料瓶
人们总是会对"美好的事物"感兴趣并乐意买单

如何发现用户的需求

案例3：令人尖叫的跨界单品
一切创意，均来源于生活中点滴需求的洞察

体验跨界：如何打造体验感创造出乎意料的惊喜

体验跨界的3种类型

案例1：儿童绘本中隐藏的非凡体验
A+B→A'、峰终定律、
如何打造出乎意料的惊喜
不正经的书店和咖啡馆、可以直接吃的食谱

案例2：实体店的跨界惊喜
情感共鸣——"爱屋"之后，"及乌"了吗
找到你的秘密所在

案例3：集合型商业绝非简单的聚集和拼凑
抢夺金钱VS抢夺时间
如何做才是有效的商业集合体（2大考虑+3大特性+3大步骤）

形象……
的
三种……

营销……
的
4种……

| 目　录 |

第一部分　为什么要拥有跨界力

第1章　什么是真正的跨界
　　1.1　跨界是什么 / 002
　　1.2　跨界力能带来什么价值 / 003

第2章　这些领域竟然都藏着跨界的秘密
　　2.1　行业进程：出版业为什么没有发现薛兆丰 / 006
　　2.2　学术领域：《生命是什么》竟然出自一位物理学家 / 008
　　2.3　问题解决：你的房间会说话 / 009
　　2.4　品牌领域：为什么你无法像他们一样创造"新鲜感" / 011
　　2.5　社交领域：这么重要的场合，她却输在了一个动作上 / 013
　　2.6　生涯发展：当你觉得"走不下去"时 / 014
　　2.7　个人发展：一个普通 HR 的逆袭 / 017

第二部分　如何拥有跨界力

第3章　掌握这三点，就能拥有跨界力
　　3.1　10 种必备的跨界思维 / 020
　　3.2　打造你的个人知识体系 / 026
　　3.3　建立真正的跨界资源和人脉 / 028

第4章　吃透"六层塔"，就能将跨界运用自如
　　4.1　为什么一个植入，就能带来销量的猛涨 / 034
　　4.2　有趣的厕纸创意 / 035
　　4.3　跨界认知塔 / 036

第三部分 跨界的类型

第5章 产品跨界：如何让产品捕获消费者的心

5.1 案例1：一个瓶盖上的16个小心思 / 052

5.2 案例2：可以咬着吃的饮料瓶 / 055

5.3 案例3：令人尖叫的跨界单品 / 058

第6章 形象跨界：如何一秒脱颖而出，唤醒用户关注

6.1 案例1：给产品换身会说话的衣服 / 061

6.2 案例2：这瓶水长了红鼻子 / 065

6.3 案例3：可以扫码登机的饮料 / 067

第7章 体验跨界：如何打造出乎意料的惊喜

7.1 案例1：儿童绘本中隐藏的非凡体验 / 072

7.2 案例2：实体店的跨界惊喜 / 078

7.3 案例3：集合型商业绝非简单的聚集和拼凑 / 081

第8章 营销跨界：如何让你的创意不可思议

8.1 案例1：麦当劳和温度的创意 / 084

8.2 案例2：跨界IP的联合 / 091

8.3 案例3：多品牌联动 / 093

8.4 案例4：渠道跨界 / 097

8.5 案例5：你敢不敢跨到竞品那里 / 098

第四部分 着手跨界

第9章 需求定位：四个基本维度，精准定位跨界需求

9.1 分析需求的4个基本维度及工具 / 103

9.2 常见的4种跨界动机 / 122

第10章 对象锁定：四种方法三大要素锁定跨界对象，让用户上瘾

10.1 4种定位方法，助你锁定跨界对象 / 130

10.2 掌握3种要素，让用户对你上瘾 / 132

第11章 成功砝码：四种操作方法，增强跨界成功的砝码

11.1 4种方法，助你成功找到跨界人脉和资源 / 141

11.2 两种价值观助你成功说服 / 148

第12章 策划执行：运用生理学和心理学，打造高体验感的一系列实操秘密

12.1 如何通过跨界提升利润 / 154

12.2 有一个事实很恐怖，你的产品在别人那里正趋于免费 / 156

12.3 如何策划并执行好一场完美的活动 / 170

第五部分 跨界技巧

第13章 跨界漏洞：出现率最高的六大跨界漏洞

13.1 闪婚契约不牢靠 / 198

13.2 双方信息不对称 / 199

13.3 执行能力不对等 / 201

13.4 一不小心搞乌龙 / 203

13.5 突发事件利益碰 / 204

13.6 责任黑洞没人领 / 205

第14章 跨界危机：如何从意外崩塌的危机中逆转翻盘

14.1 处理跨界危机的2个核心原则 / 208

14.2 面对跨界危机时的3种思维方式 / 209

14.3 跨界危机事件案例 / 209

第15章 跨界法则：六个不可不知的跨界法则

15.1 清晰的跨界目的 / 211

15.2 吻合的品牌期待 / 212

15.3 丰富的资源人脉 / 213

15.4 谦虚的跨界姿态 / 214

15.5 真诚为他人负责 / 215
15.6 高标准以终为始 / 216

第16章 跨界雷区：这六个雷区千万不要踩

16.1 有色眼镜，认知失衡 / 218
16.2 漠视关联，忽视细节 / 219
16.3 信息失真，信任危机 / 220
16.4 出尔反尔，口碑危机 / 220
16.5 关注自己，不顾他人 / 222
16.6 只顾眼前，不看长线 / 222

第17章 跨界资源：如何有效积累跨界资源

17.1 成为资源结点 / 225
17.2 加入圈层组织 / 226
17.3 自建资源林子 / 227
17.4 带着真诚，处处皆资源 / 228
17.5 树个人品牌，自带吸引力 / 230
17.6 留下求助的印迹 / 231

参考文献

附录

致谢信

跨界行家如是说

第一部分
为什么要拥有跨界力

2018年，我第一次在北京的一个咖啡馆与美国洛杉矶前任副市长陈愉（Joy Chen）见面，我非常感激2017年时远在美国的她，特意为我们LADY DONG第二届全球视野女性论坛远程录制视频分享，而那时我们未曾谋面。我深深地感激这份信任和支持，更被她的故事和气质深深吸引。她，不仅是全球精英猎头，也是《30岁趁势而为》《30岁前别结婚》两本畅销书的作家。在我眼中，她是非常优秀的女性能量代表，更是实现人生跨界的榜样力量。

2020年春晚，演员佟丽娅在以央视春晚主持人之一的身份惊艳亮相；大家熟知的赵薇、苏有朋不仅是演员，也是导演；"非诚勿扰"节目主持人孟非开了家餐馆"孟非的小面"；歌手薛之谦开了家火锅店"上上谦火锅"……

洽洽瓜子出了一款"瓜子脸"面膜，瞬间就被一抢而空；周黑鸭出了一款色号名为"微辣""中辣""爆辣"的系列口红；大白兔奶糖出了同款味道的润唇膏；咖啡馆里可以干洗衣服；电影院里可以看书；书店里可以住宿；亚朵酒店和网易云音乐联合推出了"睡音乐主题酒店"；宜家出了一款超级便利的创意食谱（以上内容本书中会有详细介绍）……

很有可能你并不是第一次听说"跨界"这两个字，可究竟什么才是真正的跨界？我们要跨到哪里去？要如何跨？拥有跨界力能为我们带来什么？假如知道了这些问题的答案，我们是不是就能拥有一套神奇的魔法？

对此，我可以非常确信地说，跨界力不仅能在非常多的领域中为我们带来意料之外的惊喜，甚至你会从此拥有奇妙的好运气，而且它非常简单易懂。唯一的遗憾就是，它太容易被我们忽视了。

本部分，我们就从根本上来了解跨界和跨界力，然后一起掌握它在事业、生活中广泛存在的秘密能量。

第 1 章　什么是真正的跨界

有一次，我作为分享嘉宾应邀出席一个峰会论坛，期间主持人忽然问我："你觉得跨界难吗？"

我想了想，说："跨界很难，但也不难，难的在于当你不懂跨界、没有资源、没有跨界思维、没有与你一样具备跨界力的合作伙伴时，孤掌难鸣；说它不难，又在于当你具备了跨界力，你就可以创意迭出、事半功倍，突破很多卡点，拥有很多选择权，活得自由自在。"

"听起来挺神奇的。那究竟什么是跨界力？"主持人好奇地问道。

要解释跨界力，就要先弄明白什么是跨界。

1.1　跨界是什么

说实话，虽然大量的案例和事实都证明了跨界的存在和其非凡的价值，但每当有人问我到底什么是跨界时，在对跨界研究的初期，我居然无法简单地用一句话来描述它。

这是真的。

于是，我不断地探索和找寻能将跨界解释明白的一句话。我将收集来的各个线索进行了整理和研究，下面两个定义是我个人认为比较有代表性的。

版本 1：跨界是指以共享资源为前提，以消费关联为纽带，以提升效益或市场发展为目标而展开的系统性合作。

版本 2：跨界是指突破原有行业的惯例或者常规，通过融合其他行业的理念和技术，实现创新和突破。

随着研究的深入，我又觉得这两个概念比较片面，无法体现真正的跨界内涵。严格来讲，第一个版本属于"跨界合作"的定义，第二个版本偏向于创新和整合。然而，人生就像是一个球形体，不仅有事业，还有生活、关系、情感、兴趣……因此，这些版本无法代表跨界在人生中全部领域的含义和价值。

直到有一天，我恍然大悟：其实，"跨界"这两个字，本就是它最好的解释，何必舍本求末？所有韵味都蕴含在这两个字里面，也就是——什么"界"？怎么"跨"？

在事业中，"界"有可能是行业之间的边界、企业之间的边界、企业内部部门之间的边界、地域的边界、时间的边界、品牌之间的边界、品类之间的边界、创意的边界、经验/惯例的边界、人群的边界……

而在人生其他领域，"界"有可能是思维的边界、眼界的边界、能力的边界、认知的边界、角色的边界、习惯的边界、关系的边界、心灵的边界、规则的边界……

因此，所谓"跨界"，就是有选择地突破固有边界的局限，重塑可能，获得自在。而后八个字正是跨界的非凡价值所在。

但是，我必须在此郑重强调的是，看不见的"界"有很多，每个人在不同领域都有可能存在着边界的概念，但并不是所有的"界"都可以跨，也不是所有的"界"都有必要跨。

有些"界"是种保护，有些"界"是座监狱，正如有些规则（法律、组织规章等）人人必须遵守，它保护着整体运作的协调统一；有些规则（企业文化、不合理的制度等）则需要不断更新，以适应不断变化的外界。

我们提倡的是，跨越那些禁锢我们的视野、封锁我们的创意、阻碍我们成长的"监狱型"界限。

1.2 跨界力能带来什么价值

讲明白了什么是"跨界"，"跨界力"也就容易理解了。

跨界力，就是突破原有边界的内在力量，是当下最适合我们这个时代的生活和成长方式。

"这怎么还成了一种生活和成长方式呢？"[①]

其实，不止你一个人会这么以为，我想告诉你的是，跨界的价值远远不止是我们看到的那样。有可能我们以为只是在做一个创意，在做一个品牌联合，却一不小心为我们个人的未来，为整个公司，乃至为整个社会做出无法估量的贡献。

1. 你有可能为社会创造了价值

（1）学术上的创新和发展。《生命是什么》被称为"唤起生物学革命的小册子"，是由物理学家薛定谔在1943年出版的。我们熟知的犯罪心理学、超市陈列设计、领导力课程等，就是心理学和法学、经济学、管理学等学科的结合。

（2）技术上的创新和发展。触摸屏技术，最早是应用在军方和工业技术领域的，后来才广泛应用在了手机、电视、医院、KTV点歌台等领域。还有AI人工智能，被广泛应用在了汽车、智能家居、儿童教育、酒店服务等领域。

（3）生活的便利。有了外卖平台、网约车平台、旅行平台、支付平台等各大平台，我们的吃喝玩乐、衣食住行都更加便捷。再有，日常可见的品牌活动、节庆活动，也大大提高了人们生活的幸福指数。

（4）社会的安全和谐。拥有跨界力，能够让我们拥有解决问题的能力，并在一定程度上帮我们减少抑郁、焦虑或极端事件的发生。例如，要不到账的人可以选择更好的途径解决问题，失业或下岗的人有更多能力重新开始。

2. 你有可能为公司创造了价值

（1）节约成本。基于跨界合作，你有很大的可能为公司节约必要的和不必要的成本，例如，你通过置换的形式，省去了原本的成本支出；或者基于你在跨界圈的人脉，你获得了行业的精准信息，减少了花冤枉钱的概率；或者基于你的价值和口碑，你拿到了很特别的价格，节省了大量成本。

（2）创造增量。很多品牌通过跨界合作带来了品牌曝光、品牌创新、人格

---

① 本书中存在多处这样的设问形式。这些疑问是站在读者角度提出来的（全书余同）。

化塑造、市场占有率、用户喜好度、用户黏性、销售量、访问量、传播度……例如,杜蕾斯、江小白、可口可乐、宜家等(本书后面章节中有具体案例介绍)。

3. 你有可能重塑了个人生命形象

(1)事业成长。基于优秀的跨界案例,作为职业经理人,你的职业履历会相当亮眼;作为创业者,你的事业会事半功倍地前进。你会获得成就感、尊重、行业口碑、更多机会、个人魅力和吸引力、金钱回报等。而这些,不正是我们一路在追寻的价值吗?

(2)关系成长。作为跨界者,你懂得角色切换,懂得觉察,懂得沟通,拥有弹性,你会获得更舒适和更真挚的社交关系、更良性且更和谐的家庭关系、更滋润和更温暖的亲密关系,而这些,不正是我们人生终极追求的快乐吗?

(3)内在成长。拥有跨界能力的你能在很多场景下坦然自若,游刃有余地处理问题,看到事情的更多面,探索到更多可能性,对自己的生命和人生拥有更多的掌控力、选择权,而这些,不正是我们一直渴望的自在吗?

我可以肯定地告诉你:拥有跨界力的人生和不具备跨界力的人生是截然不同的。

有的人在遇到问题时,会 A 路不通找 B 路,B 路不通找 C 路;而有的人则会把"不可能""你自己看着办""没办法"挂在嘴边。有的人和孩子在一起,会愿意放下所有的身份,玩耍得像个孩子;而有的人,则习惯了用事业中的面孔面对父母、伴侣、孩子,他们永远遵循"我不要你觉得,我要我觉得"。[1]

---

[1] 这句话出自黄晓明在湖南卫视节目《中餐厅》中讲的话。

第 2 章　这些领域竟然都藏着跨界的秘密

社会、公司、个人，我们每个人都在为社会创造着价值。那现在我们就来看看，在具体的一些领域，我们可以运用跨界思维和方式创造出怎样的出乎意料和与众不同。

2.1　行业进程：出版业为什么没有发现薛兆丰

知名经济学家薛兆丰在"得到App"的课程销售突破6 000万时，有人提出了疑问："为什么出版业没有发现薛兆丰？"

事实上，恰恰相反，薛兆丰老师自2002年起就陆续出版了几本经济学书籍，只不过，直到通过线上课程的形式，薛老师才被更多的人知道。知名畅销书作家张德芬老师在其第一本书《遇见未知的自己》在中国台湾地区热卖之后，曾拿着书到内地寻找出版社，结果四处碰壁，直到这本书在内地热卖之后，国内一些颇有规模的出版社才纷纷找上门寻求合作。

这样看来，好的内容要如何传播给读者，是让读者认识更多"薛兆丰"的关键，也是出版社缓解成本和业绩压力的关键。如果把图书视为产品，那么大多数出版社承担的是产品设计和生产的环节，销售则基本上都是由书店（包含线上图书商城）来负责。

如果今天我们跳出来看，可以将出版社视为一个大的品牌，只不过在它之下又孵化出了一个个子品牌和产品。就像我们熟知的可口可乐公司，旗下拥有可口可乐、雪碧、美汁源、果粒奶优、酷儿、冰露……而作者的图书作品就像是这些产品，传统的出版社就像是这些产品的研发和生产商。而现在，拥有非凡跨界力的出版社需要兼顾研发、生产、运营、市场、品牌整条流水线的工作，来让产品被消费者喜欢和购买。因此，必须关注前端，才能带动后端。

一家出版社的社长说，他们一年卖出3 000万册书，却从不知道都卖给了谁。如果按获客成本来算，这些消费者的价值起码值几个亿。薛兆丰老师的故事也说明，有一件事是值得传统出版业突破的，那就是"与用户联结"，即走近消费者，走进消费者。

薛兆丰老师的新书发布会放在了北京的某菜市场，这一举动一下子引起了很多媒体的关注。还有的出版社与文创品牌推出系列文创产品、与地产合作移动图书馆、与汽车和餐饮品牌合作科普知识体验、与影视及音乐平台合作创作……出版社是内容服务商，内容是其最重要的部分，但内容的呈现形式、传播方式却有更多的玩法。

我想再提一个距离读者最近的环节——书店。

目前，大量的书店处于负盈利状态，有的书店老板跟我聊天的时候，心里十分苦恼。

我问他们："你们有没有把书店的粉丝运营起来？"

答："没有。"

"那人们来买书打折吗？"

答："一般不打折，本来利润就薄。"

"平常策划组织得怎样？"

答："没人擅长啊，你帮我招点人吧。"

所以，你觉得人们为什么来这里？这正是书店要解决的核心问题。而出版社要解决的则是：读者为什么买你出版的这本书？书店/其他渠道为什么要销售/推广你发行的这本书？也就是说，你的价值和你所给予对方的支持是什么？

对读者而言，出版社不只是策划选题、印刷文字的地方，书店也不只是一个买书的地方，出版社还可以是一个有定位的品牌，书店也可以是一种生活方式（或者是具有独特意义的空间），它们的内核便是我们赋予它们的定义。

我始终觉得，出版社既是作者的伯乐，也很像是经纪人公司。我相信再新颖的知识付费形态都无法取代纸质书，而现在正是出版业跨界的最好时机。

> **延伸思考：**
>
> 如果你是出版社的社长，或者是书店的经营者，你会怎么做呢？

2.2 学术领域：《生命是什么》竟然出自一位物理学家

"跨界"，似乎是我们这个时代才有的产物，尤其是这几年，被提及率越来越高。但事实上，在人类文明进程中无时无刻不在演绎着跨界的大作。

自达尔文于1859年发表《物种起源》之后，很多学者继续深入研究物理学、生物学、化学，并开始进行跨学科的交流和合作，人类对生命学的研究有了突飞猛进的发展。其中有一本重要的著作《生命是什么》（What is life），作者就是大名鼎鼎的奥地利著名物理学家埃尔温·薛定谔（Erwin Schrödinger）。

很多人知道薛定谔，是因为他那只非常著名的"薛定谔的猫"。他在1935年提出了有关猫生死叠加的思想实验，渴望能从物理学角度去理解生命究竟是什么。

1932年，量子力学创始人丹麦著名的物理学家玻尔（N.Bohr）提出，要把生物学研究深入到比细胞更深的层次中去，试图建立基因量子力学图像。1933年，玻尔的学生德布吕克（M·Delbrück）与生物学家雷索夫斯基（Ressovsky）、物理学家齐默（Zimmer）合作，在1935年发表了论文《突变和基因结构》（On the Nature of Gene Mutation and Gene Structure），发展了靶学说，即基因包含于微观体积（边长为10个原子距离的立方体）。

在此之后，物理学家薛定谔在1943年出版了《生命是什么》（What is life），这本书被称为"唤起生物学革命的小册子"。薛定谔用热力学和量子力学来解释生命的本质，说明了有机体的物质结构、生命活动的维持和延续、生命的遗传和变异等问题。

还有一个有趣的实验。

斯坦福大学心理系主任马克·莱博（Mark R. Lepper）和他的研究生们在学校附近的超市做了一个果酱的陈列实验：当摊位上摆放了24种果酱时，大约有60%的人驻足，而当只陈列6种果酱时，仅有40%的人会停留。显然，商品品种越多，驻足的人也越多。但是，根据最终购买的数据来看，摆放24种果酱时，只有 3% 的人付费，而当陈列 6 种果酱时，则有 30% 的人付费。

常听人说，当犯选择恐惧症时，干脆就放弃选择。看来，并不是说随着选择的增多，就一定能带来消费的增长，这就是"选择悖论"。研究表明，心理因素会影响人们的经济行为，反之，经济形势和经济状态也会影响人们的内心动态。这就是心理学与经济学中的跨界研究。

这一系列的研究来源于物理学家与生物学家、心理学与经济学的结合。同样地，我们常听说的犯罪心理学、证人心理学就是心理学与法学的结合。而我们听到的性格领导力、管理心理学，就是心理学和管理学的结合。如我们所见，学术之间的跨界融合创造出了非凡的应用价值。

延伸思考：

假如你是一位知识领域的从业者，不妨尝试一下将你的理论知识和其他学术专业或者应用场景做一翻结合，也许你会发现一个非常有价值的新课题，引领一个新的领域。

2.3 问题解决：你的房间会说话

有一段时间，我天天想着怎么对房间进行一个大的整理——能多大就多大、彻彻底底的、翻天覆地的那种。整理时，我突然想起近几年非常流行的家居整理术，于是将房间照片发给了一位整理师。没想到，这位整理师三言两语就把我当下的状态和内心潜藏的想法解读了出来，惊得我是一边震撼，一边难为情。

我问她："你是不是学过心理学？"

她说："是的。"

在《看人的艺术》（*Snoop:What Your Stuff Says About You*）一书中，作者山姆·高斯林（Sam Gosling）曾说："有时与其听别人说，不如看一看他的房间。一个人的居住环境、物品摆放都透露着这个人的内心世界。"这让我想起了我的油画老师，他总是能通过学员的油画分析出他们的性格和当下的状态。

能够和心理、疗愈相结合的整理术，比单纯的整理术更加吸引人。整理术不仅是教你如何叠放衣服、如何收纳物品，更重要的是对内在的整理、对关系的整理，以及对人生的整理。真正的断舍离也是一样，不是让你扔掉东西，而是要明白如何取舍，而如何取舍的背后，是对自己整个人生价值观的梳理。

后来，我建议她把心理学融合到她的整理术工作中，增加企业整理的项目，帮助提升企业管理和业绩。不得不承认，一个环境更加整洁的公司更能获得客户的认可。

樊登老师讲过一本书，叫《扫除道》。故事的主人公铃木先生是一家纸箱制造公司的老板，他刚接手公司时，企业状况一塌糊涂，生产环境杂乱不堪，不良产品堆积如山，收支情况糟糕透顶，员工状态懒散颓废，整个公司处于非常混乱的局面。后来，铃木先生将"扫除道"引进公司，先从厕所打扫开始，以实际行动慢慢地感染公司员工。经过一段时间的努力，公司环境干净了，生产效率和利润也都上去了，人际关系也变得和谐了，整个公司发生了根本性的改变，从陷入经营困境到逐渐发展成优秀公司。

还有一个有趣的故事。

警察抓了一个盗窃嫌疑人，在带他去辨认现场的途中路过一处宅子时，犯罪嫌疑人说："我本打算偷这家的。"警察问："那为什么后来没偷呢？"犯罪嫌疑人说："我看这家太干净了，有一种威严感，就没敢进去。"

仅仅通过打扫，就能为企业发展、社会安全带来好处，这完全与我们常规所理解的促使企业发展和社会安全的方法不同，包括那位整理师通过房间照片就能读懂我这件事在内。这些故事的背后都是心理和行为相互影响所带来的一系列变化，也就是说，我们不仅可以通过跨学科的理论和方法来解读一件事，还可以通过跨学科的理论和方法来解决一个难题，而且，我们极有可能会获得意想不到的收获。

在自我认知领域中，有一些如生命密码、DISC（人类行为语言）、人类图、MBTI（迈尔斯布里格斯类型指标）、九型人格等相关的认知工具，不仅可以帮助我们改善恋爱关系、亲密关系，还可以应用在团队管理、招聘技巧、促进销售等方面。而在提升领导力的课程中，也出现了各种新颖的主题，如情商领导力、性格领导力、心智领导力、NLP（神经语言程序学）教练技术等，这就是典型的多学科的跨界成果，简单来讲，就是"工具+目标"的公式。

只要你拥有洞察力和跨界力，就能捕捉并创造出更多有价值的方案，这就是跨学科的融合所带来的新的机会点、竞争力。

延伸思考：

观察一下你的房间，你是否能觉察到你当下的心理状态？你还发现了哪些"会说话"的生活元素？

你是否尝试过用其他领域的方法来解决你当下的问题？和家人、孩子沟通时，你是否尝试过换种交流方式来达到同样的目的？

2.4 品牌领域：为什么你无法像他们一样创造"新鲜感"

先来做一个小测试。

以下事情你是否做过？

- 你有没有涂过大白兔奶糖润唇膏？
- 你有没有涂过周黑鸭爆辣型号的口红？
- 你有没有涂过肯德基脆皮炸鸡味道的指甲油？
- 你有没有喝过故宫版的农夫山泉？
- 你有没有喝过六神花露水味道的鸡尾酒？
- 你有没有穿过老干妈卫衣？
- 你有没有住过泰坦尼克号船型的电影酒店？
- 你有没有在咖啡馆里洗过衣服？
- 你有没有喷过必胜客比萨口味的香水？
- 你有没有戴过麦当劳的汉堡钻戒？

如果你回答的"是"超过5个，那么恭喜你，你一定是一个追求生命全新体验的超级潮流引领者。如果你回答的"否"超过5个，那么恭喜你，你的世界还有大把的精彩在等着你去体验。

"可是，上面这些都是大公司，如果我只是一个普通公司的职业经理人，或者一个小小的创业者，我还能做到吗？"

首先，我想肯定地告诉你："你可以。不过，很重要的一点是，你必须先打开你的脑洞。"例如，你是做餐饮的，你有没有想过，让你的餐饮店具备某种特别的风格？我指的不是装修风格，因为我们不太可能花几十万元去重新装修。那么细节呢？你是否考虑过让你的餐厅内的付款小票、餐桌配饰、点单流程、服务员语言和工装，以及你的日常客户活动和社群创意等方面来一些新花样？诸如融入某种新的元素，或者和其他品牌做一些有趣的合作？

其次，你要做的是，去大量收集国内外优秀的、有趣的、受欢迎的创意，无论是餐饮类的，还是非餐饮类的都收集来，你一定会有启发。如果你说："没时间，我还是不会"，那么有一个偷懒的方法就是——把这本书的案例读完，做延伸思考。

最后，你要做的就是——行动。听起来很简单对吗？不，这两个字太难了！在我服务过的企业中，很多就是卡在了行动上。

也许你会说："大公司资金雄厚，我们小公司比不了。"别担心，有一个逻辑你可以参考：大企业的活动范围通常是全国，至少也是全省或几个地区。如果你经营的是家餐饮店，你的范围本来就小，就只是你的这间门店而已，那你的行动门槛其实并没有那么高。

对于那些开支较大的环节怎么办？你完全可以选择用适合你的方式替代。麦当劳出了一个跨界单品——钻戒，那么，你可以出银饰，或者布艺手工也可以。对于别人的案例，核心在于参透其背后的逻辑和创意点，然后变换成适合你自己的方式。毕竟完全照搬，一来并不雅观，二来也未必适合。

相信我，你也能创造那些出乎意料的创意，秘密就是"脑洞＋案例＋行动"。赶快去尝试吧！

延伸思考：

你的产品或品牌是否有可能尝试创造一些令人惊叹的创意？你为孩子准备的晚餐和礼物是否有可能来点儿与众不同的花样？

2.5　社交领域：这么重要的场合，她却输在了一个动作上

我想起一个很值得分享的故事。

在我们的跨界品牌对接会中，有一个"自我介绍初相识"的环节。这个环节特别有趣，因为你能从中读到很多信息。不过，我说的不是他们介绍的资源信息，而是他们在自我介绍的过程中，从表情、语气、姿势、表达方式中所传递出来的信息。

有一次，活动结束后，一位老会员说她注意到有一位来自某知名企业的市场负责人，她在自我介绍环节始终有一个姿势：双手抱臂。这位老会员说，这显然是给员工开会时的姿势，而且她的语调是向下的，让人听起来很不舒服。她对这位市场负责人的最初印象并不是很好。

此外，我还注意到了一点，这位市场负责人在发言期间时常清嗓子，声音经话筒传递出来后更让人觉得不舒服。她这么做有可能是为了掩饰发言时的紧张，不过，如果清嗓子时能稍微转一下头，离手中的话筒远一些，就能更好地照顾到其他人的听觉感受。

我们在无意识状态下，很容易忽略我们的体态和语态。我相信她的抱臂动作和清嗓子都是无意识的。然而，这些我们在无意识中传递出的令人不舒服的信号，很容易被人解读为对别人的不尊重。而尊重感，在许多情境中都像是一个无声的按钮，能让别人喜欢你，或者，不喜欢你。

从心理学角度来看，有些看起来的"不尊重"（故意的或者无意识的）只是为了掩饰内在的紧张或内心的弱势。当一个人感觉自己处于弱势时，通常会在语言和行动上表现出一些强势或夸张的行为，通过打压对方以尽可能地减少地位的落差。

优秀的人则能够很清晰地知道在什么场合中担当怎样的角色，并能留意自身的行为是否与之匹配。

在公司，你是领导；在交流会上，你是新朋友；在家里，你是伴侣、是父母；在老人面前，你是子女；在同学聚会上，你是老同学；在课堂上，你是学生。在不同的场合，你需要及时切换并找准自己在当下的角色，也就是你需要拥有

一种对角色的认知和转换能力。

之后，你才知道该使用什么技能来适应不同的场合。例如，在社交场合中，你需要具备公众演讲的语言组织（结构化思维）能力、形体表达能力、声音传递能力（你的声音是否清晰、是否听起来令人舒适）、微表情觉察力（你要分辨得出来你的发言是否引起了大家的兴趣，并能够及时做出调整）、笑容亲和力（是嬉笑、微笑，还是迪香式微笑）。

这就是你在不同场景下的一种跨界力。

延伸思考：

你是否清楚地知道，在你经常出现的几类场合中，你都需要具备哪些跨界能力呢？你是否能够恰如其分地切换你的角色？

2.6 生涯发展：当你觉得"走不下去"时

不知你是否也曾有过"走不下去"的无力感。

压力很大，孤立无援，看起来目标越来越近，用了全身的力气，却总是触不可及，越来越迷茫……这种感觉像是被蜘蛛网困住了手脚，看似有光，伸出手，却只有黑暗。

嗨！抬起头，看着我：

"你真的……无路可走了吗？"

小时候考试没考好不敢回家，感觉无路可走。可现在呢？我们早就觉得那些其实没什么大不了的。小时候觉得家里的桌子很高，长大了就觉得桌子不过才到我们的腰。我们要做的只是——让自己长高。

老天为我们准备了许多份"增高"的礼物，只是有些包裹着幸运的外衣，有些包裹着痛苦、失望、无助的外衣。打开这层外衣，你就能看见真正的礼物。贵人指引、被动辞职、亲人离世、恋人分离、事业失败……大量优秀的人，都是在人生的转折点重新认识了自己，找到了自己，最终逆风飞扬、乘风破浪。

"什么时候是转折点？"

有些时候看似无路可走，其实，还有一条路就是我们自己——A 路不通，转身看看还有没有 B 路，B 路不通，别忘了问问身边的人有没有 C 路可以走。

有一次，有一个绝佳的渠道合作机会，我分别告诉了 A、B、C 三人，A 一边想参与，一边说正在做一个方案，时间冲突；B 蹦跳着说这个机会太难得了，可是他的关键负责人 D 正在补觉，手机始终未接；C 推掉了当天下午的所有安排，孤身一人跑到外地参与了这次行程。

最后，C 不仅对接到预期的合作，还额外结识了两个非常关键的重量级人物，并受邀再次详谈。A 忙完问我："还能去吗？"我说："来不及了。"B 懊悔地说："真的是错过了……"我说："你完全可以直接去 D 家里找他的，如果你忘了他家的地址，可以问他同事……"（以上故事部分信息做了模糊处理）。

其实，这个世界上没有那么多的绝路，却有许多绝处逢生的机会。

当然，如果你真的不想在这条路上"逢生"，那就想想你究竟是谁？*你想要的是什么？你擅长的是什么？你喜欢的是什么？*然后移除你身上的枷锁。

哪些枷锁？就是你身上对身份、地位、金钱、确定性等因素的枷锁。

- 如果你一直认为你就是一个运营总监，紧盯 KPI 考核，你是无法注意到你真正的热情所在的。
- 如果你认为你就是某个阶层地位的人，你是无法从零开始的。
- 如果你认为你就只是需要大量的金钱，你是无法感受到金钱以外的幸福的。乔舒亚说，虽然他在美国的年薪是六位数，但他依然入不敷出，他以为买豪车、豪宅、参加各种聚会就能让内心充实、幸福，结果却适得其反。
- 如果你认为你不得不忍受着煎熬继续处于当下的工作或生活状态，每天抱怨着要辞职，要换个活法，却迟迟没有动静，你是无法真正实现你心中想要的那个状态的。毕竟未来是未知的，而掩盖于当下的那份小的可怜的舒适却是确定的。

想要什么只有我们自己知道，然而我们擅长的东西远不止我们以为的那些，如果真的不擅长，那就从现在开始，努力在一件事情中生发出多种能力，以备在无路可走时，还能有很多的选择，而这些就是跨界力的养成之路。

"我不知道我热爱什么，怎么办？"

别急，很多人都不知道自己真正想要的是什么，真正热爱的是什么。你可以问自己一个问题："如果你完全不用顾及金钱的问题，你最想做些什么？"

"不知道。"

没关系，进一步问自己以下几个问题。

- 你上一次真正感到兴奋是什么时候？
- 其他 5 次类似感受的经历是怎样的？
- 你在以上经历中为何会感到兴奋？
- 哪次经历让你兴奋了最长时间？
- 这些令人兴奋的事情之间有共性吗？

让你最激动、兴奋感维持时间最久的事情很可能就是你的兴趣所在。我所指的兴奋，是从心底生发出来的愉悦感。

接下来，你可以开始人生的下一段旅程了。我总结了进入新阶段的几种方式，具体如下。

- **跨行**：放弃 A，转向 B。其中包括跨职能（如从会计转向销售）、跨行业（如从警察转向猎头）、跨身份（如从高管转向作家、全职宝妈）等。
- **斜杠青年**：同时拥有 A、B、C、D 不同角色（如既是演员，又是作家，还是摄影家、民宿老板）。
- **T型发展**：以 A 为核心，同时发展 A1、A2、A3（如在市场领域的策划、品牌、产品、媒体、公关、客服、设计等岗位全方面发展）。

你看，你的路，何止一条呢？

王潇说："35 岁，我可以用未来的时间去成为任何人。"而你，也可以从现在开始走向你期待的方向，正如罗永浩所说："以自己期待的方式活着，就是成功。"

延伸思考：

你想成为什么样的人？你是否有一直渴望却不敢尝试的事情？你内心害怕的究竟是什么？

2.7 个人发展：一个普通 HR 的逆袭

在你眼中，HR 是做什么工作的呢？

人力资源规划、招聘、绩效、薪酬、培训、劳动关系，这是 HR 工作的六大模块。除这些外，你或者你身边的 HR 朋友还做过哪些工作呢？

我有一个女性朋友，她是我们资源对接会里唯一一个 HR，来自连锁餐饮品牌"云鼎汇砂"。由于之前的职业经历，我认识了一些猎头和 HR 的朋友，偶尔也会邀请他们参加我组织的其他活动。大部分人都是在结识了一些新朋友之后，就没有然后了。但她不一样，她向公司申请资源，和这些品牌尝试合作。

我记得有一场沙龙，主动和她对接合作的品牌超过 10 个。有时我们会开玩笑地说，她是"HR 里最有市场人思维的，是市场人里最专业的 HR"。后来，当公司开始设立子品牌餐饮公司时，她也受邀成了股东之一。凭借她的跨界资源和跨界头脑，那家新店的生意非常的火爆。

看到这里，你还会觉得跨界力只属于市场人吗？

下面，再来看一个出色的 HR 是如何解决离职率高这个问题的。

美国有一家生产拖拉机的公司，名为约翰迪尔（John Deere），曾有一段时间员工流失率非常高。后来，该公司的人力资源部门提出了一个解决方案，获得了大家的一致认可，那就是要重新打造员工入职第一天的体验。

在你入职当天，从停车场走向公司的路上会有一个大的电子屏，上面赫然写着欢迎词："欢迎×××（你的名字）正式加入公司……"待你推开公司大门时，映入眼帘的是一个展架，上面写着欢迎你的信息。大家会亲切地向你打招呼，之后会有一个同事带领着你参观公司，并向同事们热情地介绍你，每个部门的人都会站起来与你握手并欢迎你。过了一会儿，公司的领导会走向你主动做自我介绍，并约你明天一起共进午餐。之后还有人带你去看公司的展览，聊公司的发展并使你熟悉工作，同时还会送你一份礼物（公司精致的拖拉机小模型）。

如果你是这家公司的新员工，入职第一天过后，你会是什么样的感受呢？

我想分享给你的是，仅这一项举措，就使该公司的员工满意度大幅提升，员工流失率大幅下降。这就是一个非常好的跨界思维应用案例，这家公司的人力资源部找到了一把独特的解决难题的钥匙。

只要你具备跨界力，任何岗位均可以跨界。这个能力更将成为你立足于职场，在行业内拥有个人影响力的助推力。

下面再举一些其他职业身份的例子。

- 一位设计师，因为更懂心理学，更懂他所服务的客户的行业，因而更容易设计出令客户满意的作品。
- 一位人像摄影师，因为更懂得美学、色彩学、服装搭配、心理学，以及与拍摄主题相关的背景知识和技能，这使他拥有独具慧眼的发现美的角度和嗅觉，他的作品和口碑总是非同一般。
- 一名儿童摄影师，由于更懂得与孩子沟通的技巧，懂得家长的心理，因而他的工作更容易取得进展，他也更容易获得客户好感（你有没有想过增加一些附加价值，如根据家长和孩子在摄影期间的互动、孩子的表现做些什么？这是否将有别于其他摄影公司？或许你可以尝试一下）。

延伸思考：

你是否在工作岗位中，也有可能采取别的方式创造更有价值的成果？

第二部分
如何拥有跨界力

真正的跨界远不止我们日常所理解的那样，它的应用范围非常广泛而又多变，有时候它像水，虽无形却可千变万化；有时候它像病毒，一旦侵入你的思想，你生命中的方方面面都会被感染，然后你就会开启一段全新的状态。这种状态带来的处事方式、思考角度、人脉资源、创意灵感……会令你自己也难以置信。

在第二部分，我们就来揭秘如何轻松获得这样的能力，以及在事业中如何透过跨界认知塔，找到我们自己在现实中可以实践跨界的路径。

第 3 章　掌握这三点，就能拥有跨界力

与跨界力有关的故事太多了。

每次分享时，总会听到学员的感叹：

"太厉害了，这怎么想到的呢？"

"我怎么就想不到呢？"

别着急，你也可以做到。

跨界思维、知识体系、跨界资源和人脉，这三点构成了你的跨界力，三者缺一不可。

3.1　10 种必备的跨界思维

我整理了 10 种我认为对提升跨界力非常有效的思维方式，即用户思维、整合思维、全局思维、突破思维、逆向思维、长远思维、关联思维、发散思维、成长型思维、极致思维。

这些思维在本书的大量案例中全都有所体现，这里先做重点概述。

1. 用户思维：补一下口红

用户思维，也就是我们常说的"换位思考"，在事业中，就是以用户为中心，站在用户角度思考问题的思维方式；在关系中，就是同理心、共情力。

就像有些公司在设计产品时，以用户的使用习惯和需求为核心，使用"傻瓜式"思想来设计。例如，"海底捞"为女士送皮筋；"三只松鼠"配备坚果

工具、湿巾、开箱器;"美颜相机"开发出美妆功能、长腿功能。

我们都知道,只有懂得用户的习惯、喜好、需求,才能更好地满足用户需求,让用户喜欢。问题是,我们做了吗?

举个生活中的例子。

请别人帮你拍合影时,你有没有发现,有的人会跪在地上提醒你整理一下头发,建议你补一下口红,或帮助你调整一下动作。当你看到照片时,你会由衷地感激对方。而有的人只是迅速帮你拍完就算完事,可是照片里的你,不是闭眼了,就是发型有些凌乱,或者整个画面都糊掉了。

可见,前者具有用户思维,后者只是在完成"按快门"的任务而已。

2. 整合思维:一跳一抓的创新

整合思维,就是一种站在更全面的角度,将多角度的思想观点、多领域的相关元素整合于一体,获得更具建设性的、创新性的解决方案的思维方式。

你可以整合上下游的资源(纵向),也可以整合水平的资源(横向);你可以整合资金,就是众筹平台;你可以整合人才,就像是各种设计师平台、摄影平台等;你也可以整合思想,实现学术上的突破、产品上的创新。像我们熟知的外卖平台、网约车平台、知识付费平台、跨品牌合作等,都是整合思维下的创新。

有一位魔术师收入不高,后来他的朋友建议他不要只把魔术当魔术来看,而是要挖掘其背后的意义和价值。后来,这位魔术师研发出了"21个魔术让孩子提升自信心""15个搞定女孩的超级魔术"等系列魔术,还通过整合婚庆公司的资源,开发出了魔术婚礼。

看到了吗?魔术不仅是魔术,更是自信力,是幽默和惊喜,是梦想的实现。正如,吃葡萄干,也有可能不只是吃葡萄干,而是吃出正念。[①]

在公众号"跨界力"回复"正念进食"获取完整有趣的操作步骤。

那么,你的某个产品有没有可能像这位魔术师研发魔术和吃葡萄干一样,挖掘到一个独特价值点呢?

---

① 在《学会吃饭》(*The Joy of Half a Cookie*)中,介绍了"正念进食"的方法,并以吃葡萄干为例,细致地分享了正念进食的具体步骤。

整合思维，可以用4个字表示：一跳一抓。即跳出自身角度，着眼于更广阔的视野范围，抓取更多有效的资源（思想）放到你的篮子里，然后进行有效的整合、融合和创新。

讲到这里你会发现，要具备整合思维，需要以全局思维和突破思维为基础。

3. 全局思维：360°的全观

全局思维，即一种360度看问题的立体思维方式，从系统整体及其全过程出发，从客观整体的利益出发，站在全局的角度看问题，想办法，从而做出决策。全局思维要求你要对一个事物有多维度的认知。这种思维方式已众所周知，在此不再进行赘述。

我们在本书后面提到的你需要平衡的八种关系、需求定位和峰终定律，就是全局思维的体现。在全局思维中，由于要平衡各方面的利益，因此也会体现用户思维。

4. 突破思维：儿时的梦游仙境

突破思维，即跳出原有思维模式，打破常规惯例，突破思想边界，用全新的角度来看待和解决问题的思维方式，其重点在于敢想、敢试、敢创新。

孩子的世界创意无限。记得我小侄子第一次切苹果时是拦腰切的，他兴高采烈地让我看，他说这里面有一颗小星星。《爱丽丝梦游仙境》《熊出没·奇幻空间》里面有太多的片段充满了奇幻色彩，天晓得作者是怎么想到这些的呢？

有一次，我和小侄子一起在iPad上玩开餐厅的游戏。游戏界面里，左边一共有4个烤面包机，他负责烤，我负责添加鸡蛋和果酱，并给客人上餐。原本我们都是用食指点击屏幕，每到客人多时，就手忙脚乱、应接不暇。

"姑姑，你看，我可以这样。"

我低头一看，他用食指和中指一起点击屏幕，这样一来，原本要点击4下才能将烤好的面包传递到加工台，现在仅需点击两下就可以了，于是上餐速度大大提升。我也学着他，将相似的订单完成后再一起上餐，结果上餐效率大大提高，连过了好几关。

有时，变换一下思维，找寻一个新的方式，就能解决当下的问题，或者创造出意想不到的吸引力。

本书中，后面会提到可以咬着吃的冰可乐（喝完可乐可以咬着吃冰块做成的瓶子）、有蓝牙功能的肯德基键盘餐纸（方便你的手指满是薯条油渍时回复手机信息）、有让竞品帮其做广告的快递公司（这个脑洞太大了），还有可以当登机牌的可口可乐（你用过吗），以及可以打电话的瓶盖等，这些新的产品全都会让你不自觉地发出"哇奥……""天啊……"的感叹。

生活中也是一样的。人生本就没有剧本，谁都不知道未来会发生什么，先敢想，然后敢于尝试，才会发现另一份美好。这就是突破思维带来的创新，也是以有限搏无限的智慧。

5. 逆向思维：反其道而行

逆向思维，就是从问题的反面进行思考和探索的思维方式，也可以称之为反向思维或求异思维。逆向思维的重点在于，当一条路走不通时，懂得适时地转换思维方法或是看待事物的角度。这样一来，一个人的劣势有时会成为优势，一次挫折会变成一次宝贵的历练。

你可能也听过下面这个故事。

一位母亲有两个儿子，大儿子卖草鞋，小儿子卖雨伞。这位老母亲每天都愁眉苦脸，天下雨时怕大儿子的草鞋卖不出去，天晴时又怕小儿子的雨伞没有人买。一位邻居开导她，叫她反过来想——雨天，小儿子的雨伞卖得红火；晴天，大儿子的草鞋卖得好。逆向思维让这位老母亲眉开眼笑。

再如，本书中提到我们总是渴望结识更多优秀的人，那么，有没有什么办法能够让他们渴望来结识你呢？我们总是渴望能回到过去，为什么没有想到现在的我们也许就是从未来穿越而来的呢？

杜蕾斯在感恩节当天主动在微博上给许多品牌发了封感谢信，并@了他们，那些没有收到感谢信的品牌，则选择了主动向杜蕾斯发起感谢信。正常的洗发沐浴产品的瓶口是朝上的，有的品牌则是瓶口朝下。这些都是逆向思维的体现。逆向有时也是一种突破。

6. 长远思维：时间的跨度

长远思维，很好理解，就是一种以更具前瞻性和更长的时间跨度来看待问题的思维方式。与之相反的是只顾眼前利益或者只看到当下的"短视思维"。长远思维的重点在于，跳出当下局势，融入时间维度，将更远的时间跨度融入思考因素当中作为决策的参考。

在本书中，我们将提到只做了一次粉丝读书会就撤掉所有物资的某个品牌，会看到市场表现在下降却因依然处于市场排名第一而缺乏危机意识的某个品牌，以及为了收一点茶歇费而损失掉精准客户群体的某个瑜伽品牌。

相反，有些新品牌为了赢得更多的市场，选择多种跨界合作，投入一定成本，优先提升知名度和用户体验感；有些品牌在合作伙伴出现危机事件时，选择与合作伙伴共同承担责任，解决问题在先，划分责任在后。这些品牌之所以会这样做，正是因为它们能更为长远地看待彼此间的合作关系。

7. 关联思维：创意的来源

关联思维，即一种从事物之间的关联性出发来思考问题的方式。许多的创意灵感来源于不同事物之间的关联，融合具备某些共同点的元素，借鉴其他领域的形式，思考与核心点相关的一系列因素，都将帮你创造出奇妙的跨界创意。

例如，宜家创意食谱的灵感来源于解压绘本《秘密花园》；与 Emoji 表情巧妙结合的台球；亚朵酒店和网易云音乐、网易严选等联合推出的"睡音乐主题酒店"及"网易严选试睡官"；还有一些人在打造个人 IP[①] 时，总会戴着一顶帽子，或是为自己塑造一个标签。

总的来说，关联思维，就像我们小时候在图画中"寻找共同点"的倒序，就像我们点击鼠标的"复制"和"选择性粘贴"（非"粘贴"），就像我们都学过的联想记忆法。

8. 发散思维："还有……"

发散思维，即一种根据已有信息，从不同角度、不同方向进行思考，从多方面寻求多样性答案，或者从一个点出发联想到多个点的展开性思维方式。

我们常说的举一反三、头脑风暴，就是典型的发散思维的运用，与之相反的就是聚合思维。

---

① 个人 IP，网络用语，指个人对某种成果的占有权。在互联网时代，它可以指一个符号、一种价值观、一个共同特征的群体、一部自带流量的内容。

在本书的后面，我们将列举一些快消品，尤其是所列举的可口可乐昵称瓶、歌词瓶、台词瓶，味全每日 C 的拼字瓶、"Say Hi"理由瓶，旺仔牛奶 56 个民族版、江小白表达瓶等跨界案例，就是由一个例子联想到更多类似却又各具特色的案例，此外我们还会列举花艺店和红薯店的创意，这些案例运用的也都是发散思维。

请注意，当这些词语出现时，都表明思维正在发散中，例如"如果是……你可以……""你还可以这样……""又想到了……"。

9. 成长型思维："Say Yes"

有一次，我和朋友带了一个新朋友一起吃饭，这位新朋友是做摄影后期的。熟悉之后，他告诉我们他在创业中遇到了困难，希望我和朋友帮他出出主意。

这顿饭吃到三分之二时，我开始感觉到不对劲儿。我们每尝试说出一个想法，就会被他所提出的几条否定的理由给驳回来，而且听起来又无法反驳。于是一顿饭下来，有句话反复出现在聊天当中："哎，没办法，就这样吧。"

我意识到造成他目前苦恼的，不是当下的事实，而是他的思维方式。

美国作家卡罗尔·德韦克（Carol Dweck）提出过人们的两种思维模式——固定型思维和成长型思维。[①] 在跨界中，具备成长型思维的人，更有可能打破常规，发现本质、创造出乎意料的惊喜。

表 3-1 列出了固定型思维和成长型思维的特点。

表3-1　固定型思维和成长型思维的特点

固定型思维	成长型思维
规避挑战	欢迎挑战
痛恨变化	拥抱变化
总是关注限制	总是寻找机会
改变现状上无能为力	凡事皆有可能
不接受批评	珍视反馈、主动学习
喜欢待在舒适区中	喜欢探索新事物
有时觉得努力是无用功	每次失败都是一堂课
认为无须过多学习	认为学习是终生的事业

---

① 具有成长型思维的人，认为人的能力是可以努力培养的，他们更注重学习方法，更愿意关注解决方法，善于从错误中获得经验和成长，而非逃避问题。为了实现目标，他们愿意不断地尝试调整方案，不会轻易放弃，不会认为事情是一成不变的，他们更愿意说"好的"，更愿意"试一试"。

在人际交往中，让人舒服的往往是具备成长性思维的人，那些被称作"木头""固执""油盐不进"的人，以及喜欢说"学（做）这个有什么用？""就这样吧。""没办法。""这是不可能的。"的人，大多是固定型思维的人。

如果有一天，你向朋友分享你想要尝试的改变或创意后，得到的回复是否定的，请相信还有其他朋友会支持你。你可以这样做：

- 接纳：真诚地接纳朋友的建议，并了解清楚缘由。可能他说的是对的，也可能只是随口一说，或是受限于他自身的认知（包括对你的认知）。
- 不要气馁：如果这件事情有必要做，想一想有没有可能采取别的方式来实现。你的朋友实现不了的事情，你未必无法实现。

10. 极致思维：超越用户期待

极致思维，我们也常称之为"匠人精神"，就是将产品、服务和用户体验做到极致，超越用户期待。

我们将在本书中提到长颈鹿玩偶在丽思卡尔顿酒店"旅行"的故事、三只松鼠的工具设计、4P2C拍照法则等，这些都是极致思维的体现。在这些案例中，人们感受到了更多出乎意料的惊喜、极致贴心的服务，最终不由自主地爱上了这个品牌，并对其上瘾。

3.2 打造你的个人知识体系

回到本章开头那个问题：为什么你想不到、做不到呢？答案是：因为你的脑袋里没有足够的素材，没有见过，自然就很难想到，更不要说做到了。

想起一个故事。

一个乞丐说："假如我当上了皇帝，一定要拿着金碗去要饭。"可见当知识（信息）储备量不足时，就会限制人们的视野和想象的空间。

我在第三部分列举了大量优秀的跨界案例，案例的主人公并非凭空想到的，而是将头脑中原本处于不同界限的若干元素，通过一根无形的线连在了一起，由此产生了不可思议的反应，这才成就了我们眼前看到的一个又一个吸引人的故事。所以，千万不要小看你的个人知识体系的能量。

《黄帝内经》里有一句话："阴阳者，天地之道也。"你所想得到的是看得见的部分，是阳性的，例如收入、人脉、外表、有创意的作品。而那些看不见的，对应的则是阴性的部分，是厚德载物。有一些看不见的东西必须存在和拥有，才能够支撑起看得见的部分。

相信不少人听说过这句话："孤阴不生，独阳不长。"也就是说，阴阳是相生的。这就是为什么在提升跨界力时，我比较推崇由内而外的成长方式。无论你穿得多漂亮，头衔有多少，一旦开口说话，举手投足间就会立刻暴露出你的修养和内涵。

这就是为什么在跨界合作中，有些人总有贵人相助，而有些人则被默默远离的根本原因。因此，在尝试跨界时，建立你自己的个人知识体系，同时内外互生，这点非常重要。

具体来说，要如何打造自己的个人知识体系呢？我们以品牌策划这个岗位为例。

首先，根据工作职责，你需要具备以下知识和技能。

（1）如何做策划（包括如何设计活动，如何统筹执行，如何使用媒体资源、如何制作 PPT，如何拍照和修图，Photoshop 和 Lightroom 的使用；如何呈现活动亮点、如何写好不同风格的文案稿件，如何利用跨界资源增加创意并降低成本等；同时，还需要具备基础的品牌知识、市场营销知识、销售知识、产品知识，具备基本的审美知识、设计技巧、色彩知识等）。

（2）如何进行数据分析（包括数据分析的方法、Excel 的使用等）。

（3）如何应对突发事件（包括危机公关的应对策略、投诉的处理方法、冲突的管理能力、问题解决模型、有效的沟通方法、消费者心理研究等）。

其次，在个人实力方面，你需要掌握以下知识和技能。

（1）如何更好地沟通（包含学习如何进行跨部门沟通、跨品牌合作的洽谈方法；如何让别人喜欢自己；如何让自己具备吸引力；声音的塑造和表达；学习形象礼仪；学习如何识人、如何提问、如何说话的方法；学会识别不同性格及相处之道；掌握更广泛的话题和技能帮助自己建立谈资和共鸣等）。

（2）如何更好地了解客户和消费者（包含了解消费者的常见心理，了解其在不同情境下生理和心理反应的相关性等）。

（3）如何管理自己的发展（包含个人职业规划的设计、个人觉察和认知、自我情绪的管理、自我健康的管理、业余爱好和特长的培养、如何建立个人品牌等）。

面对如此众多需要掌握的知识与技能，你被吓到了吗？

别担心，其实你已经具备了大部分的能力，只需完善一下即可。具体怎么做，要看你自己的标准了。每个人的选择不同，这本书不是逼迫大家一定要按照某个标准做出改变，我的初心是与你分享一些信息，而不是改变你，一切的决定都取决于你自己。

别忘了，以自己希望的方式活着就已经是成功的了。

3.3 建立真正的跨界资源和人脉

王潇的一句话，我特别喜欢。她说："什么是真正的人脉？就是当有好的机会出现时，他能想起你，给你打电话。"

我想再补充一句："当你需要帮助时，他会立刻发动他的人脉支持你。"

1. 建立真正的联结，而非虚假的秀场

"等等，你说真正的联结？莫非还有假的吗？"

严格来说，不是假的联结，而是无效的联结。现在很多人的微信好友不下5 000人，还有不少人有两三个微信号。那么问题来了：在这上万个微信好友里面，有多少是你真正人脉？有多少是你的粉丝？有多少是你的潜在客户？有多少是围观者？又有多少是死粉？

在我的朋友圈，我设置了一个名为"董帮帮"的小专栏，主要用来帮朋友发布所需的支持。我最感动的是，有些朋友会直接私信我说："我有一个朋友是做这个的，我帮你问问。"

看到了吗？这些朋友在发动他的人脉。对于求助者而言，我是他的第一人脉，我朋友圈中的人是他的第二人脉，而朋友圈的人再发动的就是第三人脉了。就是这样的力量，让我的那些求助者朋友能够在几分钟之内对接到需要的资源。

我对于求助者，我朋友圈的朋友对于我，都是真正意义上的支持者。

当然，你可能也会遇到"假的人脉"，有的人会以自己拥有某位大咖（或小咖）的微信而自豪，他们像捧着宝贝一样，一边满面春光地炫耀着，一边却又不舍得给你摸一下。

在一次活动的聚餐中，我认识了一位很活跃的男士，他很"热情"，经常向我推荐他的一些项目，也经常在朋友圈展示自己与各路精英人士的合影。有一次，我发现他刚好认识一位我很喜欢的老师，就打电话给他，想着如果他方便，是否可以帮忙引荐一下，并说明了意图。

你猜到他要求我做什么吗？

写一份报告！

是的，你没有听错，是一份报告——写清楚为什么要请他为我引荐，我要与这位老师做什么项目，合作的具体内容是什么……通常在引荐朋友时，说明意图是有必要的，也是符合情理的，这样便于牵线人在中间沟通。不过，写一份报告……着实很特别。

眼看沟通正在变味，我道了声"谢谢"，从此便再也没有联系过他。我一直认为，拥有高品质的人脉和资源，是为了提升我们的视野和格局，而非成为一种炫耀。

所以，你也可以抽时间盘点一下在你的微信好友中，有多少是愿意支持你的，有多少是为了索取的，又有多少是无关痛痒的？整理一下你的好友，为他们分组、星标、做备注。这样，你才能真正管理好你的人脉圈，就像我们前面提到的房间整理术一样。

2. 如何拥有"真正的人脉"

的确，不是所有的人都会特别愿意分享自己的资源，毕竟拥有别人没有的资源是一种优势和自信。那么，怎么才能尽可能多地拥有愿意分享的朋友呢？

首先，拥有别人没有的资源的确是一种优势，会给人带来自信。但也必须意识到，如果你不愿意在必要时力所能及地帮助他人，你就很容易逐渐失去这项优势，甚至被大家疏远。

其次，对于乐于助人者来讲，分享资源会给自己带来更多的资源。

对于上面这个标题，我们可以换个问法：如何才能让更多的人愿意帮助自己？

这样一来，这个问题就显得清晰多了。这一问题主要有两大影响因素：一是对方本身的特质，也就是他本身是否乐于分享和热心助人；二是你自己做得是否到位，能够让别人愿意帮助你。

我们可控的只有第二个因素。我总结了一下，如果能做到下面几点，往往会得到很多支持。

第一，讨人喜欢。心理学研究表明，人们评价他人时总是先入为主，也就是说，第一印象对一个人有着很大的影响。因此，你需要在交谈中关注你的自我感受，你对别人的感受、别人对你的感受，以及别人的自我感受。关注交流中的情感，会让别人感觉良好，而人们都喜欢和那些让自己感觉很好、很舒服的人在一起。那么，如何让别人喜欢自己呢？我们稍后详谈。

第二，懂得换位思考和共赢。与其说这是一种技巧，我更愿意称之为"真心"。当你真心为一个人好时，你会自然而然地体现出你为他着想。如果恰巧这对你也有好处，这就是共赢。

当我幸运地结识到优秀的作家朋友后，我会想我可以在什么地方支持到他。例如，资源支持，或者欢迎他来当地举办新书发布会，亲自帮忙策划、宣传、主持、粉丝邀请等。

有的朋友看到我经常举办沙龙，他们很愿意为我提供场地，当然，我也顺便为他们进行引流，这就是共赢。与之对应的是，有人苦恼地问我："该怎么去谈场地支持呢？场地费超出预算了。"如果你总是站在自己的角度，那就是在考验对方是否能看到共赢点，这个还真不好说。如果你主动站在对方的角度去思考，就轻松多了。

第三，要愿意帮助别人，先利他人。如果你愿意帮助别人，通常也会有很多人愿意帮助你。重要的是，你是不是愿意先人一步，也就是说，在别人帮助你之前就帮助别人。例如，分享你的资源、经验、物品……

有一次，我在外地参加培训，出地铁时下雨了。我正抱着头向前走，一个女士快步走过来，对我说："你去哪里？我帮你打着伞吧。"后来，她直接把我护送到了上课的酒店门口。在一个陌生的地方，彼此互不相识，却能够得到对方无私的帮助，我真的是太感动了！临别时我们互加了微信，我希望能有机会感谢她。

<u>第四，要懂得感恩</u>。有一个朋友说了一句大实话："别人帮你是情分，不帮你是本分。"虽然我一直提倡做一个有温度的人，鼓励大家多去帮助别人，但朋友的话却是事实。即使帮忙的初衷也并非要获得什么，但不懂得感恩的人，会不知不觉地发现愿意帮助他的人越来越少，或者同一个人帮他的频次越来越低。

其实，<u>我们往往更容易看见并习惯性地放大自己的付出，同时低估别人的付出</u>。我在过去也犯过这样的错误，因为没有亲身经历过对方在付出时所经历的一切，会<u>把想象当作认知</u>。后来，再请别人帮忙时，我会非常谨慎地去考虑对方即将经历怎样的流程，然后尽可能地用对方需要的方式去回报对方。

<u>第五，用心相待，送对礼物</u>。如何回报对方，就是用心所在。一个出版社的朋友经常给我寄送她们的新书。得知她休产假时，我向她打听了一下情况——宝宝需要的东西，她基本上都备齐了。于是，我送给了她一个可以操控家电的小度智能音箱。这样，她不用下床就能操作房间的家电，还能给孩子播放歌曲。礼物不贵，但她非常喜欢。

其实，很多人对待礼物时，都不经意地将礼物的意义打折了。你是否想过这些问题：你究竟该送什么样的礼物？怎么送？送的时候要说些什么？收到礼物时要做什么？这些不是技巧，不是法则，而是用心。

在最近一期跨界品牌对接会上，我给大家留了一个任务——注意觉察收/送礼物的过程。对于让大家具体觉察什么，我故意没有说得很清楚。

两天后，我问了大家两个问题：

（1）你收到礼物时，对方留给你什么样的印象？

（2）你是否与送你礼物的人有了更深的联结？

大多数人反馈说，收到礼物时特别感动，能够感受到送礼者的心意，但只有少部分人与对方有了进一步的联结。有趣的是，那些在活动结束后再次主动感谢对方或回赠礼物的人，大多成就更高，对接到的资源也更多。

前不久，我读到一本名为《让好运每天都发生》的书，作者和我有着类似的经历。他寄出赠书之后，最快回复他谢函并认真写出读书心得的人，往往是平日最忙碌的人，而那些事业不顺的人，则连个回音都没有。他鼓励大家随身携带空白感谢卡，在需要感谢时利用零碎时间写感谢卡，这会为大家带来好运。

很巧,这本书刚上市时,我帮一个朋友在微博和朋友圈中分享了此书的信息。后来才知道,这本书正是她编辑的。在她寄送给我的书中,夹了一张她手写的卡片。透过字迹,我有一种莫名的感动。我再次分享了我的感受,并写了一段很长的感谢语给她。后来,我无意间发现,她默默地帮我转发了我朋友圈的一则招募贴,并在她的读书群里做了公布。在她的带动下,群里的那些"陌生"朋友也纷纷转发了这个招募贴,我于是收到了许多回复。

你看,这就是一种令人舒适、自在的能量流动。正是这份流动,为人们带来了好运。

一旦你做到了上面这五点,我相信就会有越来越多的人愿意帮助你。不过,关键在于,你是否立刻行动。

3. 关于感恩:你有没有忘了给你铁锹的人

有一个很可怕的口头语是:"谢谢你,改天请你吃饭。"对有的人而言,是"改天再约",而对有的人而言,改天就是"谁知道是哪一天"。

其实,你完全可以给对方邮寄一个礼物。有一个朋友为我订了一年的鲜花,每个月我都会收到一束。每收到一次,我就开心一次,同样是吃一顿饭的价格,却让我开心了12次。后来,我也尝试用这样的方法,为我要感谢的女性朋友订花,朋友收到后也都很开心。

在表达感谢时,我意识到一件特别重要却时常容易被人们忽略的事——我们总是说"吃水不忘挖井人",却时常忘记递给你铁锹的人。

"递给你铁锹的人?"

没错。想想看,大多时候,那些帮你达成事情的"红娘",他们像桥梁一样帮你联结上了那位帮你实现愿望的人,他们就是递给你铁锹的人。可有时当我终于完成项目,想要感谢这位"红娘"时,却发现,我忘记了此人是谁。后来,我就在微信名称的后面一并备注上"红娘"的名字。

我的一位老朋友问我,我是怎么摇身一变,成为河南师范大学特聘的就业创业导师的?

这要归功于一位好朋友一如的引荐。有一次,我和她以及她的一个媒体朋友一起去拜访河南师范大学的王谭主任。我原本是想聊聊看我手里有哪些资源可以给那位媒体朋友和学校的项目提供支持。结果，王主任代表学校邀请我做了一场主题分享，并在结束后正式为我颁发了聘书，如图3-1所示。

图3-1　作者在河南师范大学做主题分享后的合影

我一直特别感谢一如，她就是那个递给我铁锹的人，而王主任是我的另一位贵人。换个角度看，我想说的是：现实中，你不必总是等着别人给你铁锹，你也可以选择递给别人铁锹。

一位连锁熟食店的负责人告诉我，他在第40期资源对接会上认识了某知名饮料品牌的负责人，他们合作了9天时间，结果熟食店的营业额增长了21万元。

附近熟食店的同行看到他们的生意这么好后也想模仿，但他们在市场上调研了一圈成本之后发现，如果采取同样的促销手段，即送同款饮品，就会亏钱。因此，只好一边好奇同行是怎么"玩"的，一边表示无奈。

这就是跨界的力量、资源的力量。后来，这家连锁熟食店的负责人特地打电话感谢我的牵线，那家饮品的负责人也在与我第二次见面时，主动提到了他们之间成功的合作，还鼓励我一定要把这个平台坚持做下去，让更多的人受益。

就这样，我成了许多人心中的那个"宝藏红娘"。可宝藏的哪里是我，明明是每一位在红绳对面的大家——我只是一个连接点而已。我很欣慰自己可以成为他们心中"真正的人脉"——有好事时总会想起他们。

事情就是这样双向的，你要珍惜身边"真正的人脉"，你也可以成为别人眼中"真正的人脉"。

自己能发热，才能更持续地感受到温暖，就像我们把被窝暖热的同时，被窝也在温暖我们。

第4章 吃透"六层塔",就能将跨界运用自如

从本章起,我们进入跨界在事业领域的实操部分。

4.1 为什么一个植入,就能带来销量的猛涨

你留意过雪碧的广告吗?从明星到游戏,几乎全是时下最新最火的明星和元素。2017年,雪碧广告中的游戏为"王者荣耀",与此同时还特意推出了"王者荣耀英雄瓶"。2018年,雪碧邀请到了人气超高的迪丽热巴,广告场景是当时最热门的"吃鸡"游戏(绝地求生)。

"它为什么要这么做?"

因为四个字:"与我有关"——我喜欢的明星、我喜欢的游戏。

在产品和品牌中,能让消费者贴上"我"的标签,产生与自己相关的联想,就会产生情感联结,接下来就能产生价值。

无论是广告内容,还是线下活动,其中出现的人物形象、场景信息、活动调性,要尽可能地与受众群体的特质和喜好相一致,这样才更容易引起共鸣,引发模仿和传播效应。

问题来了:为什么雪碧合作的游戏每年都有变化?又为什么会选择这几款游戏呢?

首先,受众相同。双方的目标人群都是年轻的消费群体,追求个性、自我、

新奇、时尚。

其次，彼此互补、强强联合。毋庸置疑，这几款游戏的玩家都具备超高的黏性和热情。这样的联合可以增强一个快消品与粉丝之间的有声互动，加强粉丝之间的联结。而对于快消品来讲，<u>产品本身就是一个自媒体</u>。雪碧推出的王者荣耀英雄瓶，将王者荣耀中的虚拟人物形象实实在在地传送到粉丝面前，形成了"实体化"。

想想看，为什么那么多的人喜欢收集动漫人物的小玩偶？这两者背后的原理是类似的——<u>人们喜欢看得见、摸得着的东西，这能够为人们带来心理上的安全感</u>。

最后，双方将虚拟和实体进行跨界联合，达到了"虚拟的实体化"和"实体的趣味化"的双重目标，并在两者之间建立起一种无形的联结和对另一品牌的亲切感（这种亲切感是"认同"的第一步），这种<u>"关联效应"</u>会促使双方的消费者在消费中自然而然地想到对方品牌，从而形成无意识的联系。

延伸思考：

我们同样以雪碧和游戏的结合为例，试想一下，如果雪碧结合的不是这几款游戏，又会是怎样的效果呢？

"可是……我自己的产品到底适不适合做跨界？我又该怎么做呢？"

别担心，无论是什么样的案例和故事，我们看的都是背后的底层逻辑，与企业规模无关，就连我们生活中最常见的快消品——厕纸，都能够跨界玩出花样来。

4.2 有趣的厕纸创意

我们常见的厕纸大多是白色的，不过这几年开始流行一种原木色纸巾，那么，你见过黑色的厕纸吗？见过用厕纸开画展的吗？见过荧光的厕纸吗？见过上面印有小说和鬼故事的厕纸吗？

不得不说，仅仅是这么一个在生活中最稀松平常的日用品，也竟有如此多的玩法。我对此非常着迷，特意花了一些时间收集了 31 种经典的厕纸创意，以此来提醒自己：任何产品，只要你想让它焕发活力，就一定有某种我们未曾想过的方法可以实现。限制我们的，往往只是当下的视野和认知。

我们总是希望让我们自己或者我们的产品、品牌、服务充满吸引力，那么，我们常常对什么样的事物充满抑制不住的向往呢？

《疯传》（Contagious: Why Things Catch On）的作者乔纳·伯杰（Jonah Berger）说："开发非凡吸引力的关键是，要让事情看起来更加有趣、新奇和生动。而一种令人产生惊讶，爆发"哇"感的方式就是，打破常规，提出有悖于人们思维定式的产品、思想或服务。"而这正是跨界思维。

"哇！我真的没想到！"

"天啊，这太令我震撼了！"

"真的感觉他们太贴心了！"

你应该听到过，或者亲口发出过上述感叹吧？事实证明，这种令人出乎意料的惊喜，更容易激发用户的向往，也更容易让人们记住，并主动和更多人一起讨论和传播。

接下来，我将拆解不同跨界类型中的故事，同时告诉你具体的跨界操作步骤和原理。我也会列举身边的故事，直接把思考逻辑完全呈现出来。在此之前，我们需要了解一个重要内容——跨界认知塔。

4.3 跨界认知塔

根据跨界的类型、深度、价值、复杂程度，我将跨界归纳为 6 个层次，并称之为"跨界认知塔"。它有助于我们更深、更全面地了解跨界在事业领域中的应用，也便于我们了解自己所处的跨界位置。

现在，请花几分钟时间回答以下两个问题（你的答案对你非常重要）。

（1）你为什么玩跨界？

（2）你做过的哪些事是与跨界有关？带来了怎样的结果？

答案想好了吗？

此刻，请对照下面的跨界认知塔（自下而上，分别称之为第一层至第六层），看一下你目前处在第几层（见图 4-1）。

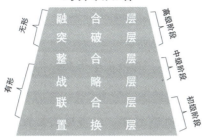

图 4-1　跨界认知塔

我们之所以选择跨界，大多是因为我们自身有一些需求需要被满足。这些需求基本分为以下三部分。

（1）满足自身的物质需求。为了满足我们自身的成本需求或弥补某方面能力和资源的缺口而进行一些合作，包括但不限于物品、技术或服务的置换，流量和信息的置换，赞助合作，单次或者长期的战略合作。这是最初级的跨界合作，是为了解决当前的问题。

从参与的对象上来说，通常是两个或者两个以上不同企业或个体之间的结合。例如，第一层至第三层。

（2）满足价值的实现。根据某个企业或个体的需求和想法，主动联结相关资源（如 10 个品牌联动助力高考），或结合不同领域的资源，经过资源整合、匹配和策划，开创出一个新的产品或服务，甚至一个新的行业（如各种资源平台、外卖平台）。

从参与对象上来说，通常是一个企业为主导，整合众多企业进行参与支持，其核心目的不是为了解决自己企业当下的资源缺口，更多的是为了发挥资源的最大化价值。例如，第四层。

（3）满足创新的需求。洞悉市场空白及用户的某个点的真实需求，通过跨行业、跨部门、跨学科的整合运用，以更加全面的视角和开阔的思维方式，突破原有的壁垒和边界，创造不可思议的变化（如手机的各种智能服务），其核心目的是实现突破。

从参与的对象来说，通常以自己的企业为主体。例如，第三层至第六层。

接下来，我们逐一了解跨界认知塔。

1. 第一层：置换层

还记得我们讨价还价的过程吗？

"老板，再给便宜一点儿吧，我给你多宣传宣传，多介绍点儿客户。"

这就是我们生活中的"置换"。

这一层是比较简单、基础的合作，最常见的是置换合作、赞助合作等，主要是为了节省成本，或者弥补短缺资源。

置换合作，主要是不同企业和个体之间，为对方提供自己的资源，以免费或者更优惠的成本获取自己所需要的对方资源的过程。例如，线上招聘网站在发布线下户外广告时，可以采用置换的方式，即广告公司为招聘网站提供广告位，招聘网站为广告公司提供招聘服务，以及在招聘网站页面中的品牌露出等。

关于赞助合作，相信大家见得比较多了，严格来讲，它其实也是置换合作的一种类型，主要由主办方发起某项活动或事件，并根据赞助方提供赞助内容的不同给予相应的回馈。

置换也好，赞助也好，两者的本质是类似的——A 公司和 B 公司相互满足。用一句文艺的话来讲就是："我想要的，你都有。"所以，如果双方对彼此很认可，品牌调性又比较搭，这样的合作就会一拍即合。

延伸思考：

跨界合作看起来很简单，但实施起来并不容易。请思考一个问题：当有一些资源，别人可给你也可不给你时，为什么要给你呢？

资源的互换形式有哪些

在置换合作中，双方的回馈形式有可能并不相同。

从时间上来讲：

- 有些是即时的回馈方式。如活动现场或者节目中的露出、软植入等。

- 有些是后置的回馈方式。如后续特意为对方组织专场、新用户的注册、前面案例中提到的招聘服务的置换等，两者所提供资源的开始和结束的时间并不一定完全重合。

从显隐性上来讲：
- 有些回馈是显性的。如活动现场及广播电视节目中常见的品牌露出类回馈、物资类回馈、实物使用类回馈等，主要从视觉、听觉、触觉等各种体验感的营造出发，来支持对方品牌在用户心目中的知晓率和口碑。
- 有些回馈是隐性的。如追求新用户注册量、App下载量、部分类型产品的后期体验、合作分成等，需要后续在某个时段范围内持续不断地发生才能看到效果。

如何不花钱采购一批礼品

曾经在智联招聘工作时，我和丽芙家居有过一次合作。

从2014年起，我就一直是丽芙家居的粉丝，而且我们办公室里有不少人都受到了我的影响，也成了丽芙家居的粉丝。而我对这个品牌产品和售后服务的信赖，源于一次购物经历，其妥善而又设身处地为我考虑的态度给我留下了极深的印象。后来有一次，我听到销售和HR提起要给客户选购礼品，我就在想，有没有可能尝试一次合作，让更多的人用到它们的产品呢？

我与丽芙家居当时的市场负责人一拍即合。丽芙家居免费为我们公司提供一批产品，我们在包含了上百个产品的清单中，挑选了50种客户有可能会喜欢的产品，由丽芙家居生成专属链接和领取密码，交由客户任选其一。而智联招聘则为丽芙家居提供了网站页面的宣传位、一对一的客户沟通传播和精准的用户群体。

智联招聘的客户大多是HR和企业老板，企业内部福利的采购权或者建议权大多掌握在他们的手里。当时丽芙家居正在发展企业团购业务，因此，如果能够让更多的HR体验到他们产品和服务的优秀，则有助于其开拓企业团购渠道。同样，HR本人也是潜在的目标消费者。

对于丽芙家居而言，投入一些产品成本，能够让它们获取一批精准的潜在客户、提升网站的访问量、新用户的注册量，并使他们体验到平台的服务，亲眼看到产品的品质。对于智联招聘而言，为员工和客户送去一个新颖的福利和体验，将礼品选择权交给他们自己，可大幅提升员工和客户满意度，同时，还能够节省采购成本。

活动结束后，我们做了数据统计。数据分析显示伴随免单产品的订单，有许多客户在购物车内自行添加了其他产品（即随单加单），在一个月内又有许多客户进行了复购。这个结果虽然是预料之中的，但是直到看到这些数字时，我才真正放下心。

毕竟所有赠送的产品都是实物产品，而且价值都在几十元甚至上百元，因此只有真正做到为对方引流，为对方带来经济上的收益，才会让我的心里舒服一些。我一直觉得，无论什么合作，一定要自己内心感觉到对得起对方的支持，这样的合作才是正向的、无愧于心的。

我一直非常感激和我对接的那位负责人李骏，他相当优秀，敢于突破创新。对他们公司而言这样的合作也是第一次，但在整个合作过程中，有非常多需要特殊处理的地方他都做得相当出色。而更不可思议的是，自始至终，我们都未见过面，全是通过电话来敲定意向并推进合作执行的。

延伸思考：

讲一句题外话，这件事情并不在我当时的 KPI 考核范围内，但我喜欢做对公司整体有益的事情，喜欢做有创新的事情。现在想来，这些工作恰恰为我开启了对跨界的认知。这么多年的经验告诉了我：没有哪件超出本职范围之外的工作是无用的。

你有做过哪些额外的付出，为你带来了意想不到的好运、感动或是惊喜呢？

2. 第二层：联合层

联合层，大多是为了共同完成某一件事，由一方发起（有时没有明显的发起方，有可能是几方共同头脑风暴出来的），由多方共同策划、倾注资源并执行，最终实现跨界合作的过程。

简单来讲，就是 A+B → C。

其中，A、B 指的是企业或品牌，C 指的是合作项目。C 有可能是 A 的 C，也有可能是 B 的 C，也有可能是由 A 和 B 共同创造出来的，其同时属于 A 和 B。

这些合作大多比较简单轻快，甚至有些只是单次合作，也有些虽然合作过几次，但没有更为实质性的、体系化的运作，双方并未达成更深度的联结。

例如，有些社群举办的线下主题沙龙，通常会由与符合主题的咖啡馆、图书馆、蛋糕店等一些实体店提供场地和茶歇，由社群组织提供沙龙的内容和人气。这样一来，不仅能为实体店带去人气和服务体验，也为社群组织提供了线下活动场地，还能使粉丝感受到不同的体验。

虽然同样是互相倾注资源，但本层和第一层的区别在于：第二层的合作，资源的倾注是为了一个共同的项目，双方都要为最终的结果负责；而第一层，则只需要提供支持就可以了。与第一层相比，第二层要更加复杂和更深层次一些。因此，在第二层需要留意一些技巧。

毫无经验的我如何驾驭 3 000 万元的项目

我想举一个部门之间跨界合作的例子，它和企业之间的合作十分类似，看似条件更便捷，但有时并不容易。

我曾在可口可乐公司负责 UTC（揭盖赢奖）项目，那时的"惨烈"和幸运，至今令人难忘。当时是我在这家公司入职的第 3 年，刚轮岗到市场部一个月，主管突然离职，这个价值 3 000 万元的项目便落在了我的头上。那时没日没夜地加班和学习，当项目好不容易步入正轨时，我再次被"幸运"砸中——公司要统一更换新系统，也就是说，UTC 项目所使用的老系统将无法使用。这是一个全公司几乎所有部门都需要参与其中的重点项目，牵一发而动全身。

更让人头大的是，新系统和老系统的功能以及前期运行中积累的庞大数据库无法无缝对接，这就像是终于学会了英语，可是却去了法国。

为此，我不得不每日安排数据导出，针对新流程中的功能缺失，制订手动弥补的方案，调整各部门在项目中的流程，找各个功能组和部门领导逐一商讨项目可行性和风险把控，针对仓库、物流、市场、销售、客服等各个相关部门，制订针对性的培训方案，并重新提报了预算。

一圈下来，我成了全公司唯一一个懂得 UTC 新系统运作的人。

这件事情虽然完整地做下来了，但在数据抓取的前期，系统的不稳定及庞大的数据运算（多达几万行）使得我在做项目预算时犯了一些错误。为此，我至今仍很感激当时的管理层领导 Ken 的包容和默默的支持。当然，还有当时销售运作部负责人刘蔚群（刘总）、销售运作控制负责人闫丽娟（娟姐），以及其他各个部门的那些大我很多岁、职位高我好几个级别的负责人的支持。一切都给我留下了非常温暖的回忆。

为什么我在前面说这是一件幸运的事呢？因为这件事之后，我不仅明显感到自己的工作能力和思维能力上升了一个台阶，而且公司的管理层也开始明确指派我负责一些项目，我变得越来越"忙碌"了。

我开始反思与总结，为什么当时毫无经验的我能够驾驭这么重要而又复杂的项目？后来我终于找到了这个真相，那就是：这正是一次企业内部的跨界合作，这个"界"就是部门的边界，而我恰好运用了下列这些重要的原则：

- 了解对方的角色、需求（包括那些没有说出口的）、有可能在活动中出现的困难点。
- 站在对方的角度进行沟通。
- 确认分工时要具体且可操作（参考 SMART 原则[1]），并确保对方理解的和你所表达的要一致。
- 以感激和共同合作的心态进行沟通和执行。
- 在合作的灰色地带[2]要达成一致，双方以结果为目标主动去推进，不扯皮、不推诿。

3. 第三层：战略层

我们此刻进入第三层——战略层，就是那些<u>出于长期共赢考虑，在实现共同利益的目标基础上所展开的一系列深度合作</u>。

我们经常看到的战略合作签约仪式，大多就是深度的战略合作，深度，表

---

[1] SMART 原则包括具体的（Specific）、可以衡量的（Measurable）、可以达到的（Attainable）、具有一定的相关性（Relevant）和具有明确的截止期限（Time-bound）。

[2] 所谓"灰色地带"，就是在合作分工中，往往会有一些前期分工未想到或未细化足够的工作事项。这些灰色地带是职责的盲区，需要合作双方根据彼此的能力和资源主动承担。一旦发生推诿、扯皮，不仅会伤感情，更会对整体事件的推进和结果造成不良的影响。因此，在前期商讨时，合作双方一定要提前达成对此类问题的一致性态度。

示了这个层面合作的程度；战略，表示了这个层面合作的性质和高度。从时间角度看，多是较为长期的合作；从交互关系角度看，频次较多、范围较广；从运作角度看，多是全公司层面、多维度参与。

曝光效应与负面曝光效应

有一个非常知名的手机品牌，他们与某个线上读书平台合作，共同做了一期读书会，从物料到场景布置、自媒体宣发、粉丝招募都非常吸引人，而且这两个品牌都为人熟知。

得知这个消息后，我忍不住向在这个手机品牌公司工作的朋友表示祝贺。我知道她们一直都想在会员服务上做一些突破和创新，现在他们终于打破了传统服务内容，真的是发自真心地为他们高兴。当我问及这个活动计划做多久时，她的回答让我一时间沉默了许久。

"只做一次。"

我继续问："那些漂亮的场景布置和物料如何处理呢？丢掉吗？粉丝的后续活动呢？"

她说："哎，这是总部谈的，我们也没有办法。"

我问："你有没有向总部争取，申请持续办下去呢？"

她说："哎，公司也没这方面的要求。"

我懂了。站在她的角度，会员活动并不是他们的考核 KPI 方向，而总部也只是要求做一次这样的活动即可，所以这样做没有任何的不妥。

然而，如果站在全局角度思考就会发现，重视会员和粉丝，是在目前竞争异常激烈的市场环境下，抢先占领消费者心智，与消费者产生深度联结的核心。所谓的复购、口碑传播，前提是消费者对你足够地喜欢或者依赖，需要的时候总是会想起你。可问题是，现在的热点信息太多了，消费者的精力根本顾不过来，单次的宣传效果再火爆，也经不起时间的抹杀和大量信息的冲击。

●曝 光 效 应●

这个案例所涉及的就是"曝光效应"。

举个例子。你有没有发现，你有可能第一次见到某位同事时感觉他不怎么好看，但是越相处就越觉得顺眼呢？

重复能加强记忆，能激发用户与我们的联结。在社会心理学中，曝光效应也常被称为接触效应或熟悉定律，它是指人们会偏好自己熟悉的事物，人们见到一个人或事物的次数越多，就会越喜欢。

著名的心理学家扎荣茨（Zajonc）曾做过一个有趣的实验。他让一群人观看某所学校的毕业纪念册，前提是参与测试的人与相册中的任何人都不认识。看完之后，再让这些人重新看一组照片，并说出对这些照片的喜爱程度。这些照片在毕业纪念册中出现的频次从一两次到二十几次不等。

心理学家最后发现，那些出现频次较高的照片被喜欢的程度也越高，他把这种现象称为单纯曝光效果。也就是说，只要一个人（事物）在你无意识的情况下不断出现，你就有可能喜欢上这个人（事物）。

写到这里时，正是过年期间，我想起从年前进入春节周期开始，我就一直想买各种红色的用品，衣服、杯子、帽子、耳环，甚至差点要买一双超级不百搭的红色高跟鞋，想来一定是受曝光效应的影响。

有时，我们以为是自己主动做的选择，事实上却是我们早已在不经意间受到了外界因素的影响。我记得一部电影中有一个关于赌马的情节：一个人为了影响对手下注，便安排了一个数字，在当天看似不经意地、以不同形式地多次出现在对手视线内，结果，对手果不其然地选择了这个数字下注。

●负面曝光效应●

那么，所有的事情都是越曝光越好吗？

答案是：No。有一些事情曝光频次越多，反而越会适得其反，我们可以称之为负面曝光效应。

我曾经在学习生涯发展的时候，碰到过一个非常耐人寻味的现象。

我在A机构的粉丝群里，看到大家一直在接龙报课，而助教采用@报名学员的方式恭喜报名成功。在有人提问后，助教立刻非常贴心地解答，之后再重新发一次报名信息和剩余名额的海报，由于不断地刷屏，激起了群友的报名热情，有一些原本没有打算报名的，也开始积极地抢座位。

而B机构的助教则是不断地私信我课程信息。我起初觉得这个课程也是不错的，打算把 A 和 B 的课程全部都报上，为此还加入了一个预报名的 15 人小群。

但最终，有一半的人都放弃了 B 机构，我也一样。

其中的原因并非是因为频繁收到助教的群发私信，而是大家咨询的问题没有得到积极回应。大家针对 B 机构讲得最多的一句话就是："付费前的服务尚且如此，付费后的服务又会是怎样呢？"

这两件事情的区别是什么？

一个是无意识的激发（至少看似是无意识的）和周到的积极服务，一个是刻意而急功近利的消极服务，所以你会发现曝光效应的有效性是有前提条件的。

- 比较中性或令你喜欢的人或事，在你频繁接触的过程中，未产生对你有危害的行为、令你厌恶的行为或者风险信号，也就是说，从始至终这个人（或事）对你而言是相对安全的存在。
- 越是无意识间的重复和曝光，越能激发你的喜欢。现在的人都很聪明，尤其是在消费方面越来越趋于理性。如果你的重复令人感受到你有极强的目的性，那么越重复，就越有可能在最终产生相反效果。

因此，我们在使用曝光效应时，一定要注意以下使用方法：

- 尽可能地设计无意识的认知，人们越是无意识地接收重复信息，就越是会偏爱。
- 一开始就让人感到厌恶的事物，如果只是进行普遍意义上的重复，效果容易适得其反。倘若在重复的过程中，让用户感受到不仅没有产生任何危害和损失，还存在着有助于自己的信息，则会使用户卸下心理上的抵触，原本用户心中厌恶或怀疑的信息就会逐步转变为一种安全的信息，随后就有可能进一步发展为喜欢的信息。
- 即便是一开始令人喜欢的人（或事物），如果在重复的过程中出现降低用户内心安全感和反感的行为，就会越重复越适得其反。
- 曝光和重复需要适度，过度的曝光可能会引起厌烦，就像我们特别爱吃的一样东西，如果天天吃迟早也会吃腻。

合作究竟有多深

你知道一个跨界合作都需要涉及哪些环节和部门吗？

以一个简单的跨界合作为例。在某次赛事或活动中赞助一些产品时，只需要双方约定好彼此的回报，然后赞助方申请产品并运送到指定地点，向用户展示或者邀请用户体验即可，稍后在比赛或活动过程中留存一些照片、视频资料做活动总结，就算完成任务了。

然而，诸如前面提到的雪碧为宣传王者荣耀而生产的王者荣耀英雄瓶，其涉及可口可乐公司全体系的人员，诸如销售运作部（预测该包装产品的销量及产量）、设计部（设计新的画面）、资讯部（建立新的产品编码，在系统中录入相关信息）、市场部（对应新产品的各套政策和指引、各部门的培训、兑奖事宜）、采购部（新产品相关的物资采购）、储运部（新产品与原产品的分批存放及运输问题）、客户服务部（消费者关于新包装中相关活动的咨询答疑）、销售部（向各个渠道的客户传达新品及新活动）、公共事务部（媒体渠道的传播）……

这一系列部门是个非常庞大的体系，战略合作时间较长、内容较为复杂，需要你做好长期的时间规划，并提前了解相关方的相关流程和工作习惯、规章制度等，尽可能地减少信息误差，并做好提前准备工作。

4. 第四层：整合层

你肯定听说过"资源整合"这个词。所谓"资源整合"，就是跳出自身角度，向外出发，着眼于身边的各界资源，重新识别、选择并整合，重新策划，创造新的价值和成就，换句话说，就是把你身边能用的资源都利用起来，创造一个新项目。

从商业的角度来看，我们非常熟悉的团购平台、外卖平台、网约车平台、共享办公平台和资源平台，就是这一层颇具代表性的新事物。

- 团购平台（电商平台）：整合各个领域的商家，进行打折优惠、体验评价，为消费者带来参考性意见和福利，也为商家提供更多的客户资源。
- 外卖平台：整合各个区域、各个类型的餐饮商家，提供餐饮上门的服务，也为商家解决了无多余人手送餐上门的苦恼。

- 网约车平台：整合私家车司机，为出行者提供专车服务，也为司机提供一份工作机会。
- 共享办公：整合空间、服务、政府以及社会资源，为创业者提供各种便利的办公条件和公司运营的后端支持。
- 资源平台：整合相关领域的人脉和资源。例如"市场部网"，集合全国各大知名品牌的企业负责人、CMO（首席市场官），通过全国56个分会帮助无数新老市场人对接数不清的跨界资源和合作。

我经常收到朋友们发来的"情书"，告白说这个圈层带给了他们太大的便利和价值，就像打开了一扇新世界的大门，一切都变得通畅起来，思想和视野有了极大提升，而各地分会会长这么多年来其实一直在无私地扮演着跨界"红娘"。

上面这些项目就是在原有资源的基础上，敏锐地捕捉到消费者的痛点、痒点，抓住行业中的空白机会，进行了资源的整合、策划及输出。

5. 第五层：突破层

在这一层，我们相当于上升到了一个全新的思想高度，不仅是在企业之间的合作方面，更多的是全面突破和创新升级。在这一层，你会借助跨界思维，采用全局视角，突破原有的壁垒和边界，创造出不可思议的变化。

举个简单的例子。在企业的传统分工中，产品部主要负责做好产品的设计、满足用户的使用体验；技术部主要负责完成技术的开发；营销部（在这里我们简单将市场、品牌、运营、销售等部门统一概括为营销部）主要负责产品发布后的推广和销售。

如果我们运用跨界思维，那么将会产生怎样的效果呢？有没有可能让上面这三大职能部门彼此发生互联呢？我们是否可以用技术思维做营销，用营销思维做产品，用产品思维开发技术呢？试试看，如图4-2所示。

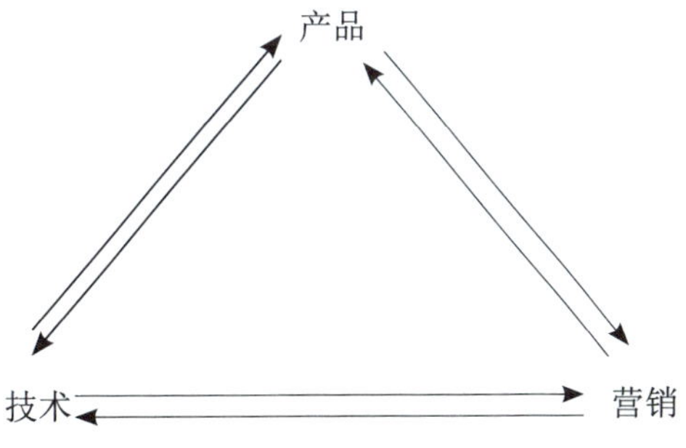

图4-2 技术、营销和产品三者的互联

答案是：当然可以。举一个大家比较熟悉的例子。在很多 App 和游戏里面，用户分享后可以获得一些积分或是多玩一次的机会之类的奖励。还有在一些购物 App 当中，别人通过你分享的链接下单，可以使你获得部分收益。这里就包含着营销思维和技术的完美结合。

还有很多的产品包装上加上了二维码，有的是发挥"追本溯源"的功能，有的是展示参与互动的功能。这些就是在用营销思维做产品，用产品思维去开发所需要的技术（而不是根据现有的技术去拼凑产品）。

你是否意识到，之前的 IT（互联网技术）产品体现的是工程师思维——只要产品的核心基本功能到位、性能稳定就行。

我们以手机为例。过去，我们追求的是手机的续航能力、结实程度、信号强弱等。现在呢，我们追求的已经远远超出这些，融入了更多的人文精神、艺术品位、极致体验等元素。

我经常一转眼就不知把手机放在哪里了，要找半天才能找到。后来我发现，华为手机可以设置寻找手机的功能，只要你在家里喊："你好，小 E，你在哪里？"手机就会播放设置好的音乐，同时回答："我在这里，我在这里……"

如今，手机厂商已将手机设计得非常贴心了，就连我们用户都没有想到的需求，手机却都已经具备。比如，就连拍照也不断演绎出各种新的功能——微距模式、人像模式、大片模式、夜景模式等，简直堪比一个初级的单反相机。

以上这些情况，是不是都是借助产品思维来倒推开发所需要的技术，以更好地满足消费者需求的最好佐证呢？

它居然因为一个名字而走红

突破不仅仅展现在产品领域。再给大家分享一个有意思的现象，关于起名字的。

几年前，一个朋友在逛超市时，特意拍了一张照片给我。点开一看，照片里是一个名为"董小姐"的薯片。因为平常大家习惯喊我"董小姐"，所以朋友看到这个品牌的薯片，就忍不住发来给我看。

这让我想起来多年前，好姐妹晋源给我寄来的一小盒茶，枚红色的包装袋上有一行白色的字体，上面印着"董小姐茶房——用一杯茶的时间来想你"。这盒茶被我原封不动地保存在柜子里。

厦门鼓浪屿有一家名叫"赵小姐的店"的咖啡馆，很受欢迎。

有一个很有趣的小超市，为了和旁边的大型商超竞争，网友帮它起名叫作"超市入口"。

还有一个很特别的故事。

在英国威尔士公国，有一个非常有趣的小镇，它是拥有英国最长名字的小镇。据说，镇上的居民只是想以一种独特的方式吸引游客前来参观，增加小镇的客流量。于是，有人提出给小镇取一个世界上最长的名字，结果就有了这个名字——急漩涡附近白榛树林山谷中的圣马利亚教堂和红岩洞附近的圣田西路教堂。

后来，一位电视台天气预报员因为在播报天气时，流利地说出了这个名字而走红。现在，这座小镇早已成为一个受到世界各地游客青睐的旅游景区，而这个名字也被传唱成了歌曲。

这些都是因为名字的特别而被人们记住的案例。有些是因为人格化，有些则是因为特别。这就是一种打破思维定式的突破。我相信此刻你的脑细胞内已经在蹦跳着各种新奇有趣的奇思妙想了吧！赶快记录下来，这很可能就是你的下一个创新。

6. 第六层：融合层

此刻，我们终于来到了跨界的最顶层——融合层，即回归"道"的层面，以有形化无形，以"融"之态，对各界万物以 包容、溶入、融合。

在这一层，我们不仅仅是单纯的跨界合作、资源整合、思维突破，更重要的是融会贯通。在融合层，会同时用到多个层次的跨界方式，融合多个领域的跨界亮点。如第三部分列举的网易云音乐与农夫山泉的合作、地铁创意、可口可乐和航空公司的合作创新等，都属于这一层。

不仅如此，跨界力也会让我们在谈判沟通、资源积累、职业生涯发展、学术创作、个人品牌、创业、品牌创意、产品设计、渠道开发、企业转型、家庭关系、社交关系、问题解决、个人成长、购物、恋爱、等方面，展现出与众不同的一面。要实现这些，我们就要更加重视提升我们内在的格局、视野的广度，以及思维的容度。

总结一下：

本章，我们借助雪碧的案例和厕纸的创意案例，探讨了关联效应以及如何开发非凡的吸引力，重点分享了六层跨界认知塔的内涵，以及曝光效应的实用法则。这里面的颇多案例都可以用来发散、借鉴。

第三部分
跨界类型

读到这里，你可能开始好奇怎么才能立刻开始跨界呢？那些让人回味无穷的创意是怎么创造出来的呢？其背后的秘密是否有章可循？我们能从中获得哪些有益的启发呢？

从现在开始，我们进入脑洞大开的模式，你会看到非常多令人怦然心动的创意，尤其是同样或类似的品牌有着非同凡响而又与众不同的玩法，希望能为你带来更多有益的启发。

如果一开始你觉得有些摸不着头脑，没关系，可以先从借鉴优秀的创意开始。不过要注意的是，借鉴不是抄袭，而是获取启发和灵感，你需要将其调整为适合于你的创意，然后慢慢地，你就会有更多新的思路去实现创新。

现在，你可以开始积累你的案例素材库了。为方便大家理解，我将跨界归为4大类：产品跨界、形象跨界、体验跨界、营销跨界。

第五章 产品跨界：如何让产品捕获消费者的心

产品跨界，有以下两种常见的应用方法。

- 产品升级：基于产品本身的功能、技术等，融合其他跨界元素而生成较为新颖的、具备新特征（特性）的个性化产品升级，参见本章案例 1 和案例 2。
- 产品延伸：在原有产品的基础上，开发新的衍生品，辅助满足用户更多样化的需求，参见本章案例 3。

接下来，我们来看几个案例。

5.1 案例 1：一个瓶盖上的 16 个小心思

不知道你小的时候是不是跟我一样有过这样的经历：在饮料瓶的瓶盖上扎几个小眼儿，然后去浇花或者和小朋友一起滋水玩，每次回想起来都令人无比怀念。而且更好玩的是，在瓶盖上扎针眼儿时，如果不是垂直扎向瓶盖的，滋出来的水线方向就会四处乱窜，每次看见这种场景，小朋友们就笑得前仰后合、东倒西歪。

可口可乐公司就捕捉到了瓶子的再利用价值，发明出了 16 种创意瓶盖并免费提供给人们，把这些瓶盖拧到喝完的瓶子上，就可以把瓶子变成实实在在的生活用品进行再利用：如喷壶、水枪、转笔刀、笔刷、拨浪鼓、吹泡泡、哑铃、酱料容器等，如图 5-1 所示。这就是可口可乐公司联合奥美中国在泰国和越南发起的"快乐重生（2nd lives）"公益主题活动。

图 5-1　可口可乐瓶子的再利用创意

分析

"为什么别人的创意可以层出不穷？好羡慕呀！"

相信我，你也可以的。许多创意本就来源于生活，来源于对细微处的敏锐洞察。

从这个例子中，我们可以明显地看出，真正让人心动的创意，是能够直击人的心灵，满足人们易被忽略的需求的创意。而后，人们便会与之产生情感或行动中的联结。

想起一个许多人可能都听说过的故事。

一个卖鞋的公司派了两个人去非洲（有的版本是去某座荒岛），一个人回来说："那里没有人穿鞋，没有市场。"另一个人说："那里没有人穿鞋，市场太大了，不过我们需要根据他们的脚型定制。"

这其中蕴含的道理与把梳子卖给和尚的故事有些类似。有些现象或者问题看似无解，却是机会。这就是跨界思维的体现——跳出原有思维模式，跳出传统思想，换个视角想问题，这在职业生涯发展中叫作"重新定义"，在心理学中被称为"外置与重构"。

在泰国和越南,人们的消费能力相对较弱。对于企业来说,既要完成企业的商业发展,又要拥有社会责任感,因此,借助产品满足用户更多的需求,创造产品的附加价值,就能让产品从单一的消费品转变成价值衍生品。可口可乐喝完就没有了,但是瓶子却可以在生活中被无限次地再利用。

这个创意更厉害之处在于,它通过拨浪鼓、画笔等各种形式的瓶盖,让用户在以下层面进行不同形式的联结,从中感受到快乐和幸福。

- 物质层面:为消费者带去额外的价值,节省了很多成本,曾经不舍得买的东西,现在一下子都获得了。
- 心理层面:这些额外附赠的工具不仅为消费者带去了满足感,还带来了很多的快乐,甚至是对生活的新希望。
- 关系层面:这种具备互动性的玩具带来了人际关系中的情感增加,如孩子们一起玩吹泡泡、一起滋水,母亲和孩子一起玩拨浪鼓、一起画画……

因此,产品好不好,用户体验说了算,而产品创意好不好,则可以根据是否满足了用户以上这3个层次的需求来判断。

"以用户需求为核心""用户思维""换位思考""联结"……这些词汇,在本书中会被不断提及,只有懂得对方所思所想、所需所求,才能有的放矢,而只有创建有效的联结,才能使消费者爱上你的产品,并一直爱着。

"可是,我们去调研用户的体验和需求时,消费者说产品挺好的啊,但业绩数据却并非如此。"

没错,你说到点子上了。现在我们都面临一个新的挑战:并不是所有的用户都知道自己想要什么。对消费者而言,现在的商品琳琅满目,可选项实在太多了,常规的用户需求早已被满足。如果你去问他还需要什么,那么他真有可能连他自己都回答不上来。

"那么,那些新的需求,我们怎么才能发现呢?"

你已经将关键词说出来了,没错,就是这两个字——发现。这需要你对消费者有足够的了解,同时还需要你具备足够的洞察力。

举个例子。出租车、地铁、公交车等交通工具类型按说已经很全面了,但是高峰期等车难、打车碰运气这件事,还是让人很不舒服。如果你做调研,可能会收到这样的回复："如果公交车、出租车再多一点儿就好了，等待的时间太长了。"甚至有的消费者已经习惯了这种等待，自己都没有意识到有一个出门就能打到车的需求，因此也就更不会告诉你他们需要一个网约车平台。

所以，你需要发现他们的痛点，然后自己去寻找问题解决方案。网约车平台就捕捉到了用户这个痛点，提出了解决方案并呈现给消费者，这样消费者就会突然意识到：是的，没错，我需要的就是这个！

因此，在构思创意之前，洞察力是核心关键。

延伸

如果你有一个产品，有没有可能通过对某些地方的调整，让你的用户拿到产品后发出"哇"的一声赞叹呢？

此时正值深夜，我突然想到了"三只松鼠"这个品牌。它在洞悉用户需求方面真的让人非常感动。

首先，它的包装外箱被称作"鼠小箱"，上面贴着一张给快递员的便条，上面写着："亲爱的快递员哥哥：我是鼠小箱，我要去见我的新主人了，请您一定要轻拿轻放哦。"不仅萌，而且满满的受重视感！它还附带一个塑料开箱器，这个开箱器也有一个名字，叫作"鼠小器"，有了它，你再不用到处找刀、钥匙或笔来划封口胶带。

最后，打开包装，你会发现商家还为你准备了开果器、果壳袋、密封夹子、湿巾……简直是把我们吃坚果时的每一个小担心和每一项需求全都想到了。这里面还有一个非常讨喜的地方，就是它的人格化。它不仅给自己的小工具起了名字，就连售前客服也根据性格被分了组（如"人畜无害小清新""惊险刺激萌贱组"等）。

一旦你的细节让用户感到出乎意料，那种惊喜和动心的感觉就会悄然蔓延至用户身体的每个角落，随之而来的满意和兴奋，会让人忍不住地想要把产品分享给更多的人。此时，品牌的口碑传播就已经开始了。

5.2 案例2：可以咬着吃的饮料瓶

接下来，我想分享一个我非常喜欢的产品创意。

如图 5-2 所示，在哥伦比亚海滨，有一款名副其实的"冰可乐"——可口可乐的瓶子是由冰块制成的，销售时灌入可乐，套上一个手环方便抓握。在炎热的海边，人们喝完可口可乐后，还可以再嘎嘣地把冰块瓶子也吃了，想想就是一件极爽的事情。

图 5-2　冰可乐

这款冰可乐卖得非常火爆，据了解，哥伦比亚海滨的小贩们一个小时就可以销售 265 瓶冰可乐。

分析

我们来分析一下，可口可乐抓住了哪些消费者的哪些需求。

- 热：用一位朋友的口头禅说就是："海边真的是死热死热的。"因此人们需要冰爽的感觉。
- 懒：传统玻璃瓶款式的可乐，需要回收玻璃瓶，这对于不知道稍后会漫步到哪里去的游客来说是一件麻烦事。而这款冰可乐瓶子不用返程送瓶子，轻松实现零负担。
- 爽：咬冰块能增加嘴巴和牙齿的感官乐趣。

可口可乐有一个细节做得很好，每个瓶子外面都配有一个手环，方便握着瓶子，不至于在吃冰块的时候尝到咸咸的汗味或是吃得满嘴沙子，喝完可乐后，还可以把它当作手环佩戴。而且没有了塑料空瓶子，大大减少了海边垃圾的质量，也为环保做了贡献。

延伸

我记得小时候有一款冰激凌，俗称"一糕两吃"（官方名是"天冰大果"）。它是一个圆柱体形状的雪糕凹槽，凹槽是橙子味道的冰棒质地，凹槽里面装着可以挖着吃的奶油冰激凌，我们可以挖着吃完里面的冰激凌后，再咬着吃外面的冰棒。

类似的，还有蛋卷冰激凌，外面的那层酥脆的冰激凌托，也是既可以被当作容器，又可以吃，如图5-4所示。

图5-3　天冰大果　　　　图5-4　蛋卷冰激凌

你有没有发现，很多东西的原理和想法都是类似的呢？有许多创意，除了来源于前文说的洞察力外，还来自于跨行业的一些形式上的借鉴，只要我们能非常巧妙地将它们结合起来，就会出现A+B=C的新生儿既视感。

就像图5-5所示的这款可口可乐瓶，它可以充当自拍杆，瓶盖上有一个凹槽，手机嵌进去就可以拍照，并且这里还藏着一个"心机"——每张照片上，都刚好会把瓶身的LOGO拍进去，自带品牌传播效果。在以色列也有一款自拍瓶，不过它是在瓶底装有内置照相机，当瓶身的倾斜度超过70°，就可以在喝饮料时抓拍精彩瞬间，然后上传到可口可乐的Snapchat、Instagram和Facebook主页上，如图5-6所示。

图5-5　可以充当自拍杆的可口可乐瓶　　　图5-6　自拍瓶

你看，这个好玩的功能为这款饮料增加了一种社交感。当大家玩起来时就会感受到——因为有你，生命变得更加美妙。请记住，人们总是会对美好的事物感兴趣并乐意为之买单。

5.3 案例3：令人尖叫的跨界单品

你涂过（哦不，应该说你舔过）炸鸡味道的指甲油吗？你涂过炸鸡味道的防晒霜吗？你点燃过炸鸡味道的蜡烛吗？

"没有。还有这样的东西？"

真有。

在中国香港，KFC（肯德基）餐厅就推出过两款炸鸡味道（原味和香辣味）的指甲油，如图5-7所示。据说这款指甲油是用可食用的原材料制成的，涂到指甲上5分钟后就可以舔，这是真正用行动演示了吮指原味鸡中的"吮指"特性。

还有一个出人意料的创意，那就是KFC炸鸡味防晒霜，如图5-8所示。该产品在推出后不到一小时就售出3 000瓶。KFC还风趣地向大家承诺，保证大家涂了这款防晒霜之后闻起来就像脆皮炸鸡。说真的，闭上眼睛便可想象得到，在烈日之下，这种一路飘香的炸鸡味道，还真不知会带来怎样的邂逅。

图5-7 炸鸡味道的指甲油　　图5-8 炸鸡味道的防晒霜

此外，和味道有关的跨界产品还有冰激凌口味的口红、炸鸡味道的香薰蜡烛，另外，还有颇具创意的汉堡包款式的单肩包……我最爱的是下面这款由德国KFC推出的蓝牙键盘餐纸，如图5-9所示。

图5-9 德国KFC蓝牙键盘餐纸

我们在用餐时，手指上很容易沾到食物上的油渍，如果在此时需要操作手机，那就太不方便了。将这款蓝牙键盘与手机连接后，就可以轻松地避免这个难题。这真的是再次回到我们前面说过的：一切创意，均来源于生活中点滴需求的洞察。

延伸

提到KFC冰激凌口味的口红，我突然想到了很特别的"周黑鸭口红"（官方名字为"小辣吻咬唇膏"），这是周黑鸭与御泥坊的跨界作品。有趣的是，这款口红色号是以辣度区分的，分别是微辣、中辣、爆辣。而且它的形状也很与众不同，是鸭嘴形状的，涂到嘴上后只需轻轻一抿就可以了，如图5-10所示。

这两年，越来越多的品牌推出了令人欲罢不能的美妆类跨界产品，其中有一款我非常喜欢的，就是"瓜子脸"面膜，如图5-11所示。

图5-10 "周黑鸭"口红　　　　图5-11 "瓜子脸"面膜

女性们总是会羡慕那些拥有一张瓜子脸的人，而洽洽瓜子就脑洞大开地和春纪品牌一起推出了这款"瓜子脸"面膜。产品一经推出，各路网红近乎疯狂，尤其是外包装与洽洽瓜子的经典红袋一模一样，这点吸引了众多对洽洽瓜子情有独钟的用户群体。

有一次我在电台录制节目时，与两位主持人聊起了这件事，他们瞬间瞪大了眼睛，迫不及待地问："什么？哪里有卖的？还能买得到吗？"如果不是亲眼看到，我一定会以为这样的反应是夸张的台本。后来，我把这款图片发到跨界的群里，结果再次迎来了群友们的一阵惊叹，尤其是女性朋友，她们纷纷咨询在哪里能买到。

这就是跨界的魔力——从一个很小的点引发一种让大家感到惊奇的创新，然后让大家乐意去消费，忍不住地自发传播，同时也对这个品牌产生了新的好奇，甚至开始期待商家接下来又会玩什么新花样呢。

本章的最后，让我们再来一起看看下面这些有趣的创新。

- 故宫的文化类跨界产品。
- 六神和 RIO 联合出品的花露水鸡尾酒。
- 泸州老窖的香水。
- 福临门和阿芙精油联合出品的卸妆油（万福金油）。
- 香飘飘的变色指甲油。
- 大白兔奶糖的润唇膏。
- 麦当劳的汉堡钻戒。
- 必胜客比萨味道的香水。

……

我发现了一个很有趣的现象：那些新兴的品牌看起来更容易创造令人惊喜的创意，可当那些国民老字号的品牌也跟进时尚时，却能引发消费者内心更大的欢呼声。

就像北京暴雪爽约，气象局道歉时发的那条微博："雪是好雪，但风不正经。"还有转型后的卫龙辣条一跃成了网红品牌，一句"没有什么问题是一包辣条解决不了的，如果有，那就两包。"各种段子、表情包，结合冷淡风的干净包装，让人们再次爱上它。

所以，没有人告诉我们说，传统企业就一定不能创新。相反，传统品牌（行业）重新焕发生机后，带给人们的激动和新鲜感会更强。如果你敢尝试走近消费者，那么这样的零距离接触，就很有可能会爆发出来意想不到的力量。

总结一下：

我们在本章归纳了产品跨界中的几种形式，在案例 1 和案例 2 中，主要分享了利用开发产品本身的功能带来更贴心的附加价值；在案例 3 中，分享的是跳出品牌本身，结合有趣的元素，创造别有新意的衍生品。

延伸思考：

1. 如果你做的是传统产品，你的产品可以如何融入更多有趣、有温度、有内涵的跨界元素呢？如果把你自己当作一个产品，你又有哪些不可思议的可能呢？

2. 你还见过哪些令你印象深刻的跨界产品？（我在微博中等你的分享）

第 6 章 形象跨界：如何一秒脱颖而出，唤醒用户关注

请你打开衣柜，看看你的衣服大多是什么样的风格？你有没有考虑过尝试一下更多的风格呢？要知道，你的可选项未必只有一个。同样，你的产品、你开的店也未尝不可以有其他怦然心动的独特。

我们将在本章共同探索"形象跨界"，看看从视觉角度的创新是个什么样子，并一起来了解融合多元素后的跨界玩法。

6.1 案例1：给产品换身会说话的衣服

如果让你把水和音乐联系在一起，你会想到什么创意？

"音乐喷泉？水杯敲击音乐键盘？水开时的音乐提醒？"

我来分享一个真实的案例。

提起网易云音乐，你一定不陌生，许多歌曲下面经常会有很多网友的评论内容。网易云音乐利用这样的互动创造了一个跨界合作机会：精选出30条优质音乐评论印在了农夫山泉的瓶身上，并用小字将网友的名字也印在了上面——"来自网易云音乐用户——×××"，如图6-1所示。这款"乐瓶"在全国69个城市发行了4亿瓶，颇受欢迎。

图6-1 网易云音乐的"乐瓶"

就像图片上的这句话:"一次就好,一生就好,是你就好。"可能原本你只想买一瓶,看到这句话后,不自觉又买了一瓶,假装若无其事地送给那个心仪已久的TA。

这种戳人心窝的话,最能让人一下子变得感性起来,而感性恰恰会带来冲动性消费。

分析

"这个创意我们可以如何借鉴呢?"

要知道"有些产品本身就是一个自媒体",网易云音乐借助农夫山泉的产品数量巨大这个优势,让自己从虚拟的互联网世界来到消费者的手中,变得"可视化"。同时,农夫山泉也做到了与粉丝之间的有趣互动和联结。

提到联结,我想到了一件事。

我家在吃饭时总会习惯性地打开电视。有一次,小侄子吃饭时看动画片看入迷了,忘记了继续吃饭,怎么提醒他都好像听不到似的。后来,奶奶说了四个字"换台了啊。"小侄子立刻有了回应。

你看,人们总是会特别关注和自己相关的事情。

消费行为也是一样,这里面有一个共同的心理现象,叫作"与我有关"。因此,在我们看到产品包装上那些扎心的文字后,就会产生共鸣:"嗯嗯,没错,这就是我想要的。""是的,这就是我的style。"

在产品和品牌中,能让消费者贴上"我"的标签,产生与自己相关的联想,就会产生情感联结,接下来就能产生价值。

人们喜欢模仿与自己志同道合、趣味相投的人，因为模仿能够了让人与人之间产生认同感，认为彼此是同类。这就是那些很火的短视频账号、网红的带货能力如此强大的原因。据说小度智能音箱在赞助了《向往的生活》第三季之后，一度热卖到脱销。

这背后发生了一连串看不见的连锁反应：人们在看节目的过程中产生了情感联结，紧接着产生了认同，基于认同又产生了信任、好奇，然后幻想自己拥有同款产品之后会是怎样一种情境，于是产生了美好的期待和模仿。

回忆一下，我们自己在网购时促使我们最终下单、付款的关键性决定时刻，脑中浮现的画面，或许是我们穿上这件衣服美美的样子，或许是手捧着这只咖啡杯在阳光下享受下午茶，又或许是敷完这片面膜后水嫩的肌肤……

这一切美好的幻想和最终决定购买的想法，都是因为我们不自觉地将自己融入了消费场景，成为我们想象出来的那个场景的主角。因此，要想办法与用户产生联结，让他们觉得产品和他相关，和他的"美梦"相关。

此时，我们买的衣服不只是衣服，而是某个场景下的气质、温婉、与众不同、吸引力……我们买的咖啡杯不只是一个杯子，而是向往的生活方式；我们买的面膜不仅仅是面膜，而是更好的自己，还有成为更好的自己之后的某些故事。

总结一下，本节有3个关键词：可视化、与"我"有关、联结。

延伸

你见过这样的消费小票吗？

- 顾客失恋时，订餐留言希望老板画只小猪佩奇，于是老板就在小票上画了一只小猪佩奇。
- 情人节，老板在消费小票下面打印了一首情诗。
- 遇见有趣的老板用小票留言跟你对话，你下次还想在这里消费，就为了给老板回复过去。

……

仅仅一张消费小票就可以变成一个互动的工具，让未曾谋面的老板的"真人"气息跃然纸上。

如果能把可视化做得有创意，会进一步形成差异化。江小白是一种非常具有人格化魅力的小酒，总是会借助瓶身将不同的跨界元素融合在一起。例如，江小白曾借助"七夕"发布过一个H5互动，按照留言想说的话和照片，就可以定制属于你自己的"表达瓶"，最后入选的作品还会获得批量生产，你的名字也会在上面，之后，你的文字、照片将会被更多的人熟知和喜欢（见图6-2）。

图6-2 江小白的"表达瓶"

这样的活动很容易让我们感受到共鸣，满足我们喜欢表达、喜欢分享的欲望，体验到参与感。想想看，我们熟知的可口可乐"昵称瓶""歌词瓶""台词瓶"、味全每日C的"拼字瓶"、"Say Hi""理由瓶"（见图6-3），旺仔牛奶的"56个民族版"（见图6-4），以及大家熟知的"答案茶"……是不是也是如此呢？

图6-3 味全每日C的"拼字瓶"　　图6-4 旺仔牛奶的"56个民族版"

"可视化"带来了视觉吸引，"与我有关"带来了心理触动，最后触发了更深的联结和行为转化（参与活动、购买或者收集）。

那么，"与我有关"具体还可以如何运用呢？最核心的就是换位思考，即站在对方的角度去觉察整体感受。

让你的产品或服务与消费者和使用者产生关系（注意：消费者和使用者有时未必是同一人），让他觉得自己也是这个行动中的一员，或者产品的某方面特质代表了他。

提供以下几个思考方向：

- 我们的产品是否让消费者（或使用者）觉得与他们相关？

例如，是否有让消费者（或使用者）感受到这个产品某方面的特质代表了他？是否很像是为了他而设计的？是否激发了他美好的想象？

- 我们的跨界合作品牌是否让双方粉丝觉得与他们相关？

例如，是让双方的粉丝惊喜地赞叹："哇，这个创意太好了！"，还是"这个……不适合我啊"？

- 我们组织的大小活动，是否让参与者感受到与他们相关？

例如，我们是否留意到那些默不作声、躲在角落的参与者？是否照顾到参与者的不同需求？是否留出时间观察现场的细节？是否及时为参与者提供了妥善的个性化照顾？

- 我们的谈话，是否让听者感受到与他相关？

例如，聊天时，对方是否感到舒适、愉悦？我们是否总是在谈论自己？我们的话题是否与对方有关，对方是否感兴趣？

人们总是喜欢谈论自己，总是喜欢被认可和被喜欢的感觉。无论是产品还是沟通，如果传递出来的是"我"被重视、被理解，"我"会因为这个产品被认可和喜欢……那么，你的产品或沟通就有可能快速与他人产生联结。

6.2 案例2：这瓶水长了红鼻子

你有见过戴"配饰"的饮料吗？

农夫山泉给它30万瓶的瓶盖戴上了一个"红鼻子"——没错，就是我们在很多喜剧中看到的那种红鼻子（见图6-5）。买了这瓶水，我们不仅可以获得一个红鼻子，还相当于做了公益——因为这是农夫山泉与英国"红鼻子"IP的跨界合作。扣除"红鼻子"的成本之后，这30万瓶农夫山泉的销售费用会捐赠给公益基金。

图6-5　农夫山泉的"红鼻子"瓶盖

对于快消品来讲，借助包装做创意是非常有趣并且很容易被消费者感受到的。如果没有特别的要求，消费者往往会有很大的概率在同类中选择它们。

分析

通过在瓶盖上增加一个"红鼻子"，产品就拥有了与众不同的意义，也从同类产品的陈列中脱颖而出。这种方式在我们的生活中是很常见的。例如，曾经令无数人心动的大眼萌ofo小黄车（ofo与小黄人IP的跨界合作）、米奇、米妮样子的摩拜单车（迪士尼与摩拜单车的跨界合作）；各种花瓶形状、帆船形状的白酒等。

还记得跨界认知塔吗？在形象跨界这种类型中，也有合作和突破等不同形式，既有不同品牌共同打造的形象跨界（如上面的"红鼻子"案例），也有某个品牌借助融合新元素，突破对产品形象的固有认知（如下面的案例）。

延伸

你见过可口可乐的"礼花瓶"吗？这款产品在哥伦比亚和日本风靡一时，只要将瓶身的包装纸一拉，就会折叠成一朵蝴蝶结形状的丝带花，特别具有节日气氛，超级适合送给朋友（见图6-6）。

可是这么有趣的活动，有一类人群却是看不见的，那就是盲人。因此，在墨西哥和阿根廷，可口可乐在做"share a coke with ..."（"..."代表当地人民的常用名）互动活动时，曾特别推出过一款带有盲文的易拉罐，上面用盲文写着当地人的常用名，希望这些人士也能参与到活动中来，体会分享的快乐（见图6-7）。

图6-6 可口可乐的礼花瓶

图6-7 带有盲文的易拉罐

这两个故事再次带给我们一个启示——敏锐的捕捉力会让我们看到用户更真实的需求,从细节出发,与"我"相关,更能打动人。

6.3 案例3:可以扫码登机的饮料

跨界,就是玩起来,即跳出任何束缚的框架,酣畅淋漓地去发挥创意,先让思想"飞"出去,才有可能结合现实设计出超出当下的创意。

"思想怎么'飞'出去?"

我猜你也许见过在瓶身上定制自己名字的饮料,但你体验过拿着这瓶饮料当登机牌吗?

"什么?"

是真的,加拿大的希捷航空和可口可乐做到了(见图6-8)。

图6-8 可以扫码登机的可口可乐

在售卖机中,乘客可以给好友定制有其姓名的可口可乐,自己也将会得到一瓶带有自己名字的可口可乐。更惊喜的是,这瓶可口可乐可以被当作登机牌来用,扫描瓶身的条形码听到"滴"的一声,即可验证过关。

登机后,在座位前的小桌板上,还放有航空公司准备的一瓶带有你姓名的可口可乐,让乘客一眼便能找到自己的座位。想想看,这样一来,邻座陌生人之间打招呼是不是也更方便了?

分析

我不是说我们也要去跟航空公司合作,重点是要发现这背后的可借鉴之处,要找到在这一次跨界合作中主要包含了哪些亮点。

（1）**个性化定制**。我们大多喜欢专属的产品，为自己和朋友定制的产品会让我们产生抑制不住的分享欲，以及一种自豪感，这也是"与我有关"心理的体现。在我们常见的那些定制化的T恤、杯子、抱枕、鲜花、餐饮等产品中，处处都存在着类似的应用。

（2）**创意大胆新颖**。用一瓶饮料当作登机牌，你觉得很特别是吗？这其实是一种模型——让A产品拥有B产品的功能。在我们身边，那些用某银行的信用卡可以在某些地方享受尊享服务、福利折扣，其实就是这种类型。

只是，在饮料和航空这两个反差极大的领域，很少有人会去尝试，因此显得格外特别和令人兴奋。所以，寻找跨界对象时，未必要将目光锁定在常见领域，放眼四周，说不定更有料，没准有一个更具震撼力的跨界合作伙伴在一个意想不到的领域正在等着你。

（3）**体验感十足**。在视频记录中，乘客的惊喜表情将他们的心情展露无遗。出乎意料的体验感会极大地促进人们对品牌的喜好度，甚至会大幅提升产品销量，我们将在以下延伸部分做详细分享。

> 在公众号"跨界力"回复"登机牌"观看私藏视频

延伸

我常听到别人口中的一些无奈："船大不好调头。""我一直想做些新玩法，可是公司很难尝试新玩法。"与其在"渴望变好"和"裹足不前"之间纠结，不如大胆小范围尝试一下。

2020年8月25日，铁路12306 App和东方航空App全面实现了系统的对接，也就是说，旅客可以在铁路12306 App上一次性完成火车票和机票的预订和支付，而无须分别在铁路和航空两个购票端口预订车票。

除此之外，还有一个地方的跨界也是实施起来较为复杂，却经常通过形象的变化让人们屡屡惊叹，这就是——地铁。

一个在地铁工作的朋友告诉我，他们经常会在地铁里和地铁媒体上做各种活动，如每周的好书推荐、电影推荐，地铁里的各种展览和表演比赛……

你在地铁站见过下面这些内容吗？

- "你还记得她吗？""早忘了，哈哈。""我还没说是谁。"
- "如果每个人都能理解你，那你得普通成什么样子。"
- "哭着吃过饭的人，是能够走下去的。"
- "祝你们幸福是假的，祝你幸福是真的。"
- "没有过不去的坎，只有过不完的坎。"

京东、网易云音乐、阿里钉钉都曾经用或调侃或扎心或励志的文字，在地铁广告中掀起一阵又一阵的疯传（见图6-9）。很多人都找到了共鸣，不由自主地举起了手机。

图6-9　地铁广告

传统来讲，广告的画面和文字内容大多是按照品牌方想要表达的内容来展示的，可现在能吸引我们注意并被自动传播的内容，大多是以消费者的口吻和视角，甚至是一些极小的日常被放大，或是形成巨大反差，以此让用户瞬间产生代入感和共鸣感，心中不由自主地发出："嗯，就是这样。""嗯，我就是啊！""嗯！哎……"的感叹。

这种网络化表达又是"与我有关"。

京东曾承包了北上广深四个一线城市的地铁站，连续多年举办"京东摄影手机展"，如图6-10所示，以各个手机品牌拍摄的优秀作品在地铁里的橱窗作为展示。其中有一个很重要的细节就是，每张照片的下面都有这张照片拍摄者的姓名、手机型号、手机LOGO。

图6-10　京东地铁手机摄影展

你看，这就是形象跨界和体验跨界的结合，地铁在此时此刻已不再是单纯的交通工具，而是一种美好的生活方式。高铁婚礼、出租车婚礼、共享单车婚礼、直升机婚礼……这些婚礼创意的背后，其实也都包含了突破原有惯例的跨界思维。

总结一下：

本章我们探讨了一些基于形象上的创新，提到了这样几个概念："可视化""与我相关""差异化""网络化表达"。我们再次用实例证明，只有让思想"飞"起来，敢于突破，才能发挥出更多的创意，从而实现产品（或服务）的形象跨界。

延伸思考：

1. 在浏览本章案例的过程中，你的脑中闪现过哪些适合你的新想法呢？
2. 回想一下，你在日常生活中还见过哪些令你印象深刻的形象跨界？

第7章 体验跨界：如何打造出乎意料的惊喜

前文中多次提到过"出乎意料的惊喜"这样一个营造体验感的新境界标准。本章，我们就一起探讨如何通过跨界思维提升用户的体验感。

所谓"体验跨界"，是指消费者和用户在与产品（或服务）产生情感联结关系的整个过程中，融合了跨界思想和元素，从多角度增加客户的体验感，提升消费者和用户对品牌的满意度和喜好度。

这里要强调的是，消费者和用户有时并不是同一个人，所以，相应地，购买行为和使用行为所产生的时间、地点、情绪体验、心理动机也可能不同。面向的人群不同，决定了体验感的设计内容的不同，实操时一定要根据实际情况进行调整，在此不做赘述。

体验跨界，大体可以分为以下几种类型。

（1）A+B → A'：为了提升A品牌的体验感，结合B领域的元素或者形式，将A进行升级，例如案例1。

（2）A+X：A品牌与其他品牌相结合，创造更全面或者更新颖的视觉体验、功能体验等，例如案例2。

（3）A∪B∪C…：A，B，C…的集合，例如案例3。

7.1 案例1：儿童绘本中隐藏的非凡体验

一个出版界的朋友曾给我看了一本儿童绘本，叫《听，小蜗牛艾玛》（见图 7-1），我一下子就欢喜了起来。我的第一反应是，一定要拿给小侄子看，他一定会喜欢。结果，我们玩了好几个下午，他开心激动得不得了。

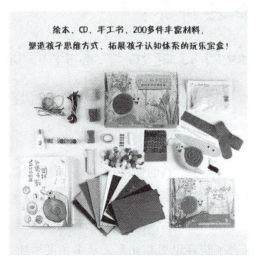

图 7-1 《听，小蜗牛艾玛》

我在想，通常我们给孩子买的绘本类图书都只是一本书，但是这本书却很特别，简直是一个小世界。①

刚打开满富童趣的盒子，小侄子已经激动得叫了起来，只见里面有一本绘本、一盘光碟、一本手工书、一个材料非常丰富的材料包。好好研究了一番后，我扫描了二维码，在手机中为小侄子播放了这本书中的故事。然后，小侄子一边听着音乐和故事，一边用颜料在手工书上画画，画完又用材料做了个蜗牛玩偶。令人惊喜的是，材料包里涵盖了许多孩子们在日常生活中喜欢玩的各种小材料。光是看着这些材料，就让我和小侄子兴奋了好一会儿。

在这本书之外，还有一个与之同名的儿童音乐剧正在全国巡演，我打算带着小侄子去看。我在想，这是一本书吗？说它是，但也不是。这是一个"月光宝盒"，是一段家人和孩子在一起独享的美好时光。

---

① 官方名字叫作"多元艺术启蒙宝盒"。

分析

看书、听故事、手工 DIY、画本创作、赏音乐剧，这些元素融合在一起，已经远远超越了单独一本书带给我们的满足。当我们在做 A 的时候，可以同时体验到 B 的惊喜，这种在原本 A 的基础上升级和创新，用公式表示就是：A+B → A′。这种融合的体验感，往往带来的是"出乎意料的惊喜"。

举一个非常有趣的例子。可口可乐曾经分别与卡播 App 和音乐平台 Spotify 进行过跨界合作，与前者的合作是，可口可乐瓶子扫码后输入专属的密码，就可以看到你的朋友为你录制的视频；与后者的合作是，扫码后可以自动播放一首节奏轻快的音乐，而且特别有趣的是，转动瓶身，还能自动切换音乐。好玩吧？

● 出乎意料的惊喜 ●

提到体验感的出乎意料，我想起在《行为设计学：打造峰值体验》（*The Power of Moments*）一书中分享的一个故事。

有一个小男孩儿和家人一起度假回来时，一直不肯上床睡觉，因为他把自己特别喜欢的长颈鹿玩偶（名字叫"乔西"）落在了度假时入住的丽思卡尔顿酒店。为了哄孩子入睡，父母只能说谎："乔西去度假啦，它现在还不想回家。"

当晚夜里，丽思卡尔顿酒店的工作人员打来了电话。他们告诉小男孩儿的父母，乔西已经找到了。父母听后松了口气，顺口把自己刚才骗儿子的事告诉了酒店工作人员。

如果你是酒店工作人员，你会怎么做呢？

没想到，几天之后，这家人收到的不仅是这个玩偶乔西，还有满满的一沓照片，照片上都是乔西在酒店各个角落"度假"的美照：有乔西躺在那里，旁边有两个人给他按摩的；有乔西在水疗馆里敷着黄瓜片做面膜的；有乔西与酒店的鹦鹉打闹成一片的……乔西真的像是去度假了一样。

这家酒店的这一举动，令这家人喜出望外，感动得不得了。人们总是会在惊喜时感受到世界如此美好，而打破脚本无疑是在制造惊喜时刻。这家人把这次经历写成了一篇博文，被人们疯狂转发。

你刚才的答案是什么呢？可能大多数人只是把玩具毫发无损地寄给这家人

便心满意足了，甚至寄快递可能还是到付。然而，这家酒店却做了这么一件令顾客喜出望外的事情。

有的旅行网站对酒店的评分，除了有不满意、满意、非常满意选项之外，还有一个最高的评分等级——令人出乎意料的惊喜。那么，非常满意和出乎意料的惊喜之间的区别是什么呢？

据有关数据统计，前者有可能向朋友推荐这家酒店的概率是60%，而后者则高达94%。

这也就是为什么在国外有些高级酒店的服务员会有500美金的使用权限——他们可以在权限范围内最大限度地满足顾客的需求，一切以顾客满意为第一准则。

总结一下：

我们从这个案例背后挖掘出了一个新的理念"出乎意料的惊喜"。此外，与体验感相关的还有一个非常重要的定律"峰终定律"。

● 峰终定律 ●

诺贝尔奖得主、心理学家丹尼尔·卡尼曼（Daniel Kahneman）经过深入研究，发现对体验的记忆由两个因素决定：高峰时与结束时的感觉。人们所能记住的是在峰与终时的体验，而在过程中体验的好坏、好坏体验的比重、时间长短，对记忆几乎没有影响，这就是峰终定律。这里的"峰"与"终"也就是在服务界非常重要的"关键时刻（Moment of Truth，MOT）"。

举个例子。一些儿科医院会在诊疗结束后，送给小孩子一颗糖或一个小气球等，这样即便就诊过程很痛苦，但最后有一个甜甜的结果，那么孩子对这个疾病诊断过程的痛苦印象就不会那么深刻。

1996年，卡尼曼等人进行了一个著名的实验。在这次实验中，682名需接受结肠镜检查的病人被随机分成两组：一组病人体内的检查器械在检查结束后被立即撤走，因此检查给病人带来的剧烈疼痛感很快被终止；另一组病人体内的检查器械在检查结束后没有被立即撤走，而是停留了一段时间，因此病人仍然会感到不舒服，不过已经没有大的疼痛感了。结果发现，第二组病人对结肠镜检查的体验要比第一组好得多。

想想看，我们去游乐场玩，去大型商超购物，千里迢迢参加某个明星演唱会……在整个过程中，难道就没有让我们觉得苦恼和烦闷的地方吗？然而，我们为什么还会兴高采烈地渴望下一次呢？这就是过程中的峰值体验的作用。

宜家的购物路线也是按照"峰终定律"设计的。它的"峰"，就是购物过程中的小惊喜，比如，便宜又好用的挂钟、好看的羊毛毯、物美价廉的美食等；它的"终"，就是出口处提供的一元钱的甜筒冰激凌。这款冰激凌是宜家所有产品中的"销量王"，在消费者离开时，再次创造了一次"巅峰"的体验，让人们忘记了购物过程中的不好的体验。

宜家起初开设餐饮服务的目的只是为了增加顾客的体验。毕竟，如果我们在购物过程中饥肠辘辘，就很难保持一个好心情和好状态来选购商品，如果逛到中午要去外面吃饭，极有可能是不会再回来继续逛了，由此必然会造成客户的流失。

因此，宜家在购物区布置餐厅，这样不仅可以延长消费者逛店的时间，而且更重要的是，宜家的餐饮价格非常低，在无形中给我们留下了"宜家的东西就是物美价廉"的印象，而这个印象又被投射到整个宜家品牌上。

除此之外，峰终定律可以运用在任何场景中，如面试的过程、演讲的内容设计、培训流程设计、消费体验的设计、聊天的过程、与恋人的约会、带孩子尝试一项新的挑战……

延伸

类似在 A 的产品形态中融入 B 的元素（形式），在实体界中应用得也是非常多的。例如，大家熟知的海底捞火锅比较出名的美甲和手护服务就是如此。

● 不正经的书店和咖啡馆 ●

还有我们现在看到的非常多的各种主题咖啡馆，如洗衣咖啡馆、日记咖啡馆、文身咖啡馆、花房咖啡馆、书店咖啡馆……还有一些书店，已经完全不仅仅是个书店，而是一个时空——有的书店内有景观、小溪；有的融合了各个领域的文创；有的有高高的看台区；有的有服饰……

我最常去的三家书店分别是：西西弗、回声馆、阅开心。不同的书店犹如主人的影子般，带着与众不同的气息，尽管同样是文化气息，却各有不同。

西西弗书店是一家全国连锁图书店。在西西弗书店内，总能感觉到舒适和满满的求知欲。书店里有一个西西弗矢量咖啡，有自主IP（不二生活文创产品区），有一个儿童阅读体验空间（每次带小侄子去书店，他都能稳稳地待很久，还能交到新朋友）。它们还成立了推石文化从事图书出版业务，同时还经常举办各种读书会和主题沙龙，还会有作家亲临现场。

回声馆给我的印象是"大"，馆内有好几层，我习惯于在一楼选几本好书，在二楼长长的阅读台阶上找个安静的角落静静地看书。馆内有专门的画画区、摄影区、尤克里里区、书法区、零食区、茶歇区……简直可以让人待上整个下午。

常去的那家阅开心书店是家生活馆，也是各种跨界体的集合。一楼入口是一家花店，二楼才是其主战场。有趣的是，这个通往二楼的楼梯被他们布置得像是一个"人生隧道"——长长的楼梯，在一片优雅的弧线中显得梦幻而优美。这里除了文艺青年喜欢的油画、手作、花艺之外，还有一个红酒区。儿童区人气比较旺，家长和孩子都很喜欢围绕在散步的机器人旁边。我很喜欢楼梯扶手上的那些暖心文字，不经意地一瞥，总能让人心底泛起一阵温暖或感叹……挑高的二楼半的弯曲走廊中，各种寂静的调调，一沙发一世界。

现在的书店越来越"不正经"了。我们常称呼那些同时拥有许多标签的人为"斜杠青年"，如果把品牌也拟人化，那体验跨界带来的便是一个"斜杠品牌"——花店不再单纯地卖花，咖啡馆不再只是卖咖啡，书店不只是卖书，连地铁也不仅仅是一种交通工具了，而是更多地变成了某种人群的生活方式，变成了城市生活的呼吸地。

每到一个城市，如果时间来得及，我是一定会去这座城市的书店逛一逛的。每个城市的书店都有它独特的味道，承载了店主的梦想，也承载了这个城市的文化气息。我总是特别期待又有哪些品牌在"不正经"地玩新东西了。

这样的"不正经"带来的小惊喜、戳到心窝的小感动，就是我们一直探索的、前文中我们重复过多次的——出乎意料的"美好"体验。

● 可以直接吃的食谱 ●

你见过的食谱都是什么形式的？

"杂志、书、App，基本上这些居多。"

如果你的食谱可以吃，你会是什么感觉？

宜家有一个非常受欢迎的创意，获得了 2017 戛纳创意节户外类的金奖，那就是 Cook This Page。这是宜家加拿大公司打造的一款创意食谱，你只需要按照指示，把食材和调料放在食谱上标明的位置就好了，然后将所有食材卷起来混合在一起，放进烤箱中，10 分钟之后就能吃了，如图 7-2 所示。食谱是安全可食用级别的材料，可以撕下来，和食材一起卷起来放进烤箱，而这些食材在宜家都有售卖。

图 7-2　宜家（加拿大公司）可以直接吃的食谱

对于不会做饭的人来讲，传统食谱里讲的"适量""一汤匙""一盎司/1 克"究竟是多少？我相信很多人和我一样，根本弄不清楚。但是在这个食谱里，你只需要按照他们画的范围大小来放，就是正合适的用量。

因此，这不仅是一本食谱，更是一个厨房小白的救星，就算不会做饭，也不懂用量，做饭也能成为一件简单、减压、有成就感的事。

"这个创意是怎么来的？"

你还记得曾经非常火的减压涂色本《秘密花园》吗？灵感就是从这里来的！设计师考虑到，既然可以用颜色在纸上填空涂色，那么美食可不可以用食材填空呢？于是，就有了这本 Cook This Page 创意食谱。

看到了吗？从其他领域来的灵感激发了跨界新玩法！还记得那个冰可乐和一糕两吃、蛋卷冰激凌的例子吗？它们之间也是有着相似之处的。

7.2 案例2：实体店的跨界惊喜

你住酒店时，有没有过想要买酒店里的同款枕头、同款台灯？你有没有过因出发太匆忙来不及带备用衣服的情况呢？

"有啊，有时候看到它们用的东西特别好，很想买回来一个，可是不知道哪里有卖。"

有这么一家酒店，既可以住，又可以购物。网易严选和亚朵酒店共同打造了一种很文艺的酒店，让人看起来就感觉很舒适，而且，顾客喜欢酒店用的哪个产品，可以在网易严选的网站下单，也可以在酒店前台直接买走（见图7-3）。

图7-3 既可以住又可以购物的酒店

分析

在这个跨界合作中，网易严选相当于开了一个线下体验店，同时又有亚朵酒店在酒店领域的支持；而亚朵酒店不仅在酒店领域再次创造了一个吸引人眼球的酒店创新，而且酒店内本来所需的各种产品，也因为有了与商家的合作而省去了不少麻烦和成本。

一个优秀实体店的跨界合作，并不仅仅是双方元素的简单叠加，更重要的是，基于双方的资源和优势的融合，为用户增加非同一般的体验感，营造难忘的巅峰体验，这样才能增加顾客对品牌的喜好度、实体店的口碑传播、顾客数量及消费频次。

● "爱屋"之后，"及乌"了吗 ●

主题酒店在很久前就有了，并且在餐饮业、KTV界也有应用。不过，我为什么要在这里以亚朵酒店为例再次强调呢？

因为有的主题房间只是做到了IP的集合，或者说是视觉上的借鉴，有其形而缺其神。如果想让用户有更深刻的体验，就需要考虑在消费者与品牌发生交互的各个环节，是否有更深入的、特别的体验感，是否在合作中增加了创意设计和互动。

亚朵的知乎酒店曾被称为是一个"里外都有问题的酒店"。我记得看到这个新闻标题时，心里真的"咯噔"了一下，结果是虚惊一场，原来这又是一个有趣的跨界合作。

例如，酒店餐厅内，有一些知乎上的热门"吃货"类问题，如"有哪些简单易做的早餐？""上海有哪些鲜为人知的美食？"在问题下方附有二维码，顾客可以通过扫码查看互动答案；在洗衣房区域，酒店很自然地布置了知乎上关于衣物护理等一些生活经验的内容；除此之外，通过房间内的音箱还可以免费收听知乎上的付费音频……

像这样在用户体验过程中增加的更多元化的互动，会让用户感受到更深入的联结。反过来，如果只是与IP视觉上的结合，用户的热情就很容易消退，或者会导致"看的人多、买的人少"，大家去拍拍照秀个朋友圈就走了，这样的跨界合作虽然对品牌有一定传播作用，但如果实际消费转化力不足，那么最终将会导致IP方收获到了曝光度，而实体店方却只能收获到无奈。

因此，不仅要做视觉上的结合，更重要的是如何在体验环节中精心策划，借用IP形象在消费者心目中的影响力，使消费者产生情感联结，从而真正做到"爱屋及乌"，而不是"爱屋"而来，却没有"及乌"而去。

延伸

除此外，实体店还能怎么"玩"呢？

朋友想把她的火锅店做成音乐火锅。

我问她："怎么个音乐火锅呢？"

她说："我们特意在装修的时候做了一个舞台，每天晚上可以请一些歌手来驻唱。"

我问她："还有吗？"

她说："没了，就是让大家边听歌时，边感受到吃火锅的嗨呀！"

我说："如果仅仅是一个舞台，就叫音乐餐厅，那现在那么多餐饮店都有舞台和驻唱，岂不是都叫'音乐餐厅'了吗？这个不足以形成差异化。"

就像樊登老师在《低风险创业》一书中提出的"秘密"这个词一样，我们要找到自己的"秘密"所在，而这个秘密就是别人即便知道了，学会了，也是无法替代的。

畅想一下：如果顾客落座时，桌面上有一个小设备会响起一段特别的音乐；等餐的过程中，有与音乐相关的互动，如顾客在座位上用我们设定的某个软件唱一段歌，根据系统评分，可以享受到一些特别的待遇，然后当天某个时段内的录音中，得分最高的那一位顾客，可以领取某个特别的奖励，或者为大家现场唱歌等。也就是说，让顾客参与进来，真正地玩起来；临走送别时，门口迎宾服务员以经典歌曲的几句歌为大家送别……

除此以外，我们还可以整合许多与音乐相关的资源，不定期地邀请一些歌手或者抖音网红"惊喜到店"，举办一些粉丝见面会；抽取一些与音乐相关的礼品（礼品可以寻求赞助）；可以与音乐相关的培训机构合作，在非上座时间段举办沙龙；可以设定不同的主题，由顾客录制歌曲，在大屏幕上不定期地巡回播放，让新老顾客都可以感受到在这里大家可以这么嗨，这么有故事，这么有感情，这么燃。

类似这样的内容创意还有许多，再加上店内与音乐相关的各种视觉元素的呈现，针对特别的区域，可以设定特别的"仪式感"，想想看，如果有一个区域的预订总是爆满，需要提前一周预订，那么自然而然地传播效应就来了；想象一下，当你想要开启这个区域的门帘，你需要说出指定的一句话，门帘才会自动开启。想想看，顾客的印象深刻吗？（如果你这样做了，请一定在微博中告诉我）

一个有血有肉的跨界合作，不仅仅是单一层面的。它的美好不能仅停留在视觉层面，还要有参与感，以及由此引发的情绪（或情感）上的美好感觉，这就是我们常说的"情感共鸣"。

7.3 案例3：集合型商业绝非简单的聚集和拼凑

除了前面这两种体验跨界外，还有一种当下非常流行的"集合体"。例如，有些商圈、购物中心会有"文艺街区"，集合了消费者喜欢的各种东西。

商业体抢夺的不仅是消费者口袋里的金钱，还包括消费者的时间，而抢夺时间的最直接有效的方式，就是提升其体验感和期待值。一次逛街就可以体验到更多的乐趣，有更多的收获（哪怕是消费所得），都将使得消费者拥有精神上的饱腹感和消费时间上的值得感。

还有一种形式是类似于综合体验店类的主题店。有一个朋友开了一家女性主题的生活店，上下三层楼，集合花艺、咖啡、红酒、甜品、服装、手作、私密空间、沙龙、电影、培训等为一体，他称之为"一站式女性休闲生活方式集合店"。

分析

如果仔细对比你会发现，有些集合体通过业态的叠加，提升了客流量和消费额，还有一些集合体却事与愿违。因此，单纯的业态叠加，并不一定能够为主营业务起到正向推动作用。

那么，如何做才能是有效的集合呢？这里有一些细节跟大家分享。

（1）是否有鲜明的主题和关联性

虽然不同业态的叠加可以为消费者节约时间成本，但在此之前，有一个很重要的问题需要考虑——消费者为什么要来这里？该答案折射出的是，这个集合体的定位是什么？要在消费者心中埋下的心锚是什么？

如果只是简单的叠加，就很难在消费者心中留下深刻的印象，更难以形成口碑效应。假如在品牌进驻之前，在产品和品牌选择、视觉呈现、场景化设计、消费体验等方面，均能够围绕一个共同的主题进行一致性的策划，就会比单纯的集合体更令人记忆犹新。

例如，怀旧主题、粉色浪漫公主风、科技风、电影主题、吃货主题等，借助灯光色调、标志性视觉元素的设计、与主题相关的小物件在整体空间的渗透、日常线上线下宣传及互动的延续、客服沟通的话术……全方位地将主题定位和文化内涵渗透进去。当然，在具体操作过程中，我们还有许多现实性问题需要考虑和解决。

请思考：如果是引入一些品牌，如何与之创造一个共同的主题？这些品牌的自流量如何？可供整体创新的空间如何？品牌调性是否与主题相匹配？引入的多个品牌之间是否可建立关联？是否在某些方面有些许冲突？如何创造更多的融合，使得品牌资源之间是"加乘"关系，而非"掠夺"？再现实一些，这些集合体的负责人的格局和思维如何？沟通合作的心态如何？配合度和执行力如何？自主创新能力如何？

（2）是否有优势 IP 带动

社会上每年都会出现非常多的网络热词、卡通形象、热播电视剧等，如果能够借助这些 IP 将相应的元素融入店内，就可以借助到很好的势能。不过，由于 IP 是有时效性的，因此在选择优势 IP 时，需要注意，如果主题场景是固定不变的，那就要选择在消费者心中具有稳定地位的 IP 进行合作；如果主题场景的定位不变，但元素需要常换常新，那么可以借助"快闪店"的形式，在不同时期选择不同的 IP 进行定期更新，但这种方式的成本比较高。例如，有些商场经常在场内外做各种主题展，如海洋主题、卡通形象主题、植物主题、热播电影形象主题等。

如果前两种的成本都比较高，还可以选择创立一个自主 IP（就像"三只松鼠""小浣熊方便面"），通过各种营销手段培养知名度和人格化特征，创造与粉丝之间的联结，打动消费者。

延伸

"做一个集合体要考虑的方面这么多，到底该如何选择可融合的资源呢？"

首先，我们知道集合体这样的体验跨界抓住了现在人们时间紧张、无法耗费多余精力（体力）的痛点，满足了人们在最短的时间，用最少的体力体验到更多内容的需求。这其中涉及一个非常重要的点，那就是"消费者洞察"。

概括起来，你所选择的集合体中的元素需要包含以下几个特质。

- 人群符合：集合体中各个资源主体的目标人群需具备共同的某种特质，即目标人群画像相同或部分相同。
- 情景符合：发生交互时所需要的环境或场景类似。
- 调性符合：产品或品牌在价格、风格、情感等方面的定位基本一致，且符合目标人群的喜好。

那么，具体又该如何选择呢？我们可以采取简单三步法，具体如下。

- 分析：分析消费者画像。
- 排列：根据画像初步定位并列举符合要求的资源目标。
- 筛选：根据资源的实际情况，进行综合筛选。

补充一点：在 IP 的选择上，要根据自己的发展阶段选择调性相符合的 IP，并非哪个红选哪个。例如，很多麦当劳快闪店的主题与套餐中的玩具是一致的，这样就可以带动相关套餐的销售，不需要哪个 IP 红选哪个，以避免前面我们提到的"皮囊"合作带来的尴尬问题。

总结一下：

本章我们分享了 3 种类型的体验跨界，可以应用在产品、服务、实体店中。此外，我们还提到了 2 个概念——"出乎意料的惊喜"和"峰终定律"，还分享了创意灵感的来源，以及在做体验跨界时需要注意的思考点。接下来，期待你能够为用户创造出一个崭新的体验感。

延伸思考：

1. 本章案例让你获得了哪些启发？
2. 回想一下，你在日常生活中体验过哪些令你印象深刻的跨界创意？

第8章 营销跨界：
如何让你的创意不可思议

在本章中，你将看到更多有趣的创意。

所谓"营销跨界"，就是品牌在营销推广中，与不同品牌或其他行业的资源、元素相结合，资源相互渗透，最终实现营销创新和突破。

常见的营销跨界，基本上可以分为以下几种类型。

（1）形式融合。A品牌融合B领域的元素或形式，以实现营销上的创新，例如案例1。

（2）品牌融合。A品牌与B品牌结合，以创造新颖的营销活动。

- 品牌与某个IP形象或者电影的联合营销，例如案例2。
- 多个品牌之间的联合营销：多品牌联动（一方主导或者共同发起某项新活动）、买A送B、A+B权益组合，例如案例3。

（3）渠道融合：借助一方或双方的渠道资源，优势互补。如在A场地做B活动、互推，例如案例4。

（4）竞争式创新：竞品之间的创意竞争，例如案例5。

8.1 案例1：麦当劳和温度的创意

在荷兰，一旦天气温度快达到38.7℃，广告牌旁边就会陆续聚集很多人。

"为什么呢？"

因为气温一旦到了这个温度，就可以免费吃冰激凌了！

麦当劳曾携手户外广告代理商在街头的广告牌玻璃窗中放入了100个冰激凌杯子。这个玻璃窗被安装了热敏装置，当广告牌感知到外界温度高达38.7℃之后就会自动打开。人们可以拿着广告牌里面的冰激凌杯，去附近最近的麦当劳免费领取麦旋风冰激凌（见图8-1）。

图8-1 免费领取麦旋风冰激凌

不仅如此，麦当劳在全球24个城市同时发起了以"imlovinit 24"为主题的各种创意活动，且每个地方的创意都不同，如图8-2所示。

比如，里约热内卢的创意就给消费者带来了极深的感受。众所周知，里约热内卢非常热，所以，麦当劳就在街头派发免费的冰激凌券。是不是感觉很爽？

"免费券这种形式感觉挺平常啊！"

是的，免费券挺常见，可用冰块作兑换券这种形式真的挺特别。麦当劳的这些冰激凌兑换券不是纸质的，而是刻有其LOGO的冰块，你必须在冰块融化前跑到麦当劳餐厅去兑换，如图8-3所示。

图8-2 imlovinit 24　　　　图8-3 麦当劳冰块式冰激凌免费兑换券

此外，麦当劳还想出了一些令人意想不到的玩法：穿睡衣免费吃24天汉堡；高速公路收费处免过路费，还有免费汉堡吃；巨无霸的纸盒打开后会自动播放音乐；机场行李传送带中，你的行李会被悄悄系上一些薯条、圆筒等形状的行李牌，你可以到麦当劳领取美食；拍大头贴时，机器吐出来的不是照片，而是麦当劳的巨无霸和薯条……

> 在公众号"跨界力"回复"麦当劳"观看全部创意

分　析

我相信，如果你所在的城市有这样的活动，你多半也会怀着一颗好奇心参与进来，甚至有可能告诉你身边的同事、朋友，期待着他们连珠炮似的问你："在哪里在哪里？怎么参与？"

你会不会想说，麦当劳太懂我们的心思了。这么热的天，送上一个冰激凌，太喜欢了！重点是，它送冰激凌的形式居然多种多样——冰激凌杯、冰块、穿睡衣、行李牌……

在这本书中，我们一再强调一个底层逻辑，那就是对用户心理的把握。你可以猜测一下，这里面借用了什么样的心理现象？

答案是：先后用到了"占便宜""新奇""害怕失去""安全感和对比""聚众效应""多变的酬赏"等一系列的心理效应。

● 占便宜心理 ●

大热天能够免费吃到冰激凌，谁还能不心动呢？重点是，这个品牌是令人信赖的。可是，你千万不要以为营销都是发生在宣传推广之时。在我们与产品发生交互的售前、售中、售后，其实都渗透着营销手段。

曾有一家糖果店，生意比其他家都好，尤其是回头客非常多。这就让人很奇怪了，每家的糖果品类都差不多，价格也差不多，称的准确度也差不多，究竟哪里有差别呢？

后来发现，老板每次在称重时，有一个细节与别家不同。别的老板都是一下子装了许多糖果，超重后再一颗一颗向外拿掉多余的糖果，而这家老板在称重时，总是先少装一些，然后一次次地再往里面添加糖果，称重完毕还会来一句："来，再送你几颗。"

如果是你，你喜欢哪家呢？

很显然，我们都喜欢"多一点、再多一点"的"拥有"感，而在第一种方式下，糖果都已经被装进袋子里了，再拿出去，就会让人产生一种"失去"的感觉。

● 新奇感和害怕失去 ●

在麦当劳拿冰块作为兑换券的案例中，我们不知道冰块什么时候会化完，面对这样有趣的兑换券，感觉新奇得不得了，强烈的好奇心让我们忍不住想要在冰块融化完之前，拿到麦当劳去兑换。

问题来了：冰块的融化所映射的是人们什么样的心理现象？是失去。冰块兑换券的新奇感，令我们被吸引，而害怕失去，则令我们想要即刻参与。

相比渴望，人们对失去会更加心痛和在意，因此人们更害怕失去。甚至对于一些人来讲，失去自己原本并不需要、并不喜欢的东西，也会有不舍或不甘。还有一些诸如优惠倒计时、达不到要求某项特权将被收回等，借助的也都是人类"害怕失去"的这种心理。

● 安全感和对比心理 ●

那么，是不是多给，多让大家"占便宜"，就一定能让我们的品牌令人喜欢，让销售量获得增长呢？

答案是：不一定。

在我们的生活中，收到免费的体验券早已屡见不鲜，可很多人拿着券也不去用，甚至听到是免费领取什么礼物时，第一反应是拒绝。因为我们的脑中有个声音会在第一时间告诉我们："哪有这好事儿？""骗人的。""肯定去了就让我有其他消费了。"

当下很明显的一个现象是，各种免费的课程越来越多，为什么我们不再轻易参与？因为我们发现，获得的品质没有期待中的那么好，白白浪费了时间。免费，变得越来越贵。越来越多的人对"占便宜"更加谨慎。所以，让人感受到安全、可信任的"便宜"，才会有效。

"为什么糖果店中，就可以通过'占便宜'心理使其生意比别家好呢？"

因为对于初次购买的顾客来讲，这份"小便宜"超出了他的预期，而且这份"小便宜"的背后没有任何风险，是确定的、安全的。与此同时，这份"额外的奖赏"实现了在这家店购买和在其他店购买的差异化，正好满足了消费者内心"对比"的心理需求。

有研究表明，当人们感受到"我比你多"时，就会激活大脑的"奖赏区域"，产生一种愉悦的感觉。就像以同样的价格，你买到的东西质量更好、品牌更好；或者同样的产品，你花的费用更低；或者你获取了别人暂时还不知道的信息、资源，这些都会让你心里比之前更愉悦。

"那么，为什么那么多的人，大热天不怕热，早早地就在广告牌旁守候？"

这里面除了有品牌的公信力保驾护航下的"占便宜"心理外，还涉及两个心理学的概念：聚众效应和多变的酬赏。①

● **聚众效应** ●

你有没有听说过这个故事？

有一个人在路上走着，突然抬头向天上看，然后他旁边的人也好奇地抬头向天上看，之后便发生了"多米诺骨牌效应"——后面越来越多的人抬起头向天上看。其实，天上什么都没有，最先这么做的那个人只是想打个喷嚏而已。

广告牌附近人群的聚集就被称为"聚众效应"。以前我常跟母亲一起逛早市，早市上的这种现象更明显。越是有人群聚集的摊位，生意就越好，尤其是早市快要收摊时，如果遇到有一两个人还没买完，老板着急收摊，这份紧迫感往往会促使顾客疯抢，而买的人越多，吸引来的人就越多，很多老板在收摊时卖的甚至比一早上都多。

这是为什么呢？

在聚众效应的背后，包含着"好奇"和"趋同"这两个心理因素。人们总是会对新奇的、不解的事物保持高度的关注，同时，又总是不由自主地做出"趋同"反应。好奇心让人们被"抓住"，趋同心让人们"产生行为"，保持与多数人的一致，这会让人们拥有"安全感"。不得不承认的一件事是，大多数人都或多或少地在

---

① 在《上瘾》（*Hooked: How to Build Habit-Forming Products*）一书中，作者提到上瘾模型的四个阶段——触发、行动、多变的酬赏和投入，这是让用户养成使用习惯（和你的产品"谈恋爱"）的幕后秘诀。

某些方面缺乏安全感，并不自觉地受"安全感"的影响而做出一些决定。

● **多变的酬赏** ●

20 世纪 40 年代，心理学家詹姆斯·奥尔兹（James Olds）和彼得·米尔纳（Peter Milner）在研究中偶然发现，动物大脑中存在一个与欲望相关的特殊区域，被称为"伏隔核"。当在小白鼠的脑部植入电极后，每当小白鼠压动电极控制杆，这个区域就会受到微小的刺激而产生愉悦感。很快，老鼠便依赖上了这种感觉，甚至不吃不喝，冒着被电击痛的可能也要跳上通电网格，目的就是想要通过压动电极控制杆，让自己的脑部受到电击，以获得愉悦感。

斯坦福大学的教授布莱恩·克努森（Brian Knutson）测试了人们赌博时大脑中的血液流量，发现赌博者获得酬赏时，伏隔核并没有受到刺激，相反，他们在期待酬赏的过程中，这个区域发生了明显的波动。

这说明，驱使我们行动的并不是酬赏本身，而是渴望酬赏时产生的那份迫切需要。

除此之外，在 20 世纪 50 年代，心理学家斯金纳（Skinner）用鸽子进行了类似的实验。但这次，他先将鸽子放入装有操纵杆的笼子里，鸽子只要压动操纵杆，就能得到一个小球状的食物。结果是，和前面实验中的小白鼠一样，鸽子很快便发现了压动操纵杆和获得食物之间的关系。之后，斯金纳做了一个小调整，将两者的关系变成了"不一定"，也就是在压动操纵杆后，鸽子有时能得到食物，有时得不到。斯金纳发现，当只能"间歇性"地得到食物时，鸽子压动操纵杆的次数明显增加了。

这个实验形象地解释了驱动行为的原因。最新的研究也证明，多变性会使大脑中的伏隔核更加活跃，提升多巴胺的含量，促使我们对酬赏产生迫切的渴望。

这也是我们会不停地刷朋友圈、刷微博、刷抖音等的原因之一，因为我们也不知道我们接下来将会看到什么。这种期待，这份对未知信息的渴望，恰恰激活了大脑的伏隔核，促使我们不断地重复这个动作。

里约热内卢的天气很热，但谁也不知道哪一天的哪一个时刻，温度会首次达到 38.7℃。这个就有意思了，这份不确定感和紧张感使人们充满了渴望和期待，在温度即将到达 38.7℃时就守在广告牌附近，在玻璃罩开启后，人们争先恐后地拿纸杯，则更是一种体验上的刺激。

怀着期待的心情，大家到最近的麦当劳领取冰激凌，一路上的期待和心动，想必有着多巴胺的不少功劳。想想看，我们常见的幸运大转盘、抽奖、中彩票等活动，是否包含了"多变的酬赏"呢？

延伸

假如我们将"多变的酬赏"运用到那家糖果店中，会不会有不同的结果呢？毕竟，每次都是多几颗糖果，我们容易习以为常。

倘若，老板今天多送的是几颗糖果，下次多送的是其他小玩意，再下次让我们玩一次抽奖，或者把我们邀请到店里的顾客微信群，以欢迎我们的名义发一个红包，再写上几句或赞美或调侃或引发好奇的话介绍一下我们，整个微信群就不再是卖糖果的场所了，而是一个满载心意的交流空间。层出不穷的玩法会让你更喜欢这里，一来，你会觉得这个老板太有趣了；二来，如果群里经常有人发红包，你就会发现老板的生意真的很好。这种"重复"性的、不伤害"安全感"的软广告，会让你深深地记得这位老板和这家糖果店。

再延伸一下，上面我们"多变"的是礼品的种类和形式，那么，如果我们"多变"的是获得礼品的条件呢？

你可以像那家高端酒店一样，给你的店员一定的权限，每日送礼的条件由他来定。

例如，今天送给衣服上有某种颜色的顾客，明天送给消费某种金额/某款指定产品的顾客，后天送给长发过肩的顾客，大后天送给右手开门的顾客，大大后天送给情侣入店的顾客……礼物也可以随机，还可以给这个小项目起一个潮气的名字——"好运了您"（献丑了，你们一定比我想得好）。

你还可以根据当天设定的奖品规则和奖品内容，开心而又调皮地对顾客说："恭喜您获得了今日'桃花运'一份。"注意语气，一定要开心、亲和、有感染力，此刻，你一定会看到这位顾客睁大了眼睛，而后面排队的顾客一定也会伸过头来探望。

因此，请不要将跨界误解为一定要和其他品牌合作才是跨界。真正的跨界，是突破原有边界，这个边界可以是品牌的边界，也可以是原有经营范围的边界，更可以是形式的边界等。

8.2 案例2：跨界IP的联合

如果问你："令你印象最深的品牌与某个知名IP联合的合作，你能说出哪几个呢？"

知名IP不限于电影IP、知识IP、微博红人、卡通形象、游戏人物等，如我们熟悉的变形金刚、小黄鸭、熊本熊、小黄人、熊大熊二、牛轰轰、同道大叔、QQ企鹅形象、愤怒的小鸟等。

想出答案了吗？

接下来，我想先与你分享几个有趣的案例。

你是否有过想要对某个人说的一些话，只说了前面一半，后半句咽了下去？或者，你是否有时明明想说的是挽留，却说出了分手？

- "我们共有过去，却各有未来。"
- "曾经想过的以后，最后都变成了怀旧。"
- "后来的我们，总是话说一半，却学会把话藏进酒里。"
- "后来的我们学会了收敛情绪，也学会了藏起心意。"
- "我最大的遗憾，是你的遗憾与我有关。"

……

这就是江小白和电影《后来的我们》做的IP联合，通过微博发布了一系列的联合海报，以及定制款的小酒，如图8-4所示。活动期间，参与者转发微博，还能抽奖获得主创签名海报。

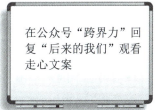

在公众号"跨界力"回复"后来的我们"观看走心文案

图8-4 江小白和电影《后来的我们》的定制款小酒

这其中最吸引我的地方是，文字的力量。

我看了网友的评论，很多人都说这些文字"很扎心"，然后忍不住也分享了自己的故事，或者分享给了最终成为故事的那个人。

不知道你看到这些文字，会不会也有一丝丝的伤感和怀旧，或者会不会有一些共鸣呢？同样是和电影结合，这个不仅没有牵强的生硬感，也并不让人反感，而是会让我们很想要去参与，想要写出我们心里的话。

分析

和 IP 结合时，并非谁的 IP 响亮谁就适合。否则，很容易仅仅引起一时的关注度，却无法在深层次上与粉丝产生共鸣和联结。

我们来看看维达的故事。

自 2009 年起，维达先后与喜羊羊、海绵宝宝、功夫熊猫、迪士尼《海底总动员 2》、Emoji、FEEL 等卡通娱乐 IP 合作，像是喜羊羊、海绵宝宝、Emoji 这些卡通形象为主的绵柔系列主要针对儿童；功夫熊猫系列主要针对青少年和动漫一族；FEEL 系列主要面向朝气蓬勃的年轻人。

时任维达生活用纸品类高级总监的戴启颖，在接受中国品牌授权联盟的网站采访时说，他们考虑合作 IP 的因素主要有以下三个。

- 第一个因素是品牌的契合度，即具体合作 IP 和维达的品牌调性是否相符。
- 第二个因素是用户的契合度，即两者的目标用户是否能够精准匹配。
- 第三个因素是 IP 产品化后的投资回报率，即 IP 的热度和粉丝基础能为品牌持续带来多少销售量，转化成品牌忠实用户的又有多少。

现在获客成本越来越高，获客增速又在逐步放缓，与此同时，消费者对品牌的忠诚度越来越低，尤其是年轻的消费群体，他们更愿意去尝试新兴品牌。在这样的挑战下，品牌方就需要更加关注用户的需求和想法，选择能够与用户产生联结的 IP 结合，才有可能激发用户产生新的兴趣。

延伸

IP 合作的例子还有许多。例如，我们从小就用的英雄牌钢笔与电影《流浪地球》合作，推出了5款定制版钢笔，分别是5位主创人物的Q版形象；百丽和微博上的星座大V[①]"同道大叔"合作了十二星座鞋，还打造了一首歌曲《变·成自己》，通过视频MV、地铁宣传、朋友圈广告、寓言故事共同创造了销量的增长；自然堂面膜与微博大V"牛轰轰"合作推出了"脸上有光，过年不慌"的长图漫画和微信表情包，教大家新年如何巧妙应对亲戚朋友的唇枪舌剑，这样的"过年反击攻略"在过年期间还是相当有洞察力的。

好玩儿的不止这些。我们几乎每天都在用的Emoji表情包，与各行各业都在玩跨界，像我们熟知的喜茶、百事可乐、悦诗风吟散粉盒、巧克力、充电宝、台球等，都有与之联合创新出好玩的单品，在这个萌牌面前，简直各行各业都能与之"谈场恋爱"，如图8-5所示。

图8-5 Emoji表情包的跨界创意

是时候想一下，你能够与哪些IP产生联结，并给你的粉丝一个大大的惊喜呢？

8.3 案例3：多品牌联动

在品牌界，杜蕾斯的创意和热点跟进一直堪称是大家学习的典范。

曾经火爆社交圈和品牌届的"杜蕾斯鞋套事件"，至今都被当成热点营销的经典。在这之后2017年的感恩节,杜蕾斯一天之内撩了13个看似毫不关联的品牌，重点是，撩得很奇妙，被撩的这些品牌回复得也很奇妙，如图8-6和图8-7所示。

从当天早上10点起，每一个小时，杜蕾斯都会用微博向一个品牌送出"感恩海报"，一直持续到晚上8点。官方微博的格式很统一：一句感谢的话+@品牌方+海报图片。例如，感谢你的掩护@绿箭 - 你我清新开始；感谢你带来的

[①] 大V是指在新浪、腾讯、网易等微博平台上获得个人认证，拥有众多粉丝的微博用户。

开始@德芙悦时刻……当天，一些被@的品牌，也迅速以杜蕾斯的格式纷纷做出了一语双关的回复。

图 8-6　杜蕾斯@其他品牌

图 8-7　被杜蕾斯@的品牌回复

当然，还有一些主动感谢杜蕾斯的品牌也纷纷加入这个阵营。例如，高洁丝、999皮炎平……这些看似无关的品牌，也都诙谐而又简洁地表达了对杜蕾斯的感谢。有趣的是，杜蕾斯团队迅速地在微博转发并评论："交了你这个新朋友。""咱俩这关系，谁谢谁呀。"

网友的脑洞也真是奇大无比，有网友提议杜蕾斯最应该感谢的是毓婷，甚至连文案都帮他们想好了——"亲爱的杜杜：每次你捅了篓子，事后都是我帮你擦屁股。"

这一波感恩节的互相感谢，可谓热闹非凡，堪称经典。直到如今，这个事件还被不断地提及。

分析

从表面来看，口香糖、电饭煲、厨房、牛仔裤、手表等，包括后来跟进的999皮炎平、高洁丝，他们与杜蕾斯几乎是完全不同领域的产品。但是杜蕾斯的团队从日常生活出发，用简洁的语言诙谐地表达了其中的关联，成功地玩了把跨界IP的联合。

还记得前面我提到的"场景化营销"吗？海报或者广告，要在用户心目中种下一颗种子，使得他们在某些特定时刻能够自然而然地想到你的产品。当你的产品能够有出乎意料的其他使用场景或者功能时，往往更能激发起用户的好奇和传播。

下面，让我们来一起探讨一下，为什么杜蕾斯能够一次次地刷新人们的视野，调动大家的热情和注意力。

（1）洞察力

杜蕾斯的幕后团队一直以来都非常具有洞察力，无论是"鞋套事件"，还是"感恩节"事件，抑或是日常大家熟知的各种热点跟进，我们都能从中发现，杜蕾斯总是能够透过事物之间的关联，找到契合点。

例如，写给绿箭口香糖的感恩文案，为什么写"这么多年，感谢你在我左边，成为购买我的借口"？主要是他们留心到了在7-Eleven超市及其他大型超市中，口香糖和杜蕾斯的摆放位置，想到顾客在购买时的心理活动，才写出了这样贴切的文案。

再如，前阵子出现的某品牌汽车的漏油事件，杜蕾斯依然巧妙地抓到了热点，发文说："××漏油，我们不漏。"

（2）品牌知名度

引起大家广泛参与的品牌或者产品，最好是大家熟知的，只有这样，用户才会知其然，知其背后的内涵，才会懂你的意思，懂了才会参与。就像江小白的表达瓶，大家明白"后来的我们……"这句话背后的深意，联想到关于自己的故事，才能更好地进行参与。

（3）产品自身特性

说实话，并不是所有的品牌都能够成为杜蕾斯这样的品牌，或者使用这样的玩法。有些品牌基因本身就不是能被调侃的，这与产品本身的功能和调性有关，毕竟趣味性强求不来。不过，趣味性并非是唯一选择，也许可以尝试走感性路线。

有一点是非常值得我们参考借鉴的：透过有趣和细腻的洞察，制造剧情，建立与用户的联结，有助于我们创造适合于我们自己品牌的创意方案。

延伸

以上只是多品牌跨界中的其中一种，日常策划中，用得比较多的不仅有上述线上联动，还有线下的跨界联合。常见的品牌联动模型如下。

（1）买 A 送 B

这个非常好理解，我们也常常见到。例如，你在一家花店买花，老板送给你一张咖啡券，可以在旁边新开的咖啡店喝咖啡。双方的人群是匹配的，可以互相引流。

（2）A+B 组合

这个我们通常会在节日的礼盒中见到，A 产品和 B 产品共同结合，组合成一个新的产品形式。例如，花和红酒的组合、美妆类产品的组合、电子类产品的组合等。

（3）A+B 共同策划某项活动

这种形式就多种多样了，两个或多个品牌共同发起和参与某个主题活动，互相倾注资源，共同推出一个新的活动，有时是一个品牌主导，其他品牌赞助支持；有时是几个品牌共同发起一个新的品牌项目，正如我们常会在某个海报的一角看到几个 LOGO 放在一起展示。

举个例子。

曹操专车在刚进驻河南市场时，与本地的众多品牌进行了一次跨界联合。其运营上线的第一天，就与包含中国移动、58 同城、猎聘网、途牛旅游、苏宁易购等众多品牌在内的合作伙伴，进行了同步宣传推广。一时之间，曹操专车遍布大街小巷，越来越多的人开始提及曹操专车，提及干净的车内环境和暖心的服务。

它们为合作品牌的粉丝提供 100 元的新人乘车大礼包，借助合作品牌的流量和品牌影响力获取了一批新的用户；而对于合作品牌来讲，他们为自己的用户提供了增值服务和福利，既活跃了用户，也增加了与用户的联结，以及用户满意度；对于用户而言，这是一次赤裸裸的福利，也是一次尝新的体验。因此，这个活动实现了三赢。

而在此之后，曹操专车为了继续增加新用户，又与当地六家麦当劳店进行了深度合作。曹操专车将麦当劳的当季新品贴在了车身上，车内增加了带有麦当劳 LOGO 的靠垫；在麦当劳店内，除了可视化的各种物料显示出双方活动信息外，还向顾客随餐派发曹操专车优惠券。毫无疑问，这又是一个三赢的活动。

这个活动很快便从当地扩展到了其他省市，双方随即开展了更多有趣的跨界合作。

8.4　案例 4：渠道跨界

渠道的跨界，基本上可以概括为：借助其他品牌或领域的渠道，增加自身产品和品牌的曝光度、流量或销售量。我身边有许多朋友经常会做一种活动，那就是 B 在 A 的场地做主题活动，如此一来，A 为 B 提供场地资源，B 为 A 引流。

举个例子。曾经有一个线上糕点品牌，糕点外包装盒上印制了与主题相关的网络语言，在本地知名的商场做免费品尝和赠送，参与者只要达到活动的要求，就可以免费获得一份糕点。

糕点品牌借助商场的流量和联合宣传，提升了品牌曝光度和新顾客对产品的体验感；商场则借助糕点品牌为商场顾客谋取了一次福利，增加了商场的品牌活性；对消费者而言，能够参与新活动，还能拿免费礼物，尤其对吃货而言，这真是一个再好不过的福利了。一场活动下来，妥妥的三赢。

再举个例子。养乐多和多家企业都合作得非常好，他们经常会赞助一些沙龙活动，到企业作下午茶，这也是一种渠道和产品之间的跨界合作。

这样的合作大多是在某个发展阶段，为了提高品牌曝光率，提升新用户对产品的体验，建立情感认同而展开的渠道跨界。

还有一种情况是，双方互相借助渠道，互相推广。

举个例子。如果你开了一个非常唯美的油画工作室，你可以跟旁边的花店合作，这样你油画工作室的花就不用买了，而顾客来你这里时如果想要购买花，就可以经由你的介绍到这家花店购买；而这家花店也可以摆放一些你的油画作品，引导一些爱画画的人到你这里学习油画。

互相推广和借力的形式多种多样，所有可以拿到置换的资源，如果能满足双方的需求，符合品牌的调性，就很容易达成合作。这种合作就像你有一盘苹果，他有一盘橘子，另一个人有一盘梨，共享一下，每个人都可以享受到三种水果，于是就变成了一顿美味的水果餐。

8.5 案例5：你敢不敢跨到竞品那里

有没有可能借助竞品来做些营销上的文章呢？当然，我所说的是正向的，一定不能是恶意诋毁的。

有一家世界500强的环球速递公司叫DHL，他们在人员、物流上占据着一定的优势。他们曾做过一个非常有趣的创意广告，让竞争对手帮他们宣传。

他们把一些半人高的铝箔箱子刷上热敏材料，在其他快递公司下单为他们送一个大箱子。这个箱子很奇特，起初在冰冻到零度以下时是黑色的，看不出异样。但是，快递员在送货途中，箱子的温度会慢慢升高，此时，原本箱子上的文字就会显露出来。这些文字是："DHL is faster.（DHL 更快）"，简直调皮得不能再调皮了如图8-8（a）所示。

于是，大家看到其他快递公司扛着"DHL is faster."的大箱子满街跑，这简直是一个活体广告。尽管这些快递公司不乐意，但却不能不送……后来，有些快递公司实在忍不了的，只好用了胶带将箱子上的这些字遮盖住，如图8-8（b）所示。

记得曾有一个老师为我们分享过一个关于国内的几个羽绒服品牌的故事。南极人的广告语说："南极人，不怕冷。"后来，在南极人的电视广告后面，北极绒就插入了自己的广告："怕冷就穿北极绒。"

有些品牌之间的较量是非常耐人寻味的，甚至极有深意。在线下活动中，我会和大家分享更多有趣的故事。

（a）

（b）

图 8-8　DHL 借助竟品的创意广告

总结一下：

我们一起探讨了营销跨界的几种常见方式和模型，其实大多数的营销跨界都会融合前几章的一种或多种跨界类型。此外，我们也提到了几个心理现象：占便宜心理、好奇心和害怕失去、安全感和对比心理、聚众效应和多变的酬赏。

现在，你准备好探索该如何创造一个属于你、适合你的跨界方案了吗？下一章起，你将会掌握一系列非常实用而又有效的跨界实操步骤。

延伸思考：

1. 你打算在产品和品牌方面如何运用营销跨界的秘密呢？
2. 如果你自己就是一个品牌，你打算如何经营你的人生呢？

附上启发跨界创意的几种方法：

1. 找寻与自己类似的同类型产品的跨界案例。
2. 找寻国内外亮点创意，启发思维。
3. 在生活中发现并积累跨界创意的素材，且乐于询问。
4. 拥有智囊团，获取外部脑细胞。
5. 不断提升跨界力。

第四部分
着手跨界

从本章起,我们一起进入跨界的实操版块——着手跨界四步骤。

还记得宋丹丹老师演的一个小品吗?

把大象装进冰箱需要几步?

三步!第一步:打开冰箱。第二步:把大象塞进去。第三步:关上冰箱。

其实我们做跨界与这个逻辑挺像的,就是前面多了以下三步。

(1)搞清楚为什么要把大象塞进冰箱里。是一定要做吗?有没有别的方法?(毕竟这是个非常规的任务)

(2)如果没有别的方法,我们就要去找到一个中意的、够大的冰箱,还有一头听话的大象。

(3)然后我们要跟大象商量:"你进去一下吧,好吗?"毕竟我们可没有力气抱得动一头大象。

最后,按照宋丹丹老师说的,打开冰箱,把大象塞进去,关上冰箱,Oh yeah!

弄清楚了整个流程,现在我们从品牌运作的角度来思考一下上面这几个步骤,是不是对应的就是以下几个问题。

- 发掘你真正的需求——需求定位。
- 锁定你中意的对象——对象锁定。
- 找到并成功说服——成功砝码。
- 策划并成功执行——策划执行。

接下来的四章,我将分别从这四个步骤入手,逐一拆解背后的底层逻辑,并与大家分享大多数人会遇到的问题。

第9章 需求定位：四个基本维度，精准定位跨界需求

一位知名教育平台的区域加盟商与我联系，说他们刚代理一个品牌，希望我能够支持他们，请我帮忙邀约30名对家庭关系方面感兴趣的朋友参与他们的论坛。我答应了，结果不到1个小时，就邀约到了50人。

然而，在核对具体细节时，我发现他们将注意力更多放在了活动人数和声势方面，对粉丝参与感受却没有足够的关注。

但我希望我的粉丝朋友能有一个美好的体验，于是组建了一个微信群，并征集了志愿者，分别负责答疑、名单统计、签售书籍预订、门票发放等琐碎的细节。我特别感动的是，大家很踊跃，甚至在群友的提议下，我们一起定制了卫衣，当天穿着闺蜜装出席。

如果我们足够真诚，大家一定能感受得到，反之，即便是（别人的）粉丝被带来了，自己也留不住。

那么问题来了：大家这么辛苦办一场大会的目的究竟是什么？

一定有人认为，大会就是为了引流和造势，只要人数够了，就万事大吉。然而事实却并非如此，因为引流的目的是让慕名而来的新粉丝了解并喜欢我们。

后面这5个字尤其重要。

因此，诸如联合招募、社群合作之类的粉丝渠道合作时，我们要考虑是否要提前了解对方粉丝的特性？如何能够给到更多的服务和支持？现有环节设计是否能让对方喜欢？我们还可以与谁合作？怎样与对方沟通？怎样能够让合作

长久,让别人的粉丝愿意"留下"?

9.1 分析需求的4个基本维度及工具

期望和现状之间的区别就是我们的差距。但是,这个差距未必就是我们当下的需求,我们必须清晰地将其解剖,透过时间横轴和任务纵轴,将其与所需资源和条件相匹配,才能做到有的放矢。

用公式表示就是:期望 − 现状 = 差距 ≠ 现阶段需求

有句话叫:"你以为的未必就是你以为的。"所以,仅仅站在企业自身的角度是不够的,需要全局思维。

我一直在关注一个问题:大家在跨界时,究竟会基于什么样的需求和想法?虽然在调研时,我发现了大家最常提到的几个关键需求,可是,这些是否涵盖了所有的可能?于是,我又从企业、用户、领导者、社会4个角度(见图9-1)出发,分析了可能存在的需求动机,最终总结出来常用的4个需求维度,其分别是知名度、业绩指标、用户体验、情感联结。

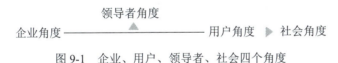

图9-1 企业、用户、领导者、社会四个角度

1. 角度1:企业角度

事实证明,大多数决策者选择跨界合作的原因,是基于企业本身的需求,这是本能的"与我相关",大多数企业都认为自己需要提升产品销量、新用户数量或者知名度。

然而,这里有一个陷阱。

若你用了波士顿矩阵分析后就会发现,有些产品已经到了需要考虑是否下架或者调整口味的时刻,如果此时还在考虑如何通过跨界做营销,或者没有从消费者方面考虑导致销量低的真实原因,那就很容易本末倒置,徒劳无功。

因此,从企业角度分析时,重点是要确定企业在当下较为具象的核心需求,并判断其中哪些需求是可以通过跨界来实现的。

要想找到企业需求，就要清晰地了解企业现状，以下推荐几种分析工具仅供参考。

（1）工具1：SWOT分析法

SWOT分析法及跨界合作策略如图9-2和图9-3所示。

图9-2　SWOT分析法　　　　图9-3　SWOT分析法（跨界合作策略）

"SWOT"是Strength、Weakness、Opportunity、Threat四个英文单词的首字母缩写，分别对应的是：优势、劣势、机会、威胁。我们可以借助这个模型，非常清晰地从产品、品牌、企业等角度分别评估分析我们的内部资源和外部环境，进而调整企业资源及发展策略。

这样一个清晰的自我认知，非常有助于我们在跨界合作的沟通中，明确需求并找准自己的位置。我们既可以这样分析来认知自己，也可以分析我们的跨界对象。这样，我们就更能了解到我们能为对方提供的支持、我们所需要的支持、对方能提供的支持、对方所需要的支持都有哪些。最好的合作是，双方能够彼此满足，并从心底真诚地感激对方的支持。

延伸一点：SWOT分析法还可以用于我们的个人发展、家庭规划、职业选择、日常消费选择方面。

（2）工具2：波特五力分析模型

波特五力分析模型主要用于许多行业竞争战略的分析，它可以有效地分析客户的竞争环境。这五力分别是供应商的讨价还价能力、购买者的讨价还价能力、新/潜在进入者的进入能力、替代品的替代能力、行业内竞争者的竞争能力，如图9-4所示。这五种竞争力决定了企业的盈利能力和水平，如图9-5所示。

举个我们之前做女性平台的例子。2017年，我们开始筹备女性论坛，到现在已经成功举办了4届500人的论坛，以及各种个人提升类的主题沙龙，每一期报名人数都爆满。一年后,当地大大小小的女性社群层出不穷。借助该模型号,我们该如何分析自己呢?

图 9-4　波特五力分析模型

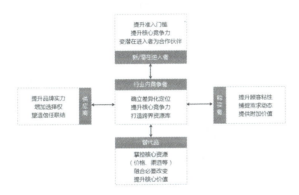

图 9-5　波特五力分析模型(跨界合作策略)

- 供应商的讨价还价能力:这里的供应商对应的是支持我们活动的讲师、赞助商,由于当时我们的社群感染力和初心被大家认可,愿意支持的朋友都是发自真心的,这一点是很和谐的。
- 购买者的讨价还价能力:购买者对应的就是我们的粉丝。用他们的话讲,我们的真心让他们很感动,他们很愿意跟着这样的社群提升自己。所以,我们的品牌认同度很高,我们与粉丝的关系也很和谐。
- 新/潜在进入者的进入能力:在社群中,最不可避免的就是偶尔出现私加群友,然后拉到自己群里的情况。曾经有群友跟我说他莫名其妙地就被某个人拉到了他们的群里,甚至从活动主题到流程、老师、互动方式都在模仿和复制别人。

- 替代品的替代能力。换句话说，就是自己的核心竞争力有多强，是否能够轻易被替代。调研中我们发现，我们吸引粉丝的是我们给到他们的感觉，这是其他同类社群所没有的。
- 行业内竞争者的竞争能力。也就是说，其他同类社群之间的竞争关系如何，对整个行业的影响如何。2018年起，同质化的社群和雷同的活动，给粉丝参与活动的积极性带来了一定的打击，因为体验感良莠不齐，还有个别新兴的社群过于直接地以利益为目的，使得大多数的朋友对类似的活动降低了信任和期待，由此产生了一定的负面影响。

分析完后，我发现我最需要做的是提升我们的独特性——核心竞争力，于是，我调整了运作方式。所以，通过这套分析我们可以逐步找到自身的薄弱项和核心竞争力，并确定方向，换句话说，就是找到我们想通过核心业务创造什么样的价值。

那么，新的问题来了：我们分析出来的待提升价值，对企业目前来说是否重要，是否是必要的呢？我们来看下一个工具。

（3）工具3：波特价值链分析

由美国哈佛商学院著名战略学家迈克尔·波特（Michael E.Porter）提出的价值链分析法，把企业内外价值增加的活动分为基本活动和支持性活动，其中，基本活动创造价值，支持性活动保证基本活动的运行，基本活动和支持性活动共同构成了企业的价值链，如图9-6所示。

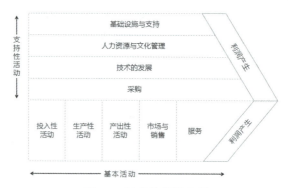

图9-6 波特价值链分析

- 基本活动涉及企业生产、销售、进料后勤、发货后勤、售后服务。

- 支持性活动涉及人事、财务、计划、研究与开发、采购等。

对不同的企业而言，并不是每个环节都创造价值，实际上只有某些特定的活动才真正会创造价值，这些真正创造价值的经营活动，就是价值链上的战略环节。因此，企业要保持的竞争优势，实际上就是企业在价值链某些特定的战略环节上的优势。

我们可以从这两方面来运用波特价值链分析方法：一方面，确定企业的核心竞争力，以及需要重点关注的企业资源；另一方面，分析在公司运行中有机会提高价值或降低成本的环节。这将有助于我们更加准确且有效地选择跨界资源。

举个例子。前文中我们提到的那家 9 天时间营业额增长了 21 万元的连锁熟食店，正是通过跨界合作，不仅通过"战略环节"——营销活动，提升了客户贡献价值（其实也包含客户获得的价值），还增加了"支持性活动"的效能——降低了采购成本。

这个模型不仅可以帮助我们分析自身产品，还可以用来了解我们的合作伙伴。如果我们能够"看见"[①]并恰到好处地"展示"我们的价值以及愿意提供的支持，以帮助对方实现价值提升或成本的降低等，那将非常有助于双方跨界合作的达成。

可是，新的问题来了：如果产品品类比较多，或者合作资源有限的情况下，我们该怎么办呢？还有我们前面提到的那个问题：如何避免徒劳无功呢？来看下一个工具。

（4）工具 4：波士顿矩阵

波士顿矩阵（BCG Matrix）是由美国著名的管理学家、波士顿咨询公司创始人布鲁斯·亨德森（Bruce Henderson）提出的，这个模型主要用来分析和规划企业产品组合。在矩阵中，坐标轴的两个变量分别是业务单元所在市场的增长程度和所占据的市场份额，这样就出现了 4 种类型的产品，如图 9-7 所示。

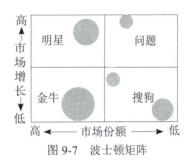

图 9-7　波士顿矩阵

[①] 看见：整合心理学的核心概念之一，在这里是指我们看见自身的需求和资源，同时也看见对方的需求和资源，并通过沟通、策划方案等举措，使对方也能看见双方的需求和资源。

- 金牛：在低增长市场上具有相对高的市场份额的业务，将产生健康的现金流，它们能用于向其他方面提供资金，发展业务。
- 瘦狗：在低增长市场上具有相对低的市场份额的业务，经常是中等现金流的使用者，由于其虚弱的竞争地位，它们将成为现金的陷阱。
- 明星：在高增长市场上具有相对高的市场份额，通常需要大量的现金以维持增长，但具有较强的市场地位并将产生较高的利润，它们有可能处在现金平衡状态。
- 问题：在迅速增长的市场上具有相对较低的市场份额，需要大量的现金流入，以便为增长筹措资金。

波士顿矩阵同其他分析方法一起使用效果会更好。通过分析，可以不断地淘汰无发展前景的产品，保持"问题""明星""金牛"产品的合理组合，思考是否要淘汰或整顿"瘦狗"产品，最终实现产品及资源分配结构的良性循环。因此，在进行跨界合作之前，要清楚企业当前和下一步的重点发展策略是什么，将有限的跨界资源与需要的产品相结合。

该赞助哪一款？

有一次做活动时，一家面膜品牌大量赞助了一款面膜。这款面膜用起来非常好用，活动结束后，在大家想再购买一些时，问题出现了——这款面膜没有了。品牌负责人解释说，这款面膜不再生产了，当时赞助也是想着刚好可以消化一下库存，现在主推的是另一款更高端的面膜。我一看，这两款面膜的价格相差3倍。

如果是你，你会选择购买新推出的面膜，还是惋惜放弃呢？

你会将跨界合作的机会当作处理尾货的时机，还是当作为新品赢得体验感的机会呢？在赞助产品时该如何选择产品呢？是选择成本低的产品，还是选择品质最好的产品？是选择销量最高的产品，还是选择当前主推的产品？

- **原则一：体验感第一**

不要为了节省成本而赞助快过期的、残次的产品，也不要赞助最廉价的产品。赞助的核心目的是营造良好的用户使用体验感。如果想要节省成本，可以减少赞助数量或者调整赞助方式，但对于所提供的产品来说，建议是以激发用户良好的体验感为主。

● 原则二：选择符合当下发展需求的产品

无论是促销你的"瘦狗"产品，还是推广你的"明星"产品或新品都是可以的，重点在于，你是否对下一步的发展策略已经有了足够的规划。

波士顿矩阵可以解决产品多、资源少的问题。那反过来，如果是愿意合作的资源较多，那么又该如何选择呢？我们看下一个工具。

（5）工具 5：GE 行业吸引力矩阵法

这个模型也被称为"通用电气公司法""麦肯锡矩阵""九盒矩阵法"。这个矩阵的两个轴分别表示市场吸引力和所研究对象（产品、品牌、企业等）的实力或竞争地位，如图 9-8 所示。通过对这两个变量进行打分，确定研究对象在矩阵中的位置，并由此来确定需要采取的策略。在此基础上，可以进一步判断是否有必要进行跨界合作，以及合作方式和程度该如何选择。

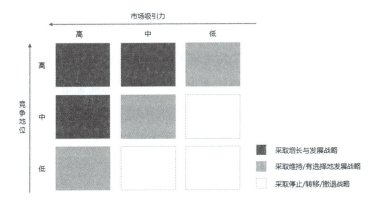

图 9-8　GE 行业吸引力矩阵

同 SWOT 分析法类似，该模型也可以用于对跨界对象的认知分析。也就是说，当我们面对多个合作对象需要选择时，这个模型可以从一定程度和角度上协助我们分析判断，并帮助选择更加合适的跨界资源。

有一个问题值得我们探讨：那些当下市场吸引力不高、竞争地位不高的产品或品牌（对应于图中白色区域），就一定不能和我们一起跨界创新或跨界合作吗？期待你的答案。

必须提醒的是：如果我们的竞争地位和市场吸引力都很高，虽然我们具备一定的话语权和优势，但是，请务必收起我们的"傲娇"。在跨界合作中，"自以为良好"的情绪不仅对跨界合作没有丝毫的帮助，反而会削弱我们个人在跨界圈里的口碑。

2. 角度2：用户角度

分析完企业目前所处的状态，我们基本上对企业所面临的各种外部环境，以及企业自身的竞争力和条件有了更加全面的了解。这个时候先不要着急下结论，因为我们想的未必是我们的用户或者消费者所感知到的，我们愿意给的也未必是他们想接受的。

"怎么知道他们想的是什么呢？"

在此，我想分享3种常用的方法，尤其重点分享第3种方法，明确与客户/顾客接触过程中存在的信息盲区（灰盒子模型），明白用户内心究竟在想什么。

（1）了解相关领域公布的官方数据

我们可以试着从相关领域的官方网站或行业报告中，了解到行业内的客观现象、趋势，某些人群行为特征的变化等。我们可以捕捉最新的信息，有时这些新的数据会让我们大吃一惊。"只缘身在此山中"会导致"认知盲区"，因此，在个人认知范围有限的情况下，多关注一些相关的行业动态和官方的调研报告，不失为一个填补认知盲区的快捷方法。

（2）对老用户或潜在用户做调研

有一个小问题是，大范围调研和统计出来的结果往往是大众的趋势，而我们需要尽可能清晰地了解我们的用户是怎么想的，他们是否与大众有所不同。我们应去倾听他们的声音，任何的猜想都不如直接沟通来的快捷、准确。

拿到答案之后，一定要进行背后动机和心理的剖析。因为有时用户也会"心口不一"，会不经意间影响你的判断。如果我们用的是访谈式调研，那么在沟通时，可以去尝试了解更多背后的故事，同时要注意观察对方在沟通时的微表情，这些表情和动作会告诉你更多信息，包括你得到的答案是否具备参考价值。

（3）细心洞察用户的行为和内心

我们要相信一点，消费者是切身体验者，他们能清晰地体会和感知到在购买、使用等各个环节中的满足和不足。他们最有发言权，而这个"发言"并非一定是口头的反馈，行为语言、肢体语言、情绪语言往往是更加真实的表达。

有时某个客户只在你这里消费了一次便不再来了，或者咨询完产品信息便不再光顾了。这个过程中，一定是悄无声息地发生了什么，只是我们没有意识到，或者有可能连消费者都没有意识到，这就是"信息的盲区"。

问题1：消费需求中的信息盲区

对消费者真实需求的认知，从消费者和企业两方面来看，往往会出现如图9-9所示的4种情况：消费者知道+企业知道、消费者知道+企业不知道、消费者不知道+企业知道、消费者不知道+企业不知道，如图9-9所示。

其中，企业这个角色可以替换为更加具象的某个产品或者品牌的负责人，或者某个门店的老板，用字母表示，B端就是卖方，C端就是消费者或用户（以下小标题文字中的"你"代表消费者或用户，"我"代表品牌方或者企业、商户老板）。

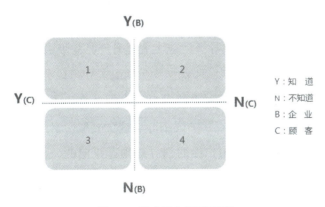

图9-9 需求认知匹配模型

（1）你知我知

消费者知道他要购买的是什么，知道他的真实需求是什么，而你也清楚地知道消费者的需求以及你能够满足他的需求。在这种情况下，往往会出现两种情况——要么快速成交，要么转身离去。

举个例子。30岁那一年，我特别想送给自己一个四叶草的项链，于是逛商场的时候，就到不同品牌的首饰专柜去看。第一家没有，便直接去第2家，第2家的款式不是我喜欢的，便去了第3家……虽然每一家的导购员很热情地向我推荐了其他款式，但我都没有接受。我说："四叶草代表着好运，就像我名字的谐音一样，所以，我想送自己一个特别的礼物。"导购员知道了我的真实想法之后，便不再劝说，而是贴心地告诉我会帮我留意一下之后的新款。这种情况下的互动就非常的轻松直接。

（2）你不知我知

消费者不清楚自己的真正需求，但我们已经洞察到。于是，我们可以借由满足消费者的这些需求，实现价值或创造出乎意料的惊喜。

在一部电视剧中，男主人公开了一个网店创业（服装店），起初订单非常少，他便花大量的精力和资金请模特穿着他的衣服拍照。他的兄弟不解，嫌他浪费钱。他却说："你以为网上的顾客心动的是什么？只是衣服吗？不，是感觉，他们买的是一种感觉！"

事实的确如此，大量的消费者并不知道自己真正需要的是什么，只是在通过看似有效的途径来满足自己。此时，消费者容易进行冲动消费、盲从消费，或者错误消费，容易受到外界的影响，比较感性。如果我们能够提前洞悉消费者的心理状态，并及时做出引导，就能大大提升产品的吸引力。

有一件事我印象非常深刻，那就是我大四时曾在华硕公司实习过一段时间。在店面做销售时，我成交的第一单就源自我发掘并修正了客户的需求。我会在下一部分"用户的'口是心非'"中详细分享这个故事。

必须提示的是：我们对用户做的引导必须是正向的，是符合道德标准和社会行为规范的。

（3）你知我不知

有些消费者是很理性和果断的，他很清楚自己需要的是什么，但是却没有告诉我们，或者还没有来得及告诉我们就转身离开，去寻找能够满足他需求的品牌了。因此，我们只有经过细心的了解和洞察，真正找到他离开的原因和需求点，才有机会挽回并赢得更多的顾客。

之前听说过一个"狗猛酒酸"的故事。

据说宋国有个卖酒的人，为了招揽生意，他总是将店堂打扫得干干净净，将酒壶、酒坛、酒杯之类的盛酒器皿收拾得一尘不染，而且在门外还要高高地挂起一面长长的酒幌子，写着"天下第一酒"。远远看去，这里的确像个会做生意的酒家。然而奇怪的是，他家的酒却很少有人问津，常常因为卖不出去而发酸变质，十分可惜。

这个卖酒的人百思不得其解，于是向左邻右舍请教原因。邻居们说："这是因为你家养的那条狗太凶猛了！我们都亲眼看到过，有的人高高兴兴地提着酒壶准备到你家去买酒，可还没等走到店门口，你家的狗就跳出来狂吠不止，甚至还要扑上去撕咬人家。这样一来，又有谁敢到你家去买酒呢？"

原来如此，不是酒不好，不是卖酒的老板不好，也不是价格不好，仅仅是因为那只狗太过凶猛了。

那么，我们了解过消费者的真实需求后，是否一定要全力满足呢？

这个问题，我们要分以下几种情况来看。

- 如果这个客户是我们的目标群体，那么我们有必要深入地了解他们没有选择我们的原因，就像那个卖酒的老板一样，了解清楚原因之后，就能立刻做出调整。
- 如果这个客户不是我们的目标群体，那么我们可以了解一下背后的原因，有没有可能是我们的核心目标群体也会出现的情况呢？这样的话，我们就可以提前避免核心目标群体出现同样的问题。
- 如果这个客户既不是我们的目标用户，其未被满足的需求也不是我们核心目标客户所需要的，那么我们便可以暂时放弃，我们必须做到有重点地提升和集中我们的优势。

（4）你我都不知

最后还有一种情况，那就是消费者无意识地选择了我们的产品或无意识地放弃了产品，而消费者和我们都不清楚这背后的原因。

在《欲罢不能》（*Irresistible: The Rise of Addictive Technology and the Business of Keeping Us Hooked*）这本书中，描述过这样一种现象：营销学专家在超市里做过一些观察，他们发现，由于有些超市购物架的间隔比较窄，顾客偶尔会出现"屁股碰屁股"的现象，他们观察中发现，只要出现了屁股被碰到的情况，尤其是女士，便会很快离开超市。

后来他们追出去询问这些女士，是因为刚才被碰到了，所以觉得"生气了""被骚扰了"或是"恐慌"吗？令人出乎意料的是，这些女士根本没有意识到刚才有被碰到过。而超市的老板也根本没有意识到，她们的离开居然是因为过道的狭窄导致的"屁股碰屁股"现象。所以，这个时候，老板一定要首先能够具备意识到结果差异的能力，然后通过询问、洞察等方式，探寻真正的原因。

问题2：用户的"口是心非"

有一个非常值得留意的现象是：有时用户可能连自己也不知道表达的其实不是自己的真实想法。

还记得大四那年，我在某个品牌电脑的专卖店实习，我成交的第一位客户是一对儿大学生情侣。男生陪女朋友来选电脑，女生说想要一台14寸的，我跟女生交谈了一番后，他们走了。过了十几分钟，他们又回来了，购买了一款15寸的电脑。这是第一次见面时我推荐的那款。为什么她说想要一台14寸的电脑，最后买的却是15寸的电脑呢？

我问她："买电脑主要是做什么用？"她说："日常上网，看电影。"她起初比较喜欢店内的一款14寸的笔记本电脑，但超出了她的预算。于是，我转身向她推荐了一款15寸的笔记本电脑。我的理由很简单：两款笔记本电脑配置相同，但是这款15寸的屏幕大一些，所以和室友一起看电影时视觉上会更舒适；同时，店内送的电脑包大小差不多，所以，携带电脑外出时，占的空间区别不大；从重量的数据来看，15寸的这款笔记本电脑恰巧比店内其他14寸的款式还轻薄一些；而且15寸的这款笔记本电脑刚好有优惠活动，在这位女生预算范围内。

就这样，这个女孩子选择了15寸的笔记本电脑。

当时的我虽然还没有大学毕业，但店内的同事投来的惊讶眼神到现在我还记得。她一直夸我："你真行，顾客的需求都能改。"其实，我不是改变了用户的需求，而是"看见"了用户的真正需求，并帮她呈现出来了而已。[①]

这个女孩子起初虽然是要14寸的笔记本电脑，但14寸的笔记本电脑只是

---

① 在心理咨询中，这属于心理的"外置"和"重构"。

身边朋友给的一个主流笔记本的尺寸建议，并非其真实需求。因此，当我发现她对看电影和电脑重量、价格的需求因素后，便成功推荐了那款15寸笔记本电脑。

因此，一定要善于捕捉细节，洞悉用户背后真正的动机和需求。因为，绝大多数的消费者都不是专业的购买者，有时他们只是拿着一个他们自己都不知道是否正确的"答案"来做选择。这正是用户需求灰盒子模型中的"你不知我知"的情形，借由对用户的洞察，我们尝试用跨界思维突破常规，依据用户需求来推荐产品的惯性。

跨界时，如果是自己单一品牌的创新，那么洞察到自己用户的需求即可；如果是不同品牌之间的跨界合作，那就需要我们同时洞察到多方用户的需求。

问题3：如何洞察用户内心

从个人天赋和性格上来看，有些人天生具备敏锐的洞察力，有些人则相对迟钝一些。那么，我们可以尝试从哪些方面去洞悉用户内心呢？由于篇幅有限，我们这里从以下两个层面考虑。

（1）层面一：用户的10个消费动机

如果你希望能够将这种洞察力内化为自己身体和思维的一部分，那么，请此刻这样去做。

首先，请拿出一张纸和一支笔。

接着，抬起头望向窗外，或者闭上眼睛，想象一下，你在发生购买行为时，大多是基于什么原因呢？将原因写下来，并用简洁的词组或句子写上对应的场景，如表9-1所示。

表9-1 购买原因与购买场景

序 号	购 买 原 因	购 买 场 景
1		
2		
3		
4		
5		

接下来，请看一下你的答案，是否包含在图9-10所示的消费者购买动机中。

| 求**实**动机 | 求**新**动机 | 求**美**动机 | 求**廉**动机 | 求**名**动机 |

| 好**胜**动机 | 显**耀**动机 | 求**同**动机 | **便**利动机 | 偏**爱**动机 |

图 9-10　消费者购买动机

- 求实动机

有时人们更看重产品或服务的使用价值，更在意其实用性、功能、质量等。人们通常在购买基本生活用品时，求实动机较为突出；相反，在购买享受型用品时，求实动机不太突出。这与消费者的消费能力、消费观念以及使用目的有极大的关系。

- 求新动机

在某些情况下，消费者以追求新颖、奇特和时尚为消费目的，特别重视商品的外观、造型、色彩、新鲜感等。通常来讲，这样的消费者喜欢追求新奇、时髦和与众不同，喜欢走在时代的前沿，追求新的生活方式，因此，他们容易受到广告宣传、社会潮流等的影响，也更乐于接受新事物、新思想。

与此相反，你会发现有的人总是等别人都尝试过了，确保产品安全有效后，才会付出行动，这样的消费者习惯在自己的舒适圈内活动。而具备求新动机的人，往往是"第一批吃螃蟹的人"。

- 求美动机

提到"美"字，你一定会想到这样几种场景：为了让自己的照片美一些，你在手机中下载了修图软件或用带美颜功能的相机 App；你会因为太喜欢一套衣服，咬牙花一个月的薪水买下，或者明明衣柜已经放不下，却依然"剁手"；你也会因为一家咖啡馆很美，而不过于计较他们的甜品是否真的那么好吃……

在这些情况下，人们更加注重产品或服务的欣赏价值和艺术价值，追求视觉、听觉、感觉带来的心理上的美好感受。这样的消费者往往生活品位较高，对审美具备一定的能力和要求，追求生活的品质。因此，他们容易受到产品外观、色彩、艺术性的表现、置身其中的美好感觉等的影响。

- 求廉动机

每到换季时，各大服装品牌店内便挂出了红色的"On Sale"海报、条幅，进行各种大减价、特价、清仓价活动。人们往往期待以更低的价格获得同款产品，国内的"双十一""双十二"，就是这样的时间点。

求廉动机还有一个反向应用，就是在价格不变的基础上，增加所能获得的价值。例如，有的产品在刚推出时，会特别给符合某些条件的人群多提供一些服务，如我们常见的"前100名可额外获得××""邀请朋友一同参与，可分别再获得一份××礼物"……

以求廉心理为消费动机的消费者，通常对价格十分敏感，价格的波动对他们的购买行为会产生非常大的影响。

我们经常看到一些老人在生鲜超市排队买鸡蛋、买水果，即便购买时有诸多限制条件（限制最低购买量或者最多购买量、不能挑选等），他们也愿意排长队购买。老人对周边的大超市、生鲜超市、菜场商品的价格了然于胸，而且在老人群体中间，对于哪里有特价，哪里新开了超市传得特别快。所以，每当生鲜超市开业时，求廉动机总是会对这类人群发挥非常强大的宣传效果。

- **求名动机**

过年的时候，我家里准备选择一箱牛奶作为随手礼。在和家人逛超市时，我们遇见了一个非常热情的促销员，他一直在向我们推荐他们新出的一款酸奶。"现在是推广期，活动力度很大，一箱才24元钱，还可以多赠送几袋。"在他的坚持下，我们品尝了一下，口感还是非常棒的。说实话，家人和我都有点动心。

后来，我对家人说："重点是，咱们要看买来是做什么用的。"那个小伙子很机灵地来了句："你们是要送人是吧？那我推荐你们拿这边这个，包装好看，品牌也很牛，天天做广告，大家肯定都看过。"说着说着他顺势转身拎了另一个品牌的酸奶给我，一箱69元。

这里面其实就蕴含着求名动机。送礼时，我们都希望送一些知名度高的产品，这样做不仅能够确保产品的品质，同时也能彰显我们的大方或者品位。

有些消费者非常注重产品的品牌、口碑、特殊价值或者身份象征，他们很容易受到产品的知名度、名人推荐、使用群体的圈层等的影响，往往追求的是"更高"[①]品质的生活。

---

①这里的"更高"是一个相对概念，是相对于个人当下的认知状态和消费能力而言的。

- 好胜动机

在曾经热播的电视剧《粉红女郎》中，有一个片段非常有意思。陈好扮演的"万人迷"万玲在珠宝店假意挑选珠宝，遇到了张恒扮演的富家女余露。余露为了刁难万玲，对老板娘说："这位小姐手上的这枚钻戒我要了。"

老板娘说："这不太好吧，她还在看呢。"

余露说："老板娘，做生意眼睛要擦亮，要看得出来这位顾客有没有钱，买得起买不起，要不然你问问她。"

万玲见状，摇了摇头，把戒指放回了老板娘面前："这颗我不喜欢，把它送给没有品位的女人吧。"

老板娘刚把这颗钻戒拿给余露，万玲就拿起另一颗，说道："这颗还不错……"

话音刚落，余露便骄傲地说："那颗我也要了。"

万玲："嗨，不错是不错，可惜呀，有点小瑕疵，只能骗骗不懂珠宝的女人了。给她吧。"

余露笑了笑，对老板娘说："老板娘，你就慢慢等着吧，就是等到打烊，她也拿不出钱来买一颗小小的碎钻。"

万玲："用不着等到打烊，我已经确定这里根本没有我想要的结婚大钻戒，我到别家看看去。"只见她刚转身走了两步又特意回来，对老板娘说："老板娘，有人肯花钱买东西了，还不赶紧刷卡，小心有人后悔，现在做生意啊可要睁大了眼睛，看看那卡是不是捡来的。"

待余露付完款离开后，万玲悄悄回来找老板娘，老板娘把厚厚一沓现金装进万玲的包包里，说："她刚才买了两颗，一共15万元，15万元的两成是3万元。"

剧中余露的表现就是一种典型的好胜动机。她的消费并非是因为对产品本身的需要，而是为了争强好胜，或与他人攀比，展示"自己认为"优越的一面，这种情况下，很容易受到他人的影响。

在电视剧《我的前半生》里，有一集是马伊琍饰演的罗子君在买鞋，碰到陈俊生带着公司实习生为客户选项链。子君直接否决掉实习生帮陈俊生挑选的项链，而选择了另一个款式，说："选项链啊，我最在行了呀，小姑娘都是收收礼物，他们哪里懂怎么挑选啊……我看看啊，这个比较稳重大方，选这个吧。那款太花哨了，也就小姑娘才会喜欢。""那款"说的就是实习生选的款式。

在这个片段里，罗子君也是求胜心理，由于醋意和敌对，故意制造选择上的差别，同时利用选择宣示主权。不难发现，在好胜动机中，蕴藏着"对比"心理，这种区别可以是档次的区别，也可以是品位和认知的区别。

想想看，同样是参加一个论坛，你走的是 VIP 通道，坐的是专属座席，享受的伴手礼是专属定制，席间还不时有人来向你问好，主动与你结识。你的感受与默默就座在人群中的观众会一样吗？（也许你会说你不是一个爱炫耀的人，可是不可否认，这种"优待"让你内心油然而生了一种奇妙的感觉，不是吗？）

那么，知道该怎么策划你的活动和对待你的重要顾客了吗？

- 显耀动机

曾经在一部电视剧中看到过一个情节：一个客户在约见谈判的当天住的是酒店的总统套房，而其他时间则又转到普通客房。这是为什么？

你的朋友圈有没有这样的朋友，他们经常会发自己参加各种宴会时盛装出席的场景，和一些有身份的人的合影，然后巧妙地配文："和××一起聊天，收获很多啊……""很荣幸和××一起共进晚餐……"这是一种怎样的心理动机呢？

前者是有意识地提高身价，夸大自身实力，进而提高议价权，后者则是无意识间彰显出自己的格调、品位，或者丰富的生活和人脉。无论是有意识的，还是无意识的，这些都是显耀动机在起作用。抓住显耀动机，有时能带来更好的效果（例如，你可以在大会中增加粉丝与嘉宾的合影环节，这样粉丝自己就会发朋友圈，自传播就发生了；你还可以为合作者提供一些必要的头衔和平台支持）。

为了显示地位、身份和财富等心理，显耀动机往往也掺杂着对比。这种类型的消费者往往比较看重面子，重视产品本身或者消费过程所带来的象征性的意义，意在体现自己的身份、权威，给自己贴上某种标签。

应用提示：作选择时，我们要觉察是受到显耀动机的影响，还是真的喜欢和需要。

- 求同动机

部门聚餐，老板让大家每人点一些自己喜欢吃的菜，你可能心心念念地想吃一份红烧肘子，可是，前面的同事点的都是素菜，轮到你时，你忍了忍，点了一道西芹百合，然后对老板说："我最近在减肥。"

这种和大众保持相同步调，以及求得大众认可的心理就是求同动机。这样的消费者喜欢从众，不求创新，但也不能落后，喜欢和大家融为一体，以获得更多的安全感和情感联结。他们在消费时，容易受到他人的影响，容易听取他人的经验和推荐。

- 便利动机

便利其实就是方便。例如，我们懒得跑很远，选择就近购买产品，哪怕贵一点儿也没关系；买电器时，会在意是否方便安装、清洗和打理；买房子或去参加活动时，会考虑交通是否方便；吃饭时会考虑是否方便停车……这都是便利动机发挥的作用。

在购买价格差异的绝对值不会很大的日常消费品时，拥有便利动机的人通常愿意付出多一些的金钱来换取便利性。与之相反，求廉动机的人们则愿意选择多付出一定的精力和时间换取价格的优惠，就像年轻人愿意多花跑腿费叫外卖，而老年人愿意跑远一点或者花时间排队是一个道理。

而对于价值较高的产品或者服务，便利动机往往表现在附加值或者安全值方面，如花的时间更少、有可能出现的问题更少、风险更小等。

- 偏爱动机

有的人会说，有些产品虽然不是名牌、价格不便宜、用的人不多，但我就是喜欢。例如，有些消费者喜欢某个品牌，这个品牌下的很多产品就都喜欢；有些消费者喜欢国货；有些消费者喜欢某个国家的产品。

这就是偏爱。这些消费者已经对它投入了感情，这种感情常令人爱屋及乌并自带口碑传播的效果。

我们在本书中多次提到的与用户建立联结，就是要与用户之间产生情感，让用户更加喜欢和偏爱我们，在同类产品中执着选择我们。

以上就是最常见的10种消费动机。

可是，新的问题来了：这些消费动机是如何产生的？为什么不同的用户有不同的购买动机？这些动机背后又隐藏着什么秘密？找到背后的心理因素对我们是否会有其他的价值？

延伸思考：

我们自己在事业中的动机是什么呢？也许你会猛然间发现，这与购物动机是惊人的相似。因为从某种程度上来讲，我们的事业也是一种付出和收获。我们付出的是精力、经验、汗水、智慧，收获的是事业中的名声、经验、收入、环境、认同、氛围等。

（2）层面二：用户的两种内在力量

你有没有发现，在日常工作和生活中，人们是如此不同？同样是拼命做事业，有的人渴望成就，有的人害怕没有成就；有的人学习是渴望获得更多的知识和提升，有的人学习是害怕挨家长骂；有的人减肥是为了更好看，有的人减肥是害怕身体生病或不被喜欢。

研究发现，同样的行为和动机背后的心理因素大不相同，而渴望和恐惧是人们行为背后的根源。

特别提醒一下，我们去了解用户的心理，是为了更好地服务用户，而非为了商业目的的操控或利用，因此，一定要秉承着善良和负责的原则，对用户做正向的引导。在这样的底线和原则下，对于用户所渴望的，我们要帮助他们创造情感联结，并给予满足；对于用户所恐惧的，我们要帮助他们逃离，并制造区别。

人们总是渴望自己是以一种美好的状态存在着的。因此，越来越多的实体店与花艺、书、咖啡、文创产品、音乐、摄影等跨界联合，他们所打造的不是一家单纯的店，而是一种美好的生活方式，以展现我们是如此美好地享受着生命。

人们内心似乎总是有种深深的恐惧，担心别人说我们土、不起眼，担心我们被忽视、不被喜欢、不被尊重……在任何人的灵魂深处，都有一个卑微、渺小、孤独、脆弱的自我，我们总会有不喜欢自己的成分，因此我们总是在抗拒自己的局限。我们选择不断地成长、不断地突破，从某个层面来讲，这些正是源于对自身局限的逃离的渴望，其实就是在不断地创造着区别。

- 有的人喜欢名牌，他有可能渴望的是品质生活，是地位，是尊重，是仰慕的眼光；逃避的是被看不起、被忽视、被遗忘。
- 有的人喜欢朴素，他有可能渴望的是踏实、简单、无忧；逃避的是喧哗、昙花一现、不稳定。

- 有的人喜欢刷微博、朋友圈，他有可能渴望的是认可、存在感；逃避的是孤单和孤独。
- 有的人做决定非常谨慎，他有可能渴望的是内心的安全感、价值感和多方因素的平衡感，以及掌控感、聪慧感；逃避的是欺骗、冲动、后悔、决策失误的风险，以及决策失误带来的失败感、自我质疑等。

在洞悉了用户的内心世界之后，就能够更好地定位我们的跨界需求，以及在跨界中所要实现的目标，并根据用户的渴望和恐惧，来选择能够满足用户这份渴望，逃离这份恐惧的跨界合作对象，并设计有针对性的跨界方案。

3. 角度 3/4：领导者角度、社会角度

除了企业和用户角度外，企业做跨界还会有另外两个因素的可能：领导者角度和社会角度。

有的企业领导者是发自内心地喜欢不走寻常路，喜欢创新，喜欢给用户不一般的体验和感觉。他们似乎天生具备这样的天赋，总是有许多创意。对他们而言，跨界的初衷可能只是为了不断发现新的可能。

有些企业，从创立之初，就具有社会责任感，企业领导者创办企业或者平台的目的，就是为了服务社会中的某个群体，解决社会中的某个问题，例如，解决民生问题的媒体栏目、当地的相亲平台等。

还有一些企业，当实力达到某个阶段之后，便会增加对社会的回报和支持。正如，可口可乐公司在迪拜建立的电话亭，用瓶盖即可拨打国际长途；可口可乐在泰国和越南发起的"二次生命"活动，设计了 16 款多功能瓶盖。这些都是可口可乐将企业社会责任感融入营销中的跨界创意。

9.2　常见的 4 种跨界动机

经过前面从企业、用户、领导者、社会 4 个角度进行综合分析之后，我们发现，大多数跨界动机最终可以提炼为这 4 个因素：知名度、业绩指标、用户体验、情感联结。

在调研中，我们还听到过这样的答案：跨界是为了实现更多的价值，为了突出品牌的调性等。对于这样的回答，我们依然可以通过继续细分来找到更具象的目标。

例如，我们本地有一个组织，经常和各个品牌联合做公益相亲活动。我问组织者："做这些跨界合作的目的是什么呢？"他说："是为了更好地实现我们的价值。""是什么价值呢？"他说："帮助到更多人。""那么，跨界在实现你的价值的过程中起到了什么作用呢？"他说："让更多的人知道并参与进来。"至此，我们找到了这个组织跨界的原因，是为了增加知名度、参与人数并扩大影响范围。

用"剥洋葱"的方法，我们可以找到很多常见答案背后的真正原因。现在就让我们一起进入"剥洋葱"时刻。

1. 知名度

无论是初创品牌，还是在市场中已有一席之地的老品牌，都需要不断地强化品牌在用户心中的认知，否则很容易在这个新品牌层出不穷的时代被人们逐步淡忘，这是很可怕的事情。

如果你的目标是提升知名度，那么，先不要着急去寻找合作伙伴，你需要先明确要提升的是谁（什么）的知名度？

- 是品牌知名度吗？如果是，是母品牌的知名度，还是某个子品牌的知名度？
- 是产品知名度吗？如果是，是某个系列产品的知名度，还是某个单品的知名度？是新品的知名度，还是某个老品的知名度？
- 是服务知名度吗？如果是，是想重点体现服务中哪一特质呢？
- 是某个特质（调性）的知名度吗？如果是，这个特质是什么呢？（是专业、贴心、细致，还是安全、舒适？）为什么选择这个特质，这个特质是否能够被用户接受呢？

……

再换个维度考虑，同样是打开知名度，是想打开在哪个地理范围内的知名度？是全国，还是某个局部地区呢？

从人群划分来看，是全部的人群，还是符合某种特质的人群呢？你的用户画像做了吗？

明确了你的需求，才不会迷失方向。要知道，很多时候，我们容易走着走着就忘记是为什么而做。

想起一个故事：

曾经有一个警察，在警校参加赛跑，从来都是第一。后来有一次他去追一个小偷，这个小偷属于特别能跑的那种，一连跑了好几条街。这个警察一边追一边想："小样，跟我比，在警校时，我可是第一，还能跑不过你？"

你猜，这位警察追上了吗？

当然追上了！

而且，他超了过去！（注意：是超了过去，不是抓住他！）

我们有时就像这个故事中的警察一样，有些事情做着做着，目标就悄然地发生了变化，我们寻求和另一个品牌方的合作，明明是为了双赢，却可能会因为争论一个海报画面中谁的LOGO在前面，而导致合作终止；我们和另一半一起去度假，对方忘记带某样东西，我们没忍住抱怨，结果毁掉了整段旅程的美好气氛。

如果我们牢记最初的目标，在设计LOGO位置时互相退让一步；在出游时，不去抱怨已发生的事情，而是一起想办法解决问题，那么，结果可能会大不一样。

2. 业绩指标

在业绩方面，跨界的确可以非常有效地带来指标提升。问题是，你想提升哪方面的业绩指标呢？用户的增长、销量的提升、曝光量的增加，还是其他方面的呢？

我常听到有人说活动目标就是"拉新"，那么，是要提升新用户的注册量、新用户对产品的首次体验，还是新用户的购买成交？"拉新"的"新"，对你而言究竟是谁？这些"新"究竟在哪里？

如果要提升流量，是网站、App或者门店的访问量（到访量）、注册量，还是活跃用户的数量？

如果要提升销量，是针对首单的销量，还是复购？是某一款产品的销量，还是全品牌呢？

具体是面向哪些客户？是潜在客户，还是有过消费记录的老客户？是消费一次之后就再也没有二次消费的客户，还是多次消费的老客户？是负责购买的消费者，还是负责具体使用的用户？是想要提升潜在用户领域内的知名度、销量，还是要激活老用户的再次购买？

在实操时，我们还需要考虑如何设计整套合作方案，是设定分阶段的合作目标，还是直接奔向业绩转化？例如，是选择与某个社群或者广播电台合作，通过增加曝光次数让更多的粉丝认识你，之后通过策划实现业绩转化？还是选择与 B 合作，借助 B 的渠道和公信力，直接实现新用户的下单？就像有些公众号发一篇软文一夜之间就产生了 30 万的业绩，所以，我们要根据当下目标和资源配置来设计跨界合作的策略。

在本节的最后，我特意总结了"提升业绩不可忽略的三个事实"，希望能有助于你更全面地看待业绩提升这件事。

3. 用户体验

对于一些品牌来说，跨界合作主要是为了提升在用户心目中的形象，或者提供更多的附加价值以提升用户的体验感。例如，西西弗图书经常举办各种主题的沙龙，邀请知名作家亲临现场与粉丝面对面。这便是远远超越了图书销售之外的附加价值，形成了独特的文化。这样的生活一角，成了我们在高压和焦虑的社会中探寻已久的精神食粮。

如果你是希望通过跨界合作提升用户体验感，那么，你需要继续考虑以下事项。

（1）关于体验项目。你希望用户体验到什么？具体通过哪款产品或者服务来实现？用什么样的方式比较合适？

（2）关于体验目的。你希望用户体验到的是产品的核心功能，还是产品所能传达的情感内涵？抑或是通过体验增值服务来提升品牌的价值感，增加品牌的新鲜感和更全面的认识？

（3）关于阶段目标。在品牌发展的不同阶段，面对不同的人群，我们在选择体验项目和设计环节时，如何有所不同？

4. 情感联结

在消费过程中，影响消费者决策的还有一个很重要的因素，那就是消费者的个人喜好，换句话说，同样是一款补水面膜，究竟是选择你家的，还是选择别人家的。在价格、购买便利性、安全性等因素的影响差别不大时，消费者往往会依据自己当时的情感来做选择。

这个情感有可能来源于近期某个真人秀节目中的推荐，有可能来源于消费者喜欢的某明星的代言，有可能是这个品牌近期出现了什么样的事件，有可能是我们近期参与了他们组织的什么活动，也有可能是当时这个导购员让人很喜欢，或者让人很讨厌……

因此，如果我们想通过跨界来强化与消费者的情感联结，就需要考虑更多的内容，这里将涉及我们融入哪些跨界元素，或者选择哪些跨界品牌合作等内容。

例如：

- 希望与用户保持怎样的情感联结？希望通过什么样的形式和内容来实现？
- 要加强用户对我们的何种情感？是更深入和全新的认知、超高价值感，还是信任和喜欢？
- 具体想留下怎样的印象？是一个有爱心的品牌、懂用户的品牌、有追求的品牌，还是一个有格调的品牌、能代表用户心声的品牌、不断提供趣味和新鲜感的品牌？
- 是加强用户之间的社交关系，还是加强我们与用户之间的互动关系？

……

如果你做的是一个糕点品牌，可以在发布新品前，联合那些与你的用户群体相同的品牌，共同征集"新品体验官"，请他们到店品尝并听取他们从用户角度提供的更多实用感受及意见，那么，他们作为参与人员之一，会即刻被你赋予满满的荣誉感和重要感——"被看见"和"被认可"是人们普遍存在的一种心理。

当然，你还可以在店内社交平台上、产品外包装上，将他们的名字、话语、卡通头像等展示出来，那么这个激励作用将会发挥更大的效果。

你还可以让参加过活动的朋友带新朋友来，给他们一个特权，可以设定任何你觉得有趣的东西作为信物，凭这个信物，他们可以免费带领一个新朋友参与下一期的活动。活动主题可以提前排好日程表，与不同的品牌联合，范围可以从亲子到情侣、从厨房生活到小资情调、从健康养生到美食写真……各种主题都可以设定。这样，无形之中，你的超高价值感便呈现了出来。

总结一下：

从这一章中，我们解到了4个因素的跨界需求：知名度、业绩指标、用户体验、情感联结。找到"我为什么要跨界"这个问题的答案以及背后的逻辑，我们就可以更好地制订策略。

延伸分享：

提升业绩不可忽略的三个事实

在研究用户行为时，我们发现有以下三个事实非常值得重视。

（1）"完全忠诚"几乎不存在

我们总是希望最大限度地提升用户忠诚度，可事实是，不同行业中的用户忠诚度差异是很大的，尤其是在竞争较激烈、产品同质化较严重的领域，挑战难度更大。例如，服装、餐饮、学习用品、娱乐场所、家居用品、电器领域等。

我们自己也是一名消费者，想想看，大多数情况下，我们的确不是非谁不选，顶多是有些非常棒的品牌，在我们心目中有一个优先权而已。更何况现在越来越多的新品牌不断地进入我们的视野，加上身边朋友和各大网络平台的"热情"推荐（如小红书、大众点评网、饿了么、抖音等），我们一不小心就会满怀好奇地选择尝新一把。

市场部网杭州分会会长何青峰，是某知名互联网购物平台的运营负责人，我们在聊天时，他提到一个观点：在某些领域，消费者是几乎不存在"完全忠诚度"的，毕竟这个世界发展得太快了，选择越来越多，消费者想要去体验更多的产品，寻找更多有趣的东西，对单一品牌的忠诚度已越来越低。

(2) 新品牌的机会

世界万物都是平衡发展的，既然用户忠诚度下降是有弊的，那么也将在另一方面呈现有利之处。想想看，消费者对现有品牌忠诚度的下降，对于新品牌而言便成了机会。只要运用一定的方法，便可以获得首批用户的关注和使用。之后，再在"留存"和"转化"方面下足功夫，就有可能赢得消费者更高频次的复购和传播。

(3) 习惯会让用户更忠诚

用户忠诚度很难养成，但不代表不可以培养，我们现在购物时，已越来越习惯用支付宝和微信红包；出门打车常用各种打车软件；在一个陌生的地方查找餐厅，习惯用美团或者大众点评等；点外卖，就用饿了么或美团外卖；无聊时就刷抖音等各种小视频。

在不知不觉中，人们习惯了使用这些产品，花在这个产品上的时间也越来越多，慢慢地形成了一定程度的依赖，加上这个过程中不断增加的喜欢和信任，共同带来了品牌忠诚度的提升，此时，想再转换其他产品或者品牌，便会困难得多，如图9-11所示。

图9-11 消费习惯与品牌忠诚度的关系

问题来了：为什么大家会习惯了这些产品？

因为它们更加便利，或者它们较早地进入，解决了我们在某个场景下的痛点，并且不断地升级，解决了我们更多的想的到和想不到的问题。

我发现身边越来越多的朋友在拍照时，打开的不是手机自带的拍照软件，而是轻颜相机、激萌相机等拍照软件。有一次我和朋友合影时被吓了一跳，镜头里的我简直就像个18岁少女，皮肤吹弹可破，眼睛卡通极了，我都怀疑这是不是今天的我。

最近又发现，拍照时最困扰我们的两大难题——拍照技术和姿势都被解决了。App 里不仅有化妆功能、拍照小技巧教程，居然还提供了各种拍照姿势（甚至还分男生版和女生版），人们根据画面里的姿势轮廓和左下角的拍照样张来摆拍，拍出来的照片就时尚多了。

当一个产品不仅解决了你的苦恼，提供了便利，还一直升级，为你提供更多的福利，相信你就会愿意不断去尝试。慢慢地，只要进入这个场景，你便会想到并使用它，不知不觉花在这个产品上面的时间越来越多，逐步就变成了一种习惯。

第10章 对象锁定：四种方法三大要素锁定跨界对象，让用户上瘾

10.1 4种定位方法，助你锁定跨界对象

跨界对象的选择对跨界来说至关重要。在选择跨界对象时，有以下4种基本选择标准。

第一种，客户群体是一致的。例如，双方客户群体在以下一个或多个因素中是一致的，诸如年龄层、性别、职业、性格、爱好、行为特征、认知层次、消费力、标签等。当拥有更多的重合，对跨界对象的定位就更精准，合作起来就更具针对性，例如，同样是想选择一些车主群体合作，需要更细致地考虑车主的驾龄（新手车主、老车主）、车主性别（男车主、女车主）、购车的价位段（20万元、50万元、100万元）、购车类型（越野、家用、商务）等。当这些分析清楚后，该选择谁便非常清晰了。

第二种，渠道是一致的。从横向类型分，渠道有写字楼、社区、商圈、超市、网站、某类型自媒体、网吧、4S店、银行等；从纵向再进行细分，需要关注到社区档次高低、超市大小、网站新老、App类型、社群类型等。

第三种，拥有特殊契合点。双方在品牌调性、用户认知等方面拥有特殊的契合点，如颜色、形状、体态、人格化特征、反差萌、时尚、当前热度、联想度、追求等。

曾经遍布大街小巷的小黄车和小黄人的跨界联合，借助的就是它们的颜色和人格化特征的一致性；时尚职场电影和真人秀节目中常出现的口红、面膜、服装、包包等的植入，则属于是在时尚领域的契合点。

第四种，对象要靠谱（此处敲黑板：你中意的对象一定是要靠谱的）。无论是按照策划方案执行到位，还是在出现突发事件后解决到位，都需要双方以"实现合作中的目标"为前提，只有这样，才有可能实现双赢。否则，一旦一方中途撤退或者遇到危机不顾对方利益，将会对另一方企业、用户造成非常大的伤害。

"如果这种情况发生了怎么办？"

别担心，我们将在后面危机应对章节中详细探讨。

类似的合作，为什么结果不一样？

有一次，一个非常出色的学员分享了他自己的故事。他的头像是个旺仔，所以班里同学喜欢喊他"旺仔小王子"。他的公司是一个关于美妆的平台，同时拥有美甲实体店。他曾经做过两次跨界，让他感触很深。

端午节时，他们和"眷茶"做了一次跨界合作。顾客在购买奶茶的等待期间，可以关注他们的公众号，通过回复关键字获取到一个"暗号"，凭这个"暗号"，就可以为所购买的奶茶免费增加一份料，同时，可以获得他们特别为"眷茶"的粉丝提供的眷茶风格的美甲款式，风格可以任选。

他们借助自己的自媒体矩阵，为眷茶做了线上推广，通过抽奖，粉丝还可以领取到免费的眷茶和一份加料。透过后台数据，他们发现这样的跨界合作虽然简单，却对双方的引流和推广非常有效。于是，他们又选择了一家电影院进行合作。在电影《惊奇队长》首映当天，他们在电影院设置了一个美甲台，并特别设置了与电影相关的美甲款式，观众凭电影票可以免费美甲，而电影院则为他们提供了免费的观影票及周边产品，作为该美妆平台粉丝的福利。

"旺仔小王子"说："这一天下来，效果非常差，简直可以用'惨淡'来形容。第一场活动的效果是这一场的近30倍。"

为什么会这样呢？他们总结了以下3个原因。

（1）双方的群体。做美甲的群体都是爱美的女性，虽然看电影的女性也很多，但是喜欢《惊奇队长》这部电影的女性未必喜欢做美甲。

（2）设定的美甲风格。他们特别为电影设计了美甲风格，然而他们发现，大多数美甲人群喜欢的是常规的那种看起来美美的美甲风格，而他们设计的电影《惊奇队长》风格的美甲相对比较小众。

（3）体验时间。去看电影的人，往往是电影开始前10~20分钟到现场，期间还要完成一系列的取票、购买零食、去洗手间等观影前的准备活动，留给美甲的时间非常少，由于他们担心电影开场前做不完美甲，因而大部分人选择了放弃。而观影后，往往又安排有其他约会项目，因此真正愿意停留下来做美甲的顾客比预期少很多。

所以，相似的方法，相似的客户群体，其合作的效果却有着极大的不同。因此，我们在选择跨界对象时，需要考虑的实际因素有很多，并非对方具备品牌和流量的优势，合作效果就一定好。还有一点，如果粉丝过于关注优势品牌而忽视了我们的品牌，优势品牌的流量就未必能转化为我们的流量。

10.2　掌握3种要素，让用户对你上瘾

"如果符合要求的合作对象还蛮多的，选谁好呢？"

答案是：选择那个让你放心的，同时与之合作后，能够让你的用户对你的品牌增加好感度，甚至能够上瘾的对象。

在《成瘾》一书中，作者提到了一些非常重要的心理学现象。作者提出："不管人们是对品牌上瘾，还是对其他瘾品上瘾，归根到底，都是自我（社会性的）的存在模式造成的。通过对人脑的研究最终揭晓：想象、情感、联结是驱动用户对品牌成瘾的三大关键要素。"

因此，能够在跨界合作中，有助于"激发美好的想象""引发自我情感""促进正向联结"这三种要素的跨界对象和元素，就是首选。

1. 激发美好的想象

（1）想象比事实让人更有感觉

想象一下，我们自己在网上购物时，从浏览产品信息、加入购物车，到提

交订单、最终付款，付款前的任何一个环节中都有可能出现购物的终止，而最终促使我们输入付款密码这个动作的，往往是我们脑中想象的穿着这件衣服，如同照片中的模特般走在某个场景中，成为人群当中的焦点，或者是想象着使用产品时的美好感受。

因此，如果通过跨界增加用户对我们的更多美好的想象，便能极大地促进消费者与我们品牌之间的联结，提升购买率。

（2）我们往往体验的是"想象出来"的美好

如果你要买车，一定要记住自己真正的需求，并留心销售顾问的说辞。因为，一名专业的销售顾问一定会在与你接触的短时间内迅速判断出你是什么类型的买家，然后，用相应的语言说服你。

例如，如果你是一名感觉型的买家，销售顾问就会向你描述着：某个周末，放下工作，你带着你的恋人一起开车到郊外度假，自动折叠升降小桌板上摆放着美味的红酒，你轻轻地按下按钮，天窗缓缓地打开，露出满天的繁星，窗外的微风轻轻地吹拂着，车内的音乐悠然地播放着，后座的小狗愉快地摇着尾巴……这一切简直太美好了！

此时，销售顾问会继续介绍车友会不定期的自驾游活动，或者购车后立即会赠送一份旅行套餐……这时，你的脑海里十有八九已经上演着无数美妙的画面了。

而其实这一切都尚未真正实现，你却已经体会到了美好的感觉。事实上，已经有实验表明，人们仅通过想象某些场景，便可以产生与这些场景实际发生时几乎相同的愉悦感。

所以，思考一下，和谁跨界合作，和哪些元素融合，才能够带给用户"美好的想象"呢？

（3）想象的主角永远是"我"

你有没有发现一个事实，人们总是会对与自己相关的事情更加关注。每当我们开始发挥想象力时，想象中的主角永远是我们自己。

在刚才的画面中，我们想象的是自己在旅行时的美好。旅行前网购沙滩裙时，想象的是在海边漫步时，暖暖的阳光照在我们身上，裙子随风轻轻飘扬的画面。送礼时，我们想象的是朋友收到礼物时的表情和心情，考虑的是它是否显得我们足够大气，朋友是否会喜欢，我的关心是否恰当。

因此，让消费者感受到"与我相关"，才更能创造价值。

2. 引发自我情感

(1) 为什么与东北人一起聊天，你的口音会有东北味？——"镜像系统"

你有没有发现，与东北的朋友在一起聊天，不一会儿自己的口音就被带跑偏了？

1999年，神经学家马可·亚科博尼第一次证明了人类大脑中存在着镜像神经元。他要求被试者观看一段关于手指动作的视频，可以只观看，也可以学着模仿看到的动作，与此同时扫描被试者的大脑。结果发现，无论是只观看，还是模仿动作，被试者大脑中被激活的脑区是一样的。

而这个区域与20世纪90年代中期意大利帕尔玛大学的贾科莫·里佐拉蒂（专门研究灵长类动物的神经学家）在研究"猴子抓花生"的实验中所激活的脑区相同。在猴子抓花生的实验中，猴子A看到了抓花生的猴子B时，在它的大脑中，与猴子B抓住花生的动作激活的大脑神经元相同的神经元也被激活了。也就是说，观看者和被观看者（行动者）大脑的神经元做出了同样的反应。这样的神经元被称为"镜像神经元"。

有时我们看见前面有个人突然抬起头看天，后面的人也会跟着抬起头，这就是镜像系统在行为中产生的作用——行为模仿。

你还记得吗？我们在看到别人哈哈大笑时，总是会忍不住嘴角上扬，甚至会莫名其妙地跟着笑。我们看到别人伤心得哭泣时，会忍不住情绪低落，甚至也会流眼泪。这就是镜像系统的另一个作用——情绪模仿。我们在接收到情绪反应时，会不自觉地模仿对方的情绪。

普林斯顿大学的教授乌里·哈森（Uri Hasson）扫描了两个交谈者的大脑活动。他发现倾听者与说话者的大脑活动互为镜像。这就是为什么我们在交谈中，会不自觉地模仿对方的语调和语气，还会受到对方情绪的感染。对于疼痛，也是如此。我们常常会对他人某个部位的疼痛产生"感同身受"的感觉，这是因为我们与之相同的大脑部位也被激活了。

此刻，你想到这个"镜像系统"可以运用在哪些地方了吗？

你既可以通过跨界合作，实现消费者在行为和情感上的模仿，也可以将这种镜像系统的作用运用到你与他人的交谈中（无论是洽谈合作，抑或是单纯的交友）。

美妆界"口红一哥"李佳琦一次直播试 380 支口红，5.5 小时带货 353 万元；薇娅做客《向往的生活》，帮助当地果农消化库存，上架的产品全部几秒之内被抢光；刘涛等明星直播带货，加量几次依然秒光。这里面就有"镜像系统"的极大功劳。

"可是大家为什么会相信这些人的推荐，而不会轻易相信其他人的推荐呢？"

这就涉及镜像系统产生作用时的另一个条件：并不是所有的行为反应和情绪反应都会产生模仿，"镜像系统"是否发生作用，并不完全取决于行为中的投射，也取决于情感认同。

人们喜欢模仿与自己志同道合、趣味相投的人。还记得吗？很多人在小时候都有过模仿老师的笔迹、手势、扎头发的方法，学老师说话，模仿购买同学的学习用品等。

因此，我们要选择的跨界对象和元素必须是用户喜欢并认同的。

（2）为什么假项链依然让她充满自信？——自我情感

对于一部手机、一杯咖啡、一辆汽车而言，它们仅仅只是一个通信工具、一杯饮品、一个交通工具而已，但为什么我们会觉得拿着苹果手机感觉时尚有面子，谈事约在星巴克感觉有格调，开着某个品牌的车会彰显出我们与众不同的品位呢？

不得不承认，是我们自己对这件物品/事情赋予了情感。

正如在《新概念英语》中我们学习过的一篇小说《项链》里的故事那样，故事的主人公从朋友那里借来一串钻石项链，那一整晚她都沉浸在一种迷人的状态下，吸引来许多倾慕的眼神。后来项链不见了，她又买了一条钻石项链还给了朋友。之后项链丢失，为了还债，主人公一直辛苦劳作数十年，直到后来一个偶然机会再次遇见朋友，她才得知曾经丢失的那串项链是假的。

一串假项链能够让她光彩照人，万众瞩目，一个被认定为正品的高仿名牌包包也能够让你自信欣喜，而这与项链和包包本身的真假无关。经过我们的意识和情感加工过的事实，才会真正影响我们的态度和行为。

人们在看待事物的时候，习惯性地会以自己理解的方式投入情感。当我们投入了情感，便会引发我们的持续投入，无论是投入精力、情感，还是投入行动。

（3）如何让孩子不再害怕去医院？——为行动注入情感

美国作家 Sally 曾讲过自己亲身经历的一段神奇的往事。她的小女儿曾经得了复发性耳部感染，需要做一个小手术，将管子插到她耳朵里。手术前，她的女儿变得非常紧张。快要进手术室了，护士把她的女儿从 Sally 身边推走了。为了减轻孩子的恐惧，儿科护士们聚在她周围，吹着肥皂泡伴她进入手术室，为她创造了"泡泡游行"。为了让孩子有童话般身临其境的体验，护士们还使用了一根魔杖，确切地说，是一根泡泡魔杖。当她的女儿被这个魔法时刻所吸引时，所有担忧和恐惧都从她的小脸蛋上消失了。

Sally 对此既感激，又充满了敬畏。一个小小的举动，就让她的女儿从焦虑转为了期待。这件事的成本低到几乎为零，对顾客和员工却都是极为有利的。

所以，当你为行动注入情感，为顾客创造一次情感体验时，他们会牢记这种感觉。例如，丽思卡尔顿酒店的工作人员为遗失在酒店的长颈鹿玩偶乔西拍摄假装在度假的照片，来配合孩子父母善意的谎言；有些医院将孩子做 CT 的房间布置成森林的风格，以便让孩子放松并配合检查。这些无不是为行动注入了情感，将原本普通的服务转变为充满活力的温暖回忆。

正如 Maya Angelou 所说："我认识到，人们会忘记你说过什么，人们会忘记你做过什么，但人们不会忘记你带给他们的感觉。"

3. 促进正向联结

（1）联结的力量

有一天午后，我在房间写书稿，母亲在卧室休息，5 岁的小侄子跑过来找我一起玩。我说："姑姑现在在写作业，你愿意自己先玩一会儿吗？或者你愿意的话，我们一起看书，你坐在我旁边，好吗？"

小侄子想了想，低声说："我现在不想看书，我想玩……"然后就转身走了。

我听到他去了母亲的房间，母亲想邀请他一起午睡，他也拒绝了。然后，脚步声到了客厅，我听到他一个人委屈地喃喃自语："你们都不跟我玩，你们都不理我……"听着听着，便像是要哭了，那种委屈和哽咽惹人心疼。

我意识到，这是联结的中断，让他感受到了孤单。我赶紧跑过去跟他聊天，问他想玩什么，同时告诉他，我必须要写作业了，而奶奶太累了，我们得心疼奶奶让她休息一会儿，有没有什么好办法呢？

他想了想说，让我先陪他玩一小会儿，然后他自己玩 iPad，等奶奶醒了，再跟奶奶一起下楼玩儿。嗯，听起来是个不错的主意。情感联结再次重启，小侄子不再委屈了，在对奶奶的体谅中，安静、开心地玩了一个下午。

联结的中断会让人产生特别不好的感觉。因此，我们总是想要和这个社会，或者和某个群体、某种标签产生一定的联结，这样，我们就会有融入感。

似乎，戴上暴龙眼镜，我们就是时尚达人；喷了 Dior 香水，我们就成了魅力女性；穿上高跟鞋，就有了自信；都听樊登读书会，我们好像瞬间亲近了……联结就是具备这样的魔力，让我们拥有了某种特殊的感觉，诸如认同感、归属感、安全感、尊重感、希望感……

研究表明，仅仅只是想象着一些美好的画面，我们就能产生一定的联结，拥有愉悦感。而一旦失去联结，我们就会觉得被孤立，甚至觉得与社会格格不入，担心被抛弃，所以我们总会想要（有意识或无意识的）建立联结。

（2）失连的力量

想想看，一起玩传球或者聊天的时候，如果突然间大家都不把球传给你，或者聊天时一直都不跟你说话，你心里会不会感觉不舒服？

这种被抛弃、排斥、否定的感觉就是失连的感觉。它到底是怎么一回事呢？

神经学专家在实验中发现，当人们划破手、扭伤脚，或者磕着、碰着时，大脑中有一个区域会被激活，这个区域叫作"大脑背侧前扣带回"。当人们感受到被抛弃、排斥、否定以及社会性痛苦时，大脑被激活的区域与经历前面那些生理疼痛时所激活的区域一样。

因此，失连引起的那些不好的感受是真实存在的。消除这种不良感受的过程，就是品牌的机会和价值。想想看，我们为什么会听到这样的话："别人家的孩子都学了，我的孩子不学行吗？""他现在越来越不上进，感觉越来越没共同话题。""昨天聚餐怎么没喊我？"这些话语背后就是"失连"的感觉。

（3）创造联结

无论是洞悉到渴望后，帮助用户创造联结，洞悉到恐惧后，帮助其逃离和建立区别，还是主动制造失连，引发用户主动联结，创造联结的过程，就是很好地运用跨界思维的过程。

如果用户购买动机偏向于"求名动机"，那么我们可以和知名品牌进行跨界合作，主动提升自己品牌在消费者心目中的价值地位。对于新品牌而言，在市场导入期可以利用自身资源，与已经建立起市场地位的相关品牌进行合作，提升用户对新品牌的认知。

如果用户购买动机偏向于"求廉动机"，那么我们可以通过跨界合作，向用户提供专属权、专享价或者超值的附加服务。例如，客户到某家店内消费，可以享受八折，或者可以免费获得其他品牌提供的体验券、免单名额等。

如果用户购买动机偏向于"便利动机"，那么我们可以通过跨界合作，拓展消费渠道、服务渠道等，更可以增加消费形式、体验方式等，为消费者购物提供更多的便利性。例如，服装品牌可以和洗衣品牌合作，为消费者提供洗衣服务；还有我们常见的实体店内的 A+X 服务模式，如便利店内可以充值、交水电费、提供简餐、手机充电、电动车充电等。

关于消费者其他的购买动机，在此我就不一一列举了，底层逻辑都是一样的。

现在，我们讨论另一种联结形式：暗连。

电影《变形金刚》热播后，基于对大黄蜂的喜爱，雪佛兰的这款车型一度十分畅销；恋人送的手机，拿在手里总是特别的温暖；公司为了表彰我们的突出贡献公开奖励给我们的手机，握在手里总是有一种荣耀感……这是为什么呢？

人们总是习惯以第一视角来看待发生的事物，并不自觉地注入情感，形成与这个对象的某种联结。这种联结会导致我们只要看到它，或者想起它，就会引起大脑和心理、生理上的反应。想想看，我们在回忆、畅想未来时，这些过去和未来并不在我们眼前，但是我们依然会深深地感受到情绪的真实存在，甚至手舞足蹈、大笑或者哭泣。

德国著名的家族系统排列创始人伯特·海灵格（Bert Hellinger），在他的书中提到过自己的一个经历。他的邻居因为失去了丈夫而终日郁郁寡欢，他对这位邻居说了一句话："如果你有需要，可以随时来找我。"后来这位邻居来找他，泪流不止。他说："现在请你闭上眼睛，回想你和你的丈夫相识最初的画面。"海灵格看到他邻居的嘴角逐渐上扬，最后告诉她说："好了，你可以回家了。"这份治愈力量的背后就是在创造联结。

再想一想，我们想到Dior的真我淡香水，就会想到优雅和迷人；我们想到Adidas，就会想到活力、运动、健康、阳光；我们看见电视剧中主角穿的衣服、留的发型、用的杯子、盖的毛毯，就忍不住去搜同款……仅仅是一个品牌、一个画面而已，却能让我们产生感觉，而这些感觉又激发了我们大脑的反应，影响了我们的认知和决定。如果我们能让用户脑中建立这个美好的联结，就有可能让用户对我们念念不忘。

心理学家威廉·詹姆斯认为："在人们的内心深处不断地发出一种声音，有一种状态让自己变得活力四射，变得完美。这才是真正的我。我一定要把这种状态找出来，并且尽量保持下去。"

"既然是感觉，就有美好的，有不好的。那些不好的感觉，究竟有没有用？"

非常有用。不好的感觉，会让人们体会到自己不是以理想的方式存在着，这种"警醒"会提示人们是时候决定是否要做出改变。尤其是对于还没有意识到自己的某些需求的人们来说，这种失连的提示就是一种"唤醒"。人们在体验到差距之后，才会主动去缩小差距，而你的品牌便可以帮助他们追求理想的状态。

人们总是害怕自己是卑微的、渺小的、不被认可的、不被人喜欢的，因此，总是想要去掩盖或者逃离这些，成为自己喜欢的那个样子。所以，如何让人们认为自己很好，是阳光的、自信的、被认可的、被尊重的、深受大家喜欢的，如何帮助用户制造区别，让他们感受到自己并非是自己讨厌的那个样子，这将是找到被用户深深喜欢并偏爱的方法。

总结一下：

这一章我们重点探讨了锁定跨界对象的4种定位方法，以及如何透过"激发美好的想象""引发自我情感""促进正向联结"这3种让用户对我们上瘾的要素，从众多跨界对象和元素中做出最正确的选择。同时，我们还探讨了心理学概念：镜像系统、联结和失连。

第11章 成功砝码：四种操作方法，增强跨界成功的砝码

第4章中，在描述跨界认知塔的第一层"置换层"时，我曾提到过一个与丽芙家居的合作。平时，总是会有人问我："你是怎么认识丽芙家居市场负责人的呢？"

事实上是，这个合作已完成，我们却至今未曾见过面。

"那怎么认识的呢？"

悄悄地告诉你，我动用了一个秘密工具。

前面有说到，我在智联时，起初大家是缺少跨界合作渠道的。我一直很纳闷，我在想，守着这么大一个资源库，想找个人应该不难吧？智联招聘是做什么的？帮求职者找工作，帮企业招募合适的人才。所以，想找个人，总归是能找到的吧？只要他曾经在网站上留下过自己的简历，就能循着线索找到他。

但为了保护求职者的隐私，一般人，包括内部员工都是看不到求职者简历的。除了一个部门——RPO，也就是我们常说的猎头这个角色。他们需要帮助企业客户搜寻适合的优质人才，因此，他们每个月会有一定量的简历下载权限，而联系方式，只有在下载后才能看到。

于是，我找到这个部门的负责人，找她申请了一个名额，请她帮忙找寻在丽芙家居工作过的与市场、品牌岗位相关的人员。

果不其然，最终让我们给找到了，可那个人已经离职了。幸运的是，通过电话交流，他帮我引荐了当时在职的市场负责人李骏，他是个非常和善而又积极、

负责的人，合作中间一直在协调和争取。很幸运，他也是个愿意尝新的人。

11.1　4种方法，助你成功找到跨界人脉和资源

"我们没有这样的便利条件，该怎么找？"

别急，我总结了以下4种方法帮你解决燃眉之急（提示：临时抱佛脚毕竟不是长久之计，日常积累跨界人脉和资源才是明智之举。本书第五部分为你准备了6种日常积累跨界资源的方法）。

1. 根据定位主动搜索

只要定位好跨界对象，就可以通过一些方法直接获取到对方的联络方式。例如，微博、微信、公司官网、百度、头条号等。这些方法，我全都用过，非常有效。

现在的社交平台实在太强大了，除了微博可以直接搜索和私信交流意向外（就是通过这个很多人都忽视的方式，我结识了很多知名的作家并和他们成了好友），有时我们要找的人就在我们的某个微信群内，他们的群名片备注的就是我们需要的信息；除此以外，在某个群的聊天记录中，也有可能出现相关的关键字。

如果搜不到，我们可以通过公司官网去查找到商务合作的联络方式、招聘联系方式等。曾经在可口可乐公司工作时，我通过某美妆品牌网站的联系方式，最终联络到了具体的负责人并到公司拜访。

在互联网兴起之前，我管理名片的方式是名片夹，现在随手加个微信，手机号一备注即可。在此，我要分享一个我认为非常有用的细节和秘密。

随着认识的人越来越多，我有时会忘记某个人是做什么工作的，如何相识的，有什么愿望，有什么重要信息。后来，我找到了一种方法。

那就是在他的名字旁边备注上关键词，如果比较长，就在备注栏备注上详细内容。例如，他的工作，我们如何相识，我喜欢的他的某个特质，他能够与我在日后产生怎样的联结，他是谁推荐给我的等。有的朋友，我会在微信的标签中进行分组，我有一个标签"品牌相关"，在这个群组里面，都是可以进行跨

界合作的朋友。

为什么要备注这个人是谁推荐给你的呢？这就涉及下一个方法中的第 4 个提示了。

2. 善于发动第二人脉

在工作中，我经常听到一些人抱怨："哎呀，我不认识这样的人啊！"

"上哪儿找他们啊？"

……

要知道，每个人来到这个世上，除了父母外，我们谁也不认识。但就是在成长的过程中，我们不断地会遇见各个领域的人。所以，一定有方法。

善于发动第二人脉，就是非常有效的方法之一。

举个例子。你需要找一个做沙龙的场地。你完全可以花 30 秒时间在朋友圈发一条信息，写明所有的需求（而不是只写一句你需要场地），请朋友们支持你，并附上一句话："如果你认识有这样资源的朋友，还请大家多多帮忙引荐。"这样，你便借助你的第一人脉向你的第二人脉招手。

我的朋友圈有一个版块叫作"董帮帮"，帮助朋友发布一些靠谱的需求。对他们而言，我就是他们的第一人脉，而我朋友圈的朋友便是他们的第二人脉。你知道吗？这个世界上，热心的人真的很多，我发布的信息下面经常会收到这样的回复：

"我朋友是做这个的，我帮你引荐。"

"我朋友认识。"

这样，对朋友而言，就已经是发动了第三层、第四层的人脉了。许多的联结就是这样实现的，如图 11-1 所示。

然而，并非所有的求助都能如此顺利，请留意以下情形。

（1）如果你的朋友不愿意为你引荐

与之相反，扎心的是，当想要 A 帮忙引荐一个他相识的朋友 B 时，我们与 B 的缘分在 A 这里可能就中断了。经过观察，我发现大多会存在以下几种可能。

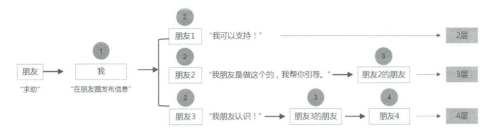

图 11-1 善于发动你的第二人脉

情境 1：

A 为了保证自己为 B 推荐的朋友的质量，维护自己在 B 心中的品质，在还没有了解清楚你的项目时（很可能他仅仅只是没有那么多的精力去了解），就把你的项目否决了，他认为你的项目即便告诉了 B，B 也不会支持，因此直接拒绝了你。

我曾经遇到一种情况，在 A 拒绝之后，通过 C 我们联络到了 B，并与 B 一拍即合，这种情况往往是由于 A 和 B 的认知差异造成的。例如，你想通过 A 结识他的领导 B，A 不敢推荐，怕领导怪罪。

见招拆招，你能做的是：

- 简洁明了地表明意图、谦虚真诚地表达渴望，让 A 认可你的项目，感受到你的真心诚意，从而愿意主动帮助你。
- 增加备选方案，如果 A 路不通，你还有 C、D、E……
- 平时注意积累你的人脉圈子，关键时刻才能借助到第二人脉。

情境 2：

A 在内心深处对你并不认可，有可能 A 了解到你曾经做过的某件事违背了社会公认的价值观，于是 A 不愿意帮你推荐 B。在社交圈内，的确有这种现象，因此遭到大家的排斥。因此，维持自己在社交圈内的良好口碑很重要。

见招拆招，你能做的是：

- 在日常合作中，保持良好的口碑和形象。大家都喜欢真诚，为对方着想，认真、负责、有担当的合作伙伴，总结为两个字，就是"靠谱"。

- 平时多施予援手，多帮助别人，关键的时候，大家也更愿意支持你。想想看，平日里别人找你时，你总说太忙顾不上，等你需要帮助时，别人也就"没空"了。

情境3：

这种可能虽然不多（我也希望未来这样的心理会越来越少），但它是存在的。人有求胜和自私的心理，生怕别人比自己强大，因此，有时A内心的不自信和恐惧会导致他不愿意帮你引荐，尤其是他的重要人脉，以免失去他自己的优势。

见招拆招，你能做的是：

- 充分地表达这件事的重要程度和你对A的感激，给他安全感。必要时，要让A了解他在这件事中的重要性，以及他的付出有可能带来怎样的收获和回报。
- 在与B互动后，向A表达感激，并简单地说明在他的帮助下你和B的进展。
- 如果行不通，保持尊重。放弃这条路，也是一种选择。

情境4：

A太忙，答应得很好，但是挂断电话后，扭头就忘了。这样的情况大量存在。

见招拆招，你能做的是：

（1）打完电话隔一段时间后，跟进A，提醒一下，有时A真不是故意的。跟进时要注意频率，如果A真的在忙，过多的打扰反而会对A造成负担。

（2）告诉A这件事情的紧急程度，你希望他能够在什么时间段帮助到你，让A的节奏和你保持一致。

当然，反过来看，如果我们自己是A，挂完电话就及时处理，就不容易忘记了。[①]

鉴于以上对比，那些大方、热情地帮你引荐B，甚至更愿意为了你提前给

[①] 这也是好运法则之一。在日本作家本田健的《让好运每天都发生》中，记录了49种好运法则。本书中分享的许多诸如人际相处、危机处理、给的能力、跨界思维等观点，都与之不谋而合，因此，我相信掌握本书的方法，是能够为大家带来意想不到的好运故事的，而我本人和跨界品牌对接会的诸多与会者均已多次亲身经历过许多无法解释的不可思议的好运。

B 打个电话，请他多多支持你的那些 A，你要更加珍惜和感激。

（2）为何对方不愿意帮你

新的问题来了：如果你和 A 也不认识，就像你在某个微信大群内呼吁请求帮助，A 说他有朋友有相关的资源。这个时候，如何让 A 愿意帮你引荐真正的负责人呢？

你要做的第一件事是让 A 信任你、喜欢你，对你这件事情感兴趣。否则，别人为什么要浪费时间帮助你呢？

举个真实的例子。我做市场部网的社群已经 4 年多了，经常收到添加好友的申请。我们来看一下，当遇到下面 3 种情况时，你会作何反应？

情境 1：

申请好友的备注中是这样写的："您好，我是 ×× 公司的市场总监 ×××，A 向我推荐的您，希望能……"（企业、职位、姓名、诉求的完整备注）。通过好友后，我收到了非常礼貌和亲切的问候，然后新朋友发来了自己更详细的介绍，并清晰地表明了来意。有时，他还会主动列举出他愿意为大家贡献的资源及帮助有哪些。

情境 2：

通过好友申请之后，我收到的第一句话是："拉我入群。"

我回复："您好，很高兴认识您，请问您怎么称呼？"

"大立。"

"可以知道您的全名吗？您具体负责哪块儿呢？"

"做品牌，喊我大立就好。"

情境 3：

好友申请中没有任何备注，也看不到任何其他的关联信息。

面对上面这 3 种情况，如果是你，你会如何回应呢？我相信大多数朋友都会喜欢第一种。这就是换位思考和"给的心态"，站在对方的角度思考问题，一出手便会得到很好的第一印象。我所管理的分会，入会条件是非常严格的，必须参与线下活动并确认志同道合后，才可实名制入总群加入分会，为的就是确保彼此之间有一个值得信赖的、友善的合作氛围。

（3）深夜，女鬼申请添加微信

给大家分享一个我亲身经历的小故事。

有一天深夜凌晨，我收到一个添加好友申请，当时吓了我一跳！毫不夸张地说，是心里咯噔了一下。

这个新朋友的微信名字叫作"山禾女鬼"。

没有任何备注信息。

想了一下，有可能是小A向我介绍的一位新朋友，我就通过了。通过之后，我礼貌地发了几条信息，对方一直没有回应。我想也许是休息了，就想先去看看他的朋友圈以增加了解，结果，朋友圈里什么也没有。

朋友们，想想看，大半夜一个人在房间，收到一个网名为"山禾女鬼"的申请，朋友圈背景图毫无信息，头像非人像照片，根本就搞不清楚对方是谁，这吓人不吓人？

需要他人的支持，首要具备的两点就是对对方的尊重以及换位思考的能力。例如，如果非要用"山禾女鬼"这个昵称，是否可以在得知对方是位女士的情况下，换个时间发起好友申请？再退一步，深夜添加时，是否可以在申请栏中备注上自己的真实信息，再或者打个招呼也行。

（4）吃水不忘挖井人，更不要忘了"递给你铁锹"的人

随着年龄的增长，真的是感觉记忆力越来越不好。有时经由一个朋友A的推荐，我们和新的朋友B共同合作了某件事，隔了一段时间，项目终于完成，想要去感谢A时，突然想不起来"是谁帮我引荐了B。"

后来，我就养成了一个习惯：当我的一个新朋友是A推荐时，我会在B的名字后面加上一个括号，备注上是A引荐的；反之，如果是某个朋友推荐他加我的，我也会备注上是谁的朋友。

这样会有以下两个好处：

- 朋友推荐他来找我，一定是信任我能够帮助到他的这位朋友。那么我必然要尽力支持，这也是对朋友对我的信赖的回馈。
- 方便对朋友做一个回复，及时汇报事情的进展，让朋友放心。

在工作和生活中，我们时常会记得最终和我们一起成功的那个人，却往往会忽视那位帮我们牵线的人，若没有那个"红娘"，我们也许无法结识这位新的合作伙伴，更无法拥有后来的成功。

3. 善于借助圈层能量

现在各种标签的社群组织非常多，遇到燃眉之急时可以请求社群群主帮忙，他们的人脉资源和号召力是非常强大的。

如果你已经加入其中，你就可以轻松地与大家进行联结，寻求支持。例如，如果想联络各大企业的市场、品牌相关负责人，可以加入全国各地的市场部网分会中，基本上你的需求在很短时间内就会得到热心的答复。

4. 成为磁铁并主动吸引

有一句话非常美好："我们总是幻想着能回到过去，但为什么不想象着现在的我们就是从未来穿越回来的呢？"换个角度，就是另一个世界。这和跨界思维中的"逆向思维"如出一辙。

我们前面一直在探讨该如何去锁定并找到跨界对象。换个角度，为什么我们不能让这些优质的资源主动来找我们呢？

没错，我们要想清楚的事情只是：

- 这些资源为什么要主动找我们？
- 如何才能够让对方找得到我们？

我很喜欢的一个女神级别的作家王潇，她曾讲过这样一句话："什么是真正的人脉？真正的人脉是，当有好的机会出现时，他能想起你，给你打电话。"

我在西安、合肥、武汉等几个城市做分享时，每次提到这句话，无一例外，观众都会先愣住一秒，然后意味深长地点点头，举起手机抓拍大屏幕。

当我们具备一定的资源和影响力，或者极好的口碑时，就会吸引来很多意想不到的资源。正如我帮大家对接的那些合作，那些"被找的人"就是吸引来了"找他的人"。

在微信群内主动设置群名片，在活动中清晰地介绍自己，给他人留下良好的第一印象，在媒体中留下联系方式，请朋友踊跃推荐……都是非常简单又高效实用的方法。建议你去检查一下你是否设置了"无法通过群添加好友",改过来,让机会可以找到你,至于要不要通过好友,由你自己来决定。

11.2　两种价值观助你成功说服

问一个问题:"别人找你谈合作时,什么情况下你最容易拒绝对方？什么情况下你会非常快速地接受合作,或者不求回报地支持对方？"

有一年春节,我们举办了一场以"联结·增长"为主题的跨界年会。现场的茶歇是由本地一家糕点品牌支持的,摆台非常的漂亮,口感获得了现场人员的一致称赞。而我和他们公司的创始人,直到活动当天才在现场第一次见面。

我问她:"为什么你没有见过我,却愿意赞助这场活动,你不怕我骗你吗？"

她说:"的确,之前赞助过一些活动,对方承诺的客群层次与实际到场的有很大的偏差,我们不太想走这样的形式了。但是在与你沟通的过程中,我所感受到的与之前完全不同,我非常想要支持这场活动,而且,以后只要你需要支持,我都愿意全力以赴。"

我听完之后非常感动,具体问了一些原因的细节,大概总结为以下几点。

其一,我们在电话沟通时,我首先问了一些她对这个品牌的愿景,以及当前发展的现状。接着,我解释了一下我这么问的意图:如果我们这场活动无法帮助她实现她真实的需求,那么我希望她暂时先不要赞助,毕竟糕点是实实在在的成本,我可以为她推荐更适合她的拓展渠道。如果这次合作可以为她带来实在的支持,那我很期待也很感激他们的支持。

其二,了解完她的品牌现状之后,我发现,她的顾客复购率很高,忠诚度不错,但是新客户增加有限。对于糕点而言,除了外观外,更重要的是口感,因此,她们需要更多的潜在新顾客品尝和认可。

其三,然后我力所能及地提供了我们的线上、线下、现场的宣传支持,并在活动结束后在社群里再次感谢了她们的赞助,并再次推荐了她们的品牌,群内成员可以直接添加她们工作人员的微信,这样,她们实实在在地收获了一众喜欢甜点的精准粉丝。

至此,我的心里终于踏实了。对赞助伙伴来说,花费的是成本,而对我来说,他们赞助的除了成本之外，还有信任和感情。其实，在我亲自谈成的一些合作中，大部分都是通过电话的形式促成的，见面只是敲定细节或者执行一些必要的流程。我很感激那些信任我的老朋友、新朋友，我真心希望他们给我的所有支持都能让他们在日后收获成倍的回报。

有关说服的技巧有很多，关于谈判、沟通技巧的书也有很多，但在跨界中，真正发挥功效的未必是这些，而是"真诚"和"给的能力"。我想为大家分享两个经过无数次验证，能够助你成功说服对方的价值观，那就是——利他精神和情感联结。

1. 利他精神

那位糕点品牌的创始人说："别人找我们要赞助，谈到活动和客群的时候，大多是怎么好怎么说，有的说是高端人士的活动，结果现场一看完全傻眼，但你不一样，你会实实在在地帮我分析，告诉我们实际的情况；别人总是尽可能多地要求糕点数量，但你不一样，你会尽量帮我们节省成本，不无端浪费；和别人合作时，活动一结束，就没有然后了，但你不一样，你还会推荐新的客户和机会。"

这里面3个"但你不一样"包含了我之所以能够获得他们信任的原因——为他人着想，也称为"利他精神"。

接下来，新的问题来了：怎样才是真正的"利他"呢？

你可以这么做：

- 了解对方的真实需求。
- 坦诚地告知你能够提供的资源和支持。
- 表达长期合作的意愿和方向。

在自序中，我提到的那位连锁洗衣店的市场总监，第一次与合作方见面就突破了对方的底线实现了合作。这背后最大的原因，就是朋友的极致利他精神，使得对方对朋友本人充满了认可和信任。没错，是因为这个人，而不是因为公司。

我常讲一句话："当我们没有了公司的头衔，没有了公司的资源，我们是谁？大到这个世界，小到我们的社交圈，还有谁会依然支持我们？"

有的朋友无论是跳槽到哪家公司，还是重新创业，都有许多朋友愿意继续支持他；而有的朋友，离开了岗位，就也从合作伙伴的心中离开了。这其中的区别不言而喻。

2. 情感联结

在前面的例子中我们可以体会到，在利他精神之后，双方还产生了一种信赖、认可、欣赏。这种情感联结更好地促进了合作，并有助于成为"真正的人脉"。

（1）温暖比牛奶更重要，联结比利益更重要

哈利·哈洛（Harry F. Harlow）是英国比较心理学家，他曾经对猴子做了一系列的系统研究，其中非常著名的是"恒河猴依恋实验"。在实验中，哈洛把刚出生的小猴子与猴妈妈及同类隔离开，结果他发现小猴子对盖在笼子地板上的绒布毛巾产生了极大的依恋。它躺在上面，用自己的小爪子紧紧地抓着绒布，如果把绒布拿走的话，它就会发脾气。

于是，哈洛又做了一个实验进行对比，当他把奶瓶从小猴子的嘴边拿走时，小猴子只是吧唧吧唧嘴唇，或者用爪子擦去它下巴上滴落的奶水。但当哈洛把毛巾拿走时，小猴子就开始尖叫，在笼子里滚来滚去。

这个对比的结果非常明显。

与之类似的还有一个著名的实验。哈洛和他的同事把一只刚出生的小猴子放进一个隔离的笼子中养育，并用两个假猴子替代它的妈妈。这两个假妈妈分别是用铁丝和绒布做的，"铁丝妈妈"的胸前有一个可以提供奶水的橡皮奶头，而"毛绒妈妈"则没有喂奶功能，如图11-2所示。按哈洛的说法就是："一个是可以24小时提供奶水的母亲，一个是柔软、温暖的母亲。"

你能猜到这个小猴子是更喜欢能吃奶的"铁丝妈妈"，还是更喜欢温暖的"毛绒妈妈"吗？

实验证明，刚开始小猴子大多围着"铁丝妈妈"，但没过几天，情况就变了。小猴子只在饥饿时才到"铁丝妈妈"那里喝几口奶水，其他更多的时间都是与"毛绒妈妈"待在一起。而当小猴子在遭到实验人员安排的不熟悉的物体（如一只木制的大蜘蛛）的威胁时，它会跑到"绒布妈妈"身边并紧紧抱住它，似乎"绒布妈妈"会给小猴子更多的安全感。

恒河猴与人类的基因有着94%的相似性。哈洛的实验对于人类的心理和行

为研究有着相当强的参考性。对于实验中的小猴子来讲,小猴子对温暖的感觉(与妈妈的情感联结)产生的依赖感,远远胜过吃饱的感觉(食物)所带来的依赖感。用一句话来概括就是:温暖比牛奶更重要,联结比利益更重要。

图 11-2　恒河猴实验

还记得在本书第 4 章跨界认知塔中的第一层"置换层"部分的最后,我们留了一个问题给你吗?那就是:当有一些资源别人可给你也可不给你时,为什么要给你?

在跨界合作过程中,情感的联结所发挥的作用有时远远胜过利益的驱动。在我们的人生旅途中,一定有过不图回报地帮助别人的经历。还记得在那个时候,我们心里的感受是什么吗?这种感受就是我们与对方之间的一种无形的情感联结。而当有这么一个人无私地帮助了我们,我们在心里对这个人的感觉一定与之前有所不同,当他有需要支持的地方时,我们也会不由自主地想要帮助他,或者我们认为自己有责任去帮助他。

(2)如何在跨界合作中快速建立情感联结

在实际的跨界合作中,我见到过太多基于第一印象很好,继而迅速走入深度交往的朋友,也见到过初期印象很好,但合作过程中关系破裂的情况(事实上,我听到的原话是："他怎么能这样！以后再也不会跟他合作了！"），更惋惜的是那种初见就令人不想继续接触的情况。

那么，究竟如何做才能迅速建立一个良好的情感联结呢？为了提供更多真实的参考，我采访了许多在跨界合作中非常有实战经验的品牌负责人，将答案归纳如下。

首先，初相识的前几分钟，个人吸引力起着关键作用。调研结果显示，大家更容易对具备这样特质的朋友产生好感——随和亲切、让人舒服。

其次，随着交谈的深入，我们会感受到对方更多的特质。调研中发现，大家对具备这样特质的朋友会持续提升好感——真诚、恰到好处的热心、拥有共同的兴趣、价值观相同等。

最后，真实感和善意是破冰的良方。当面对新朋友或气场过强的朋友手足无措时，可以试着真实地表达自己当下的感受，或者对周边事物的所思所想。

以下是来自不同行业、不同性格的朋友的部分回答。

问题1：你更喜欢什么样的朋友？

- 靠谱，不说大话。
- 做事成熟稳重、实在。
- 不虚荣做作、不好高骛远。
- 温和、友善、健谈。
- 随和亲切、让人舒服、恰到好处的热心、夸奖、真诚、相同的爱好。
- 价值观一样的同时，还要有共同的目标和思维方式。

问题2：你认为怎样能快速建立情感联结？

- 如果是场合上、商务上，那就少言多听，照顾别人的感受，顺便投其所好。
- 即使没说话，也会看对方笑笑，让对方感觉到我的友好，接下来的沟通会顺畅很多。
- 我一般见新朋友，开口说话很真诚，然后就是夸赞他/她。
- 找到那个新朋友的志趣所在，然后用真诚的行为与其交往，或者从一些微小的举动入手，对他/她进行关照。
- 良好的个人魅力，是吸引更多人接近你的最重要的因素。个人魅力的素养需要时间、知识、阅历、沟通、社交等多方面结合养成。

- 我觉得建立情感联结有几个方面：一是聊一些彼此感同身受的经历或者家庭、学习背景之类的；二是联结共同认识的朋友，这样也会拉近距离；三是关心对方近期遇到的问题和困惑，并结合自己的经验给予一定的建议和帮助。

总结一下：

这一章中，我们分享了4种快速找到跨界对象的救急方法，分别是根据定位主动搜索、善于发动第二人脉、善于借助圈层能量、成为磁铁并主动吸引。此外，还分享了成功说服对方的两种核心价值观——利他精神和情感联结。这些方法和价值观都是我及我的朋友们在跨界实践中反复印证过的特别有效的方法，希望也能为你带来意想不到的收获。

| 第 12 章 | 策划执行：运用生理学和心理学，打造高体验感的一系列实操秘密

12.1 如何通过跨界提升利润

如果跨界是为了提升业绩，那么我们需要首先来分析业绩的影响因素，以及用户与这些因素之间的关联。我们以大家通常最为关心的利润为例。

在"利润 = 用户量 × 客单价 – 成本"这个公式中，要增加利润，需要降低成本，提高客流量、客单价。

大家一看就明白了，成本不仅可以通过赞助和置换的方式来实现节约，也可以通过深度融合的跨界合作，来降低开店成本，例如亚朵酒店和网易云音乐的合作，还可以通过渠道的跨界来提升销量，进而提升对上游的议价权，达到降低成本的作用。

那么，客单价又该如何提升呢？

有两种途径：一是通过员工的连带销售进行推广，这对员工的销售和服务能力有一定的要求；二是通过增加品类和数量实现连带销售。

我们以 7-Eleven 为例。它不是只销售商品的便利店，而是定位为"城市基础设施"的店，是一家生活服务连锁店，提供鲜食、ATM 机、打印、票务、费用代缴等服务。如果我们把这个对应到跨界类型中，是不是就是"体验跨界"

了呢？或者你还可以将相同价格区间的产品、相同消费场景的产品放在一起，引发购买联想和冲动消费。例如，原来想买一盒泡面，看到买两盒送火腿肠，于是就买了两盒泡面；或者是本来想买一盒泡面，看见旁边摆着火腿肠、榨菜、鱼干、鸡腿等，于是顺手又买了一根火腿肠、一瓶饮料、几包小零食。

这个我们可以称之为"零售+X"模型，即通过提供更多的附加价值来提升客单价。

在零售+X模型中，我们会实现以下两个价值。

1. 满意度的提升

满意度的公式是：满意度＝感知价值－用户期望。用户原本是去买日用品的，结果发现这里还可以做更多的超级方便的事情，那么，超出原有期待的价值，就会促使用户对我们更加满意。在前文中提到过的那个"玩偶乔西"的故事，所提供的"出乎意料的惊喜"会让顾客更加满意，而顾客惊喜的背后，其实就是附加价值。

2. 交叉销售提升业绩

交叉销售是很好的提升客单价的方式，也就是通过满足顾客的多种需求，实现销售多种相关产品。就像你去品牌服装店购买上衣时，导购员通常会向你推荐一下下装。

交叉销售的类型有：互补性产品、同品牌产品、配件产品、价格相似的产品。

（1）互补性产品。牙膏和牙刷、刮胡刀架和刀片、眼镜框和眼镜片、早餐中的包子和粥、笔和本子、乒乓球和球拍……有时我们买了方便面、饼干，通常会选择再拿一瓶水或者饮料。

（2）同品牌产品。基于对某个品牌的信赖和喜好，会选择多款该品牌旗下的产品。例如，选购化妆品、家电、电子产品、服装的时候。

（3）配件产品。买手机时，我们通常会选择购买一个手机壳、贴一款手机膜、购买一副耳机和充电宝等。

（4）价格相似的产品。有一次和母亲逛商超，一进门发现主流通道中摆满了推广产品，同一个区域的商品售价全部一样，价格从 0.8 元，1.2 元，9.9 元，直到 29 元，我和母亲都不由自主地购买了同价位区域的多款商品。这就是当价格相似的产品放在一起时，往往会形成连带销售，进而增加客单价。

因此，"目标主营商品 + 交叉销售商品"的营销策略是一种非常有效的提升客单价的方法。我们可以根据主营产品的类型选择不同的附加价值，且这个附加品可以是付费的，也可以是免费的。只要我们提供的产品能够真实有效地满足用户的更多需求，用户就会对我们的产品更加的依赖。

12.2　有一个事实很恐怖，你的产品在别人那里正趋于免费

虽然跨界可以帮助我们降低成本，提升客单价或者客户数量、客流量等，然而新的问题出现了：你可以做到，其他人也可以做到。

美国作家凯文·凯利（Kevin Kelly）在《必然》一书中提到，在经济学中有一条定理——一旦某样事物变得无处不在，那么它的经济地位就会突然反转。它确实还是拥有价值的，但是不再值钱了。作者说："互联网是世界最大的复印机。"我们必须找到一个方法，让我们的产品不被免费化，或者找到一个即便是在别人那里免费，但是用户依然愿意付费给我们的理由。

如何找到这些无法复制的、罕见而有价值的理由呢？我们需要问自己两个问题：

- 为什么人们会为能够免费得到的东西付费？
- 他们买的究竟是什么？

我们在第 9 章"需求定位"中，分享了两种洞察用户内心的角度（10 种购买动机、2 种内心力量）。下面，我们从生理层面来寻找答案。

1. 为何消费者愿意持续喜欢并重复购买你的产品或服务

美国心理学家伯尔赫斯·弗雷德里克·斯金纳的强化理论，很好地说明了其中的缘由。为了清晰地解释这一点，我们必须先来认识一些生理学的概念。

1)主宰情绪和行为的是生理因素

我们一直在说,人们喜欢追求美好的感觉,迷恋并渴望自己是以一种美好的状态存在着的。那么这种美好而愉悦的感受究竟是怎么来的呢?为什么人们会忍不住购物,拿回家后又束之高阁?为什么有些消费体验会让人念念不忘?为什么有些产品总是让人忍不住还想再来一点儿?为什么我们的顾客会指定某个服务人员来服务?

心理学家和神经学家发现,人们对事物的情感反应受会到大脑中某些物质的影响。

多巴胺

人脑中存在数千亿个神经细胞,通过传递脑部信息来控制人们的行为。神经细胞彼此之间存在着间隙,当信息传递神经细胞上的突触时,它就会释放出能够越过这个间隙的化学物质,将信息传递过去,这种化学物质就叫作"神经递质"。而多巴胺就是下丘脑和脑垂体分泌的一种传递喜悦、兴奋的神经递质,它能让人们体验到在接受挑战、冒险和新鲜事物的刺激时的愉悦感和兴奋感,并让人上瘾。

人们在购物时,能够刺激多巴胺的分泌,因此,如果你能够激发顾客的大脑分泌更多的多巴胺,顾客便会在消费过程中产生更多的兴奋和喜悦,进而引发更多的参与和消费行为。

可是为什么有些人兴奋地买来一件衣服,回到家后就束之高阁了呢?那是因为当购物行为完成之后,多巴胺的浓度会迅速下降(这就是释放多巴胺的神经元自带的"回收"功能),人们在看到这件衣服时也不再有当时兴奋的感觉。除非这件衣服有故事,例如是你朝思暮想的偶像明星送你的,你回忆起来时依然能充满兴奋感。也就是说,如果你能创造更多的内容联结,便有可能再次激发顾客大脑中多巴胺的分泌,甚至激发内啡肽的分泌。

更多研究发现,获得预期和期待的那一刻,大脑就已经产生多巴胺,而并不是获得的那一刻,多巴胺所带来的是对奖赏的一种渴望和幻想,引导我们下一步的行动。

在给猴子喝糖水的实验中发现,在猴子获得糖水时,监测到的多巴胺的活动显著增加。接下来，在给猴子糖水前 1 秒钟播放一个声音来提示猴子，在猴子习惯了这一关联后，他一听到提示音，多巴胺的分泌就开始增加，而在实际获得糖水时，多巴胺的活动不再增强。我们在网购时也是如此，我们最兴奋的时候是我们期待着快递到家的时候，一旦我们打开箱子拿到产品，兴奋感就开始慢慢降低。因此，懂得经营顾客的期待，将会促进顾客的消费动机。

那么要如何经营呢？对此我们会在强化部分做具体的分析。

内啡肽

内啡肽是由脑下垂体和脊椎动物的丘脑下部所分泌的氨基化合物，它能缓解疼痛，降低焦虑感，让人们体会到一种安逸、温暖、亲密、平静的感觉，还有助于提高记忆力，让人积极向上。

内啡肽的产生是需要人们付出的，无论是体力，还是精神。当我们完成了运动，完成了一些事情，掌握了一些新的知识体系，就会有一种满足感，内心充实、平静，对自己充满了认可，对未来充满了信心。这就是内啡肽带来的美好感觉，也是人们一直期待的感觉。大笑、幽默、运动等都能产生内啡肽。因此，如果你能够让消费者感受到开心和满足，激发消费者内啡肽的产生，那么顾客便会更深刻地记住这份感受，记住你。

内啡肽与多巴胺的不同之处在于，多巴胺给人带来的是获得前的饥渴感，让你保持在一种兴奋的状态，不停地想要"再来一次"，停不下来的赌博、打游戏、熬夜、看电视等，就是多巴胺的驱使作用。但是事后你开始后悔和感觉空虚，这就是多巴胺的副作用，它有可能带来的是焦虑，而非快乐。而内啡肽给人们带来的是获得后的满足感，让人们体会到的是持久的愉悦。

这就是为什么同样是消费行为，购物和旅行在事后给人的感觉会有所不同。同理，在情感中，多巴胺带来了恋爱时的兴奋和激动，内啡肽则带来步入婚姻后的温暖与平静。

血清素

血清素是人体分泌的另一种神经递质，绝大多数产生于肠道，通过人体血液循环，维持人体血清素浓度正常，从而起到调节心情的作用。它能够帮助人们放松心情，安抚、缓解焦虑和压力，缺乏血清素会让人们易怒、焦虑、疲劳，甚至会导致抑郁症。

人们在抑郁的时候，以及在寒冷和黑暗的环境中，血清素的含量会降低。因此，当我们在做活动，或者设计店内的环境时，要尽可能地让顾客感受到温暖和明亮的感觉。早晨起来晒太阳，会让人们心情大好。我们在做活动的时候，一般都会选择环境优美的地方，看到阳光透过玻璃房洒在咖啡桌上，总是让人瞬间感到放松和舒适，这就是血清素的产生对心情的影响，血清素越多，心情就会越好，进而也会影响到内啡肽的产生，于是顾客就对我们的产品产生了更多的喜欢和依赖。

这和我去参加别人组织的沙龙时的感觉一模一样，如果一进去，大家都在非常热情地交谈，互相打招呼，彼此之间非常亲切，便会调动起内心兴奋的感觉，如果沙龙内容很有价值，就会感觉到一种满足感；如果去到一个沙龙，大家都很严肃，默不作声，主动沟通也不起作用，或者沙龙环境很压抑，不自然地就会觉得拘谨。这其实就是外在的环境对我们的心情和行为的影响。

2）如何促进行为的产生

从生理层面了解了消费者愿意持续喜欢并重复购买某些产品的原因，我们就可以寻找下一个问题的答案了：如何促进这一行为的产生？那就是找到能够激发消费者对应情绪和行为的方法，并强化它。

- 我们可以通过视觉、声音、动作、期待、紧迫感、增加挑战性、新鲜感、开启美好的想象等方式，来刺激消费者多巴胺的产生，让消费者更加愉悦和兴奋。想想看，那些玩得停不下来的游戏，是不是具备了这几点？
- 我们也可以通过幽默的传递、笑声（笑容）、运动、一起完成有价值的内容、营造成就感、提升参与感和满足感等方式，刺激消费者内啡肽的产生，让顾客由心而生的产生愉悦和幸福感，并久久回味。
- 我们还可以通过提供环境、图片、设计、道具、音乐、诱人的食物和水果等方式，刺激血清素的分泌，让消费者感受到阳光般的美好和希望。

3）如何强化这些美好的感觉

斯金纳在一系列的实验（著名的操作性的条件反射）中，验证了在强化物刺激下小白鼠的行为反应，并由此及人，认为这些强化的条件能够塑造人们的行为。

在实验中,斯金纳将一只饥饿的小白鼠放入"斯金纳盒子"(斯金纳特别为实验而设计的盒子),盒子内部有一个杠杆,老鼠可以在盒子内自由活动。当老鼠在盒子内乱窜时会碰到这只杠杆,然后旁边的一个容器里会掉下一团食物。几次之后,小白鼠学会了每当压动杠杆就会获得食物。

斯金纳发现,只要通过将行为与奖励不断重复,建立联系,就可以培养起操作者的行为模式。换句话说,行为是可以培养的。

斯金纳又做了一个实验。他将小白鼠放进盒子后,让盒子通上电,电流使得小白鼠感觉很不舒服。当小白鼠在盒子里乱窜时偶尔碰到杠杆,电流立刻被切断。几次之后,小白鼠很快学会了操作,一旦把它放进通电的这个盒子里,它就直奔杠杆去切断电流。

斯金纳在此基础上又增加了一项设计,在电流来之前打开灯来教小白鼠避免电流。小白鼠学会了当灯被打开时,就立刻去按杠杆,因为它知道灯亮预示着电流就要来了。这个与前者小白鼠按压杠杆不同,前者被称为"逃避条件行为",后者被称为"回避条件行为"。一个是不良刺激出现时做出的逃避反应,一个是预示着不良刺激即将出现的信号出现时,所立刻做出的回避行为,如图 12-1 所示。

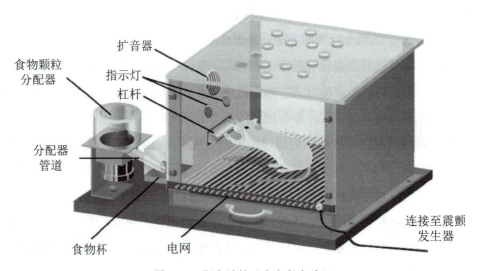

图 12-1 斯金纳的"小白鼠实验"

小白鼠不断地重复压动杠杆这个行为,以避免电流带来的不适感,并学会了看到灯亮就提前做预判并触发行为。"减少惩罚""降低痛苦"能够迅速地使其建立起行为模式，只是一旦箱子不再通电，这个重复的行为便迅速消失了。也就是说，当"惩罚"和"痛苦"消失后，由此建立起来的行为模式也会迅速消失。

斯金纳通过实验发现，动物的学习行为是随着一个起强化作用的刺激而发生的。所谓强化，指的是某种行为所带来的后果在一定程度上会决定这种行为在今后是否会重复发生。小白鼠通过按压杠杆获得了食物，或者通过按压杠杆消除了电流刺激，这种结果导致小白鼠每次进到实验箱内，便会重复这个动作。

其中，前者属于正强化（积极强化），也就是通过获得某种奖赏以强化某个反应或者行为。当人们采取某种行为时，能从他人那里得到令其感到愉悦的结果，这种结果反过来又推动人们重复此种行为。例如，一位女性通过在你这里学习瑜伽获得了朋友圈更多的肯定和赞赏，那么她便会更愿意在你这里继续学习。

后者属于负强化（消极强化），也就是通过行为减少或者去除令人不快的、带来不良刺激的强化物（实验中的电流），阻止或消除不愉快的体验，并由于刺激的减少而加强或重复该行为。当人们通过某种行为降低了自己的痛苦，那么便会提升再次发生该行为的可能性。例如，产生身体的疼痛，或者出现知识焦虑时，人们会通过吃药、学习等方式来缓解和去除这种不良感觉。

斯金纳认为，人们会采取一定的行为作用于环境，以获得期待的结果。当这种行为的后果对其有利时，这种行为就会在以后重复出现；反之，当行为的结果对其不利时，这种行为就会减弱或消失。这种修正行为的方式就是强化理论，也叫作行为修正理论。

由此，我们可以根据产品和服务的特性，选择合适的方式，强化用户的行为。怎样才会使强化有效呢？

（1）找到有效的强化物

要让用户喜欢并持续喜欢我们，我们首先需要找到能够强化这种行为的有效强化物，否则，便无法激发用户的多巴胺、内啡肽、血清素等的分泌。

为什么恰恰瓜子面膜一度卖到脱销，六神鸡尾酒被大家持续热捧？因为这种跨界带来的新奇的刺激感激发了大家的好奇心和好感。还有一种现象，为什么有些活动我们参加完还会想去，甚至会发生现场消费，而有些活动我们参加不到 10 分钟就想离开呢？

因此，找到适合潜在顾客的强化物非常重要。这个强化物可以根据产品的类型，选择正强化或者负强化的方式。具体如何选择，可以参考本书前面分析的几种消费者心理动机和内在力量（渴望或逃避）。

（2）系统内保持一致

当确定并展示了强化物，并引起了强化反应，接下来最重要的是一定要保持一致。就像实验中切断电流的方式，不能一会儿压动操作杆，一会儿亮灯，否则小白鼠就无法建立起一个行为模式。

同样地，我们对某个品牌的认知也是一个基于一致的重复的过程。就像如果手机品牌只做一次活动，那用户就很难建立起与之相关的印象。还有，售前服务如果做得非常好，甚至不惜夸大某些事实，而一旦用户在使用和售后过程中发现了不一致的地方，其好感度就会立刻下降。假如品牌印象经常发生变化，粉丝就很难形成统一的认知。总之，强化物要在系统内保持一致，不能一会儿有，一会儿没有，也不能一会儿是 A，一会儿是 B。

（3）有效时间内作用

要取得最好的激励效果，就应该在行为发生后尽快采取适当的强化方法。

在实验中，斯金纳后来将箱子中压动杠杆时掉落食物的时间做了调整，由一开始的只要按动杠杆便会立即掉落食物，逐渐放慢到每 1 分钟后，按下按钮可概率性地掉落食物。小白鼠一开始不停地按动杠杆，过了一段时间之后，小白鼠学会了间隔 1 分钟按一次按钮。重点是，当掉落食物停止时，小白鼠的重复压动杠杆的行为也随即消失了。

当某些行为在一定时间内不予强化，此行为的频率将自然下降并逐渐消退，这便是强化除正强化、负强化之外的第 3 种情形——消退。因此，我们在给予消费者强化物时要及时并适时。

我看到一些做得非常好的活动，大家自发转发朋友圈的热情非常高，而有些活动大家参与完之后，似乎没有什么分享。这究竟是为什么？

有差别就一定有原因。后来我观察到，其中一个影响因素是活动现场高清照片（调过色的）是否传递得及时，同时，用户获取是否方便。

例如，李海峰老师的 DISC 社群组织，在活动进行到后半场时，角落里有一个女生在笔记本电脑里面悄悄地导照片、调色、修图、加水印，然后，在活动刚刚结束的那一刻，所有美照就已经发到了微信群内。此刻，正是大家热情高涨，有分享欲望的时候，看到这么高大上的照片，以及摄影师把自己抓拍得美美的样子，谁不愿意秀一秀呢？谁不愿意让更多的朋友知道自己在知识进阶的路上正在一步步地变得更好呢？

（4）有效地呈现效果

2019 年五一节前的一个周六下午，一个地产的朋友打来电话说："头大得不得了，周日花艺沙龙的报名人数太少了，现场至少要有 30 人才有氛围。"

而当时的情形是活动是周日下午 2 点开始，我在周六下午 4 点接到电话，花材供应商需要提前按人头准备花材，因此，需要在周六晚上确定好人数。不巧的是，周日是法定调休的上班日，许多公司不放假，且天气预报说有雨。

此时，朋友告诉我说，活动现场很漂亮，还有烤箱、豆浆机等大奖送出，而且是免费报名参与，还有专车接送。我一听就懵了，这么好的活动，为什么报名人数不多呢？我猜想，是不是大家根本就不清楚这个活动的价值？花艺 DIY 的花材费用至少也需要 100 元。

于是，我赶紧让朋友发来他们的海报，想让已报名的人员帮忙转发扩散。可拿到海报的一刻，我却傻眼了！除了活动主题，看不到任何吸引我报名的理由，换句话说，这个海报做得很精致，也很高档，但我不知道它是做什么的，与我有什么关系。

最后，我选择放弃用这张海报，让朋友搜集了一些往期花艺活动中的美照，以及花艺的成品照片。在重新梳理了活动的价值和稀缺性后，不到半个小时，就招募到了 10 名抢着占座位的粉丝，并建立了一个小群。

之后，我们在群内进行了一波又一波的呈现和互动，群内开始热闹起来，大家不断地在问，可否多给一个名额带上自己的朋友一起参加。在这样的氛围下，有的报名者自己就带了 3 个朋友参加活动。因为我周日去不了现场，又选拔了一名活动志愿者协助朋友组织人员，结果不到晚上 7 点，30 个名额已经报满。最终，活动现场有 51 人参加，令朋友更加兴奋的是，他发现这些人员的素质都非常高，现场氛围和传播效果比往期都要好。

如果说这中间有什么"秘密"的话,那这个"秘密"就是"可视化",也就是有效地呈现效果。

喜欢花艺的人,一定喜欢美,喜欢自己美,还有现场体验的美。于是,创造一个期待并使之可视化,就能够让大家体验到"想象的美好",然后通过文字和图片以及一些激励方法,这些优秀的内容就"被看见"了。同时,我们也运用了正强化和负强化结合的办法避免大家放鸽子,用幽默的语气强调了必须按时到集合地点,服从组织安排。基于我往期的活动在朋友圈呈现出来的美好感觉,他们对我亲自推荐的活动有了基本的信任,这就是持续性呈现的强化效果。

因此,强化物的有效呈现对反应行为的效果有非常大的影响。

2. 用8种原生性价值增加产品价值

既然产品的普遍性会使其趋于免费,并且降低了许多用户的价值认同感,那么,如何增加它们的价值呢?凯文·凯利提出了以下8种让人们认为"比免费更好"的原生价值。

1)即时性

虽然无论早晚你都会找到自己想要的免费复制品,但是如果生产者能将产品在发布的第一时间,甚至是生产出来的第一时间发送给你,这就是一种原生性资产。

为什么很多人愿意付费走进电影院观看首映场,而不是等网络资源出来后在网络上免费观看?人们花钱购买的并不是电影(电影在后期可以是"免费的"),而是即时看到最新的电影。还有,在排队时,为什么人们总想排在前面?明知道早晚都可以进场。那是因为大家知道由此衍生了一个职业叫"排队黄牛",这些人专门卖排队位置的。大家买的是排队的序列号吗?不是,而是即时获取想要的那个东西。从现实的角度看,即时代表着快速,代表着优先,即时性本身就是价值的体现。

我在2019年去北京时,发现有一家社区便利店坐落在小区一个楼栋的一楼,门口竖立着一个门型展架,上面写着24小时营业,大家可以在公众号直接下单,几分钟内他们就能送货上门,而且是免费送货。我走进去准备挑选点儿东西,一转身,居然发现这同时也是一个快递存取点。

我们不用出门，几分钟就可以买到想要的商品；24小时营业，让我们在真的急需某种商品时，不用等到第二天；我们上下楼时，可以顺便存取快递；这时候看见货架，可能会忍不住带点儿零食回家（这就是"零售+X"模型）。那家社区便利店的老板谦虚地说，生意还不错。这些就是即时性带来的商业价值。

2）个性化

（1）产品个性化

一件白色印花T恤可以很便宜地买到，只要10~15元，但是可以定制的白色T恤却要69~99元；同等布料和款式下，定制西装比成品西装更贵。

大家知道，在参加集体活动时，很多时候会人手一瓶矿泉水。因为同品牌的瓶子都一样，我们很容易就忘记哪一瓶是自己喝过的水。阿尔山矿泉水抓住这样一个痛点，设计了"环保手写瓶"，他们在原有瓶贴的基础上，增加了类似刮刮卡的特殊油墨涂层，这样我们就可以刮出任意一个记号。

还有我们在第6章"形象跨界"中提到的可以定制姓名的饮料瓶、可以手写祝福语的"Say Hi瓶"等，都是通过增加产品与消费者的互动来增加产品的个性化特征的。个性化会产生记忆，记忆会产生黏性，而黏性恰恰是我们现在一直在追求的"用户之道"。

（2）服务个性化

之前工作的写字楼的地下一层有一家餐厅生意一直很好。老板是一位中年台湾人，满口的台湾腔，每天穿得很潮，待人非常热情，人又爽快。慢慢地与老板熟悉了，我发现这家店生意火爆的原因，除了饭菜味道外，就是老板本人颇具个人特质。

我们公司每次有客人来，我都会给带到这里，因为这家店的老板会根据对你的了解帮你配置好今天的午餐，这种推荐能够让你放心地把就餐事宜交给他，再也不需要苦恼吃什么的问题，而且，他会很体面地帮忙照顾好我们的客人。

这就是服务的个性化所带来的优势。

3）解释性

什么是解释性呢？

就是也许产品可以是免费的，但是可能你看不懂，或者你不会玩儿，你要学习如何使用的话，就需要别人告诉你如何正确地理解。例如，有些专业测评工具，做测试是免费的，出结果是收费的；或者结果免费送给你，但是要帮你细化地解析说明和提供解决方案，则是需要收费的。

用逆转思维来反向应用解释性也是可以的，也就是说，产品付费，但是解释性的内容是免费的附加价值。

在给大家透露一个小秘密之前，先问大家一个问题：如果你有很多优质的客户，他们需要选购你的红酒作为对他们用户的回馈，你会如何做呢？

做红酒的公司非常多，但是我见过的认为做得非常好的是"酒司令"这一家。"酒司令"的老板克总是一位格局非常大的男士，他的红酒生意一直都非常好，人脉和口碑也非常棒。

克总的做法是：他会帮助客户向前多想几步——不止一步。他会主动帮客户考虑针对本次的顾客群体选择什么样的产品比较好，客户用什么样的方式送给顾客比较好，融合什么样的创意或活动形式，能够让顾客感受到客户的与众不同，怎样能让用户愿意长期和客户合作。后面的这些想法和方案，克总都是无偿赠送。

对于策划公司而言，这种深度的策划就是一个订单，是需要收费的，但对于克总而言，这只是他的一项增值服务而已。他常说一句话："赚我应该赚的钱，其他的不赚。"

就是这样一个独特的理念，让他的公司一做就是 10 年，而且做得非常好。这其中，提供红酒时的策划和创意，就是利用"解释性"增加了产品的额外价值。

4）可靠性

我曾收到过一家线上水果超市的一条群发信息，说可以免费领取一箱水果，人们只需提前支付 35 元，一个月后，对方会将 35 元退还。结果放下手机后，我和母亲还是去了一家水果超市实体店。

为什么现在大家对"免费"二字的免疫力越来越高？为什么大家宁可多花一些钱到正规渠道购买？这就是可靠性在发挥作用。这使得一些初创品牌在拓展市场期间愿意免费提供一些试用名额和赠品，但无奈的是，没有人敢来体验，免费送的也没人敢要。此时要怎么办呢？

那就提高用户对我们的"可靠感知"，对此可以尝试与一些具备公信力的渠道、品牌跨界联合，同时，还可以通过一些让人们更放心的形式和必要的仪式感提升可靠性。例如，增加背书、增加领取门槛、限定数量、调整话术……

想到一个故事：

有一天，一位禅师为了启发他的门徒，就给了他一块石头，叫他去菜市场试着卖掉它，这块石头很大，很美丽。师父说："不要卖掉它，只是试着卖掉它。注意观察，多问一些人，然后你只要告诉我在菜市场它能卖多少钱。"在菜市场，许多人看着石头想："它可当作很好的小摆件，我们的孩子可以玩，或者我们可以把它当作称菜用的秤砣。"于是他们出了价，但都只不过几个小硬币而已。这个门徒回来后，说："它最多只能卖几个硬币。"师父说："现在你去黄金市场，问问那里的人。但是不要卖掉它，光问问价。"从黄金市场回来，这个门徒很高兴地说："这些人太棒了。他们乐意出到 1 000 块钱。"

师父说："现在你去珠宝市场那儿，低于 50 万元不要卖掉。"门徒去了珠宝商那里，他们竟然乐意出 5 万元。门徒不愿意卖，珠宝商们继续抬高价格——他们出到 10 万元。但是这个门徒说："这个价钱我不打算卖掉它。"他们说："我们出 20 万元、30 万元！"这个门徒说："这样的价钱我还是不能卖，我只是问问价。"他觉得特别不可思议，心想："这些人疯了！"但并没有表现出来内心的活动。最后，他以 50 万元的价格把这块石头卖掉了。

门徒出售石头的过程，可以反映出借助渠道可以大大提升他人对我们产品的价值认同（当然，我们还是鼓励大家正向地使用这一法则，让你的好产品呈现它应有的价值，绝不能以次充好）。

5）获取权

虽然从许多地方都可以免费获得电子书，但是，我依然选择了樊登老师的樊登读书 App，而且年年续费。这是为什么呢？

因为我们不仅可以直接获取很多好书解读，还可以在线下读书会认识很多热爱读书的朋友，还不用去到处搜索免费的资源和好书。最重要的是，它使用起来很方便，每次做饭、洗澡、化妆的时间，基本上都是我"充电"的时间，如此一来，时间获得了双重意义。

我们购买腾讯视频、优酷视频、爱奇艺等视频平台的 VIP 会员，也是为了可以便捷地获取更多的内容。因此，我们付费购买的不是趋于免费的某个产品，而是通过付费更加简单快捷地获得更多内容。

6）实体化

免费的电子书在网上到处都有，但就是有人钟爱纸质书（我个人就比较喜欢看纸质书，捧在手里的感觉是无法形容的，尤其是揭掉透明包装膜，触碰到书的纸张的那一刻，心里的那个砰砰砰的感觉每次都有，就像是要开始一段新的探索之旅，或是和一个新的朋友马上开启对话一样），而这个体验感是电子书所给予不了的。但电子书能够方便携带和检索，这就是它们之间各自的价值所在。

我们可以在许多音乐平台免费听歌，但还是会有许多人付费去演唱会现场观看；我们可以在直播中看到许多演讲节目、分享活动、视频课程，但还是会有不少人到现场付费观看。实体化能够带给人们更多的体验和额外价值，如在现场所感受到的氛围、偶遇到的惊喜、收获的人脉、与偶像的合影等，这些都是实体化魅力和价值的体现。

如果我们的服务是虚拟的，我们应该怎么做呢？

还记得网易云音乐和亚朵酒店的合作、王者荣耀和雪碧的合作、风靡一时的小黄人和小黄车联合推出的"大眼萌"单车吗？没错，我们可以选择和实体相关的品牌合作，将感知型服务视觉化、体验化，增强与用户的实际情感联结，这样有助于增强用户与我们之间的信任度和好感度。

7）可赞助

从本质上讲，热心的用户和爱好者希望支持到创作者，无论对方是艺术家、音乐家、作家、演员，还是其他创造欣赏价值的创造者，因为这能让爱好者们和倾慕的对象建立联系，就像现在微信和各种直播平台中的打赏功能。

但用户只在以下几种情况才会埋单。

- 支付方式必须超级简单。
- 支付金额必须合理。
- 可以看到支付后的收获。
- 付出去的金钱必须让人感到能获益。

我们可以尝试这样做：在合适时，告诉粉丝（用户）和合作伙伴，我们也需要他们的帮助，以及他们可以用何种方式来支持我们。人们是需要"被看见"并"被认可"的，这是自我价值体现的良好机会，他们是愿意发自内心地支持我们的，而我们也许将会收到意想不到的惊喜。

8）可寻性

酒香也怕巷子深，现在的信息量爆炸到大量的信息都会被迅速淹没，能够被找到就是一件有价值的事情。这里面有两个问题：一是别人怎么找到我们？二是别人如何通过我们找到他们需要的东西？

如今，诞生了很多帮助我们辨别、找到好东西的中介平台，例如，全球特色民宿App、途牛旅游App、小红书、湖南卫视《我是大美人》等。又如，有了"凯叔讲故事"后，妈妈不用到处去找故事，也不用自己讲了，陪着孩子一起听就好。再如，小度智能音箱，只要你对它说一句话就能知道今天的天气如何，还可以随意问问题。

可寻性帮助我们找到了优质的解决方案，节省了从海量信息中搜索的时间，增加可寻性价值会让我们越来越信赖、喜欢、离不开。

举个例子。我们在全国的跨界分会中收藏了众多的跨界人脉和资源，很多需求在一分钟内就能收到群友提供的支持，这就是可寻性。你不用绕很大的圈子、花费很多时间去找一个资源，类似的各种社群组织都是如此，它们就像是汪洋大海中的一座灯塔，这就是它们的原生价值。

想想看，我们如何具备可寻性，或者我们是否可以为他人提供可寻性服务呢？

这八种原生性价值能够将趋于日常的活动、趋于免费的产品呈现出更高的价值，带来更多的付费意愿以及参与度。如，在前面提到的花艺活动中，每个人都可以带走亲手DIY的花艺作品——"个性化"，我们为活动增加了特别的意义——"解释性"，知名品牌和我们长期以来的口碑为活动增加了"可靠性"，在参与者中招募了志愿者——"可赞助"。

总结一下：

这一部分主要探讨了增加我们的原生价值的8种方法：即时性、个性化、解释性、可靠性、获取权、实体化、可赞助、可寻性。回到本篇开头的那个问题：当各种活动同质化严重的情况下，我们要如何做才能与众不同呢？这8种原生价值就是8种解决问题的思路。

12.3 如何策划并执行好一场完美的活动

前面,我们探讨了很多思维战略层面和其背后的底层逻辑。那么,从实操角度来看,一个好的策划要怎样实现呢?在阅读以下内容时,你可以想象成你熟悉的活动类型,例如,一次品牌跨界联动、一款产品的发布会、一场小型沙龙、一场媒体直播……

1. PDCA 循环体系

PDCA 循环是美国质量管理专家休哈特博士首先提出的,它的含义是将质量管理分为四个阶段,即计划(Plan)、实施(Do)、检查(Check)和处理(Act),如图 12-2 所示。在质量管理活动中,要求把各项工作按照做出计划,计划实施,检查实施效果,然后将成功的纳入标准,不成功的留待下一循环去解决。

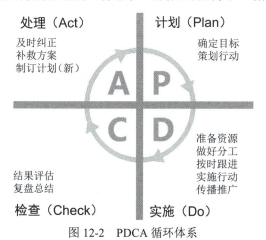

图 12-2 PDCA 循环体系

虽然这一工作方法是质量管理的基本方法,但在跨界工作的管理中,也发挥着非常重要的作用。

1)P:计划(Plan)

计划中包含活动目标、活动指标、活动形式、活动流程、相关人员、宣传方案、执行方案、特殊备案、预算等基本元素。我们需要和合作伙伴洽谈并确定活动内容,明确分工和资源调配(在下一章节中,我会分享一份详细的清单图,详见图 12-3 及 12 表格套系)。

在这个阶段容易出现的情况是：

（1）沟通不到位

实际执行时才发现双方理解得并不一致。

（2）不成体系

只关注在活动中的某个点，而忽视了其他维度的影响因素。例如，只关注我们怎么结合做创意，而忽视了实际执行中该怎么宣传、谁负责设计、粉丝如何维护及谁来维护、后期服务如何延续，这是时间线；还有一条是角色线，即消费者如何参与、经销商如何支持、公司如何配合、媒体如何介入、政府部门如何支持等。

（3）漠视关联，忽视细节

在多年前的一次工作会议上，当大家讨论到活动收尾环节的分工时，谈到了定制的大蛋糕在结束后怎么处理这一问题。一个新来的志愿者嘲笑道："哎呀，这个还用讨论吗？一个蛋糕想怎么处理都行，谁想吃就带走嘛。"我听完很生气。无数的经验告诉我，活动在收尾时是最容易出错的，如果安排不到位，连电脑都有可能被丢掉。

特意定制的蛋糕，如果在嘉宾晚宴仍有需要，就需要有专人看管并在晚宴开始前放到餐桌上；如果作为志愿者的口福，那就需要有专人召集志愿者，是否要考虑怎么吃才最好；如果没有安排，结果很有可能变成上千元的蛋糕被浪费掉。

在计划阶段，我们需要调集的是文案能力、策划能力、焦点呈现能力、全局能力、逻辑思维能力、人脉资源。

2）D：实施（Do）

在实施阶段，按照时间线和任务线来交织安排。完整的一套活动流程包含活动开始前、活动进行中、活动结束后的具体任务安排。

在活动开始前，我们需要与合作伙伴完善策划细节，筹备各自的资源，做好分工，按时跟进。在这个阶段，需要我们具备统筹规划力、沟通力、细节掌控力、行动力等。

在活动进行中，需要我们保持高度的警惕，随时关注活动的进展并有效处理突发情况，必要时启动备选方案，以确保活动顺利完成。同时，要做好相关资料的收集，这些资料根据活动性质的不同，不限于图片、数据、信息反馈、洞察到的细节等。在这个阶段，需要我们具备执行力、应变力、危机处理能力、数据收集能力等。

在活动结束后，要及时地进行现场收尾工作（例如撤场、工作人员慰问、数据整合、重点人员关照、物资回收等），以及二次传播和推广的工作。在这个阶段，需要我们具备文案能力、公关能力、情商、体力等。

3）C：检查（Check）

检查发生在活动开始前、活动进行中和活动结束后这三个阶段。

在活动开始前，我们需要不断地检查并确认活动的进度，筹备质量是否与计划相符，如果有任何问题，需要及时补救。

在活动进行中，需要在不同的环节开始前，及时检查并为下一环节做好充足的准备。

在活动结束后，我们需要做一个整体的复盘，回顾本次活动的亮点和不足，评估活动效果、数据表现，是否完成了预期目标。建议将这些珍贵的资料留档、记录。这些资料将成为我们的经典案例，也将成为下一次活动的参考，能帮助我们吸取优点并规避不足。

4）A：处理（Act）

根据上一步检查的结果，采取相应的措施，对于优秀经验，可以纳入未来的参考或者成为标准；对于出现的问题，确定当下的解决方案，或者调整目标，并明确下一次该如何才能做得更好。

PDCA循环体系其实包含在每一个活动中的小版块中，也就是说，大循环中套嵌着无数小循环。

"有了PDCA体系，我们就可以更加完整、顺利地完成活动，但是，该如何让活动更加有吸引力呢？"

我们可以这样来做：

- 可以参考本书前面提供的大量优秀的跨界合作案例进行创新。
- 可以借助以下两种方法（不限于这两种方法）——一是拉扎罗关键趣味，二是多变的酬赏。

2. 策划的秘密——如何让你的活动更具吸引力

1）拉扎罗关键趣味

我们都知道，好玩儿的游戏总是让人上瘾，玩得停不下来。那么，游戏设计的背后是否有什么诀窍呢？现在，我们就用"跨界思维"转换我们的思维视角。请把你的活动当作一场游戏，用游戏的思维来设计你的活动。

游戏心理分析师 Nicole Lazzaro 提出了以下 4 种关键趣味。通常，一个优秀的游戏会具备以下一种或几种趣味。

（1）简单趣味

玩家对这种新的体验感到好奇，他被带入这种体验中，并开始上瘾，正如捏破塑料包装上的气泡，这些事情本身就很有趣。简单、参与门槛低，是首先吸引人们愿意尝试的原因之一。

思考：人们容易参与到你的活动当中吗？

（2）困难趣味

游戏设计了一个目标，并将其分解成一个个可以达成的步骤，目标达成过程中的种种障碍给玩家带来了挑战，挫折能够增加玩家的专注力，并且他们最终获得成功时，会让他们体验到胜利的感觉以及成就感。

就像"开心消消乐"这个游戏一样，我母亲觉得入手时非常简单，但是关卡越高越难通关，由此滋生了母亲的闯关乐趣。每次被卡在某个关卡时，她就会求助我和小侄子，有时甚至会连续两天都困在某个关卡。但一旦过关，就会看到母亲脸上胜利的表情，开心得不得了："哎呀呀，终于过去了，不容易不容易，哈哈……"然后她会继续闯关。

思考：在你的活动有给到大家突破某种局限后的成就感吗？

（3）他人趣味

他人趣味体现在群体中，当朋友也在和你一起玩时，胜利的感觉会更加强烈。游戏内的社交互动包含着竞争、合作、照顾他人和沟通等他人趣味机制，会给玩家带来社会性的情绪。通常情况下，他人趣味能带来的情绪感受比其他 3 种加起来还要多。

类似"王者荣耀""英雄联盟"之类的社交游戏，其非常吸引人的一点就是社交属性，玩家可以自由组队，与队友隔空喊话。

另一种他人趣味是指排名和对比。记得曾经有一个"打飞机"的游戏风靡一时。有一次刚吃完午饭，一位同事就拿起手机玩起了这款游戏，他刚准备放下手机时，看到游戏排名中他已经被其他人赶超，于是自言自语了一句："不行，这还能让你超过了？"于是，他立刻重新拿起手机刷新自己的排名。

思考：你的活动是否带有社交属性？是否提供了他人趣味？

（4）严肃趣味

这一种趣味通常与游戏带来的改变和意义有关。例如，玩一款暴揍老板的游戏来发泄对老板的不满，跳一跳广场舞达到锻炼身体和打发时间的效果，玩一玩网络游戏找到自己在另一个世界的存在感，家长让孩子玩益智类游戏来开发智力……在这种情况下，游戏对于我们来说意味着价值观的表达、愿望的满足。

思考：你的活动是否让粉丝体会到了某种独特的意义和价值？

通常，玩家对这 4 种趣味元素的追求是交替进行的。一般来说，比较畅销的游戏通常能同时满足 4 种元素中的至少 3 种。简单趣味通常是引发人们好奇心、探索欲以及惊喜的诱饵，促使人们去尝试。当新奇的感觉逐渐消失，困难趣味就给玩家提供了一个清晰的目标，玩家运用策略战胜挫折之后获得极大的满足，由此"骄傲"之情溢于言表。

如果与朋友一同经历胜利，通常会让人们感觉更好。在同一空间和时间多人体验同一款游戏时，会引入更多情绪体验。沃尔特·迪士尼（Walt Disney）认为，与人共享的体验是更具有吸引力的体验。当前面几种的趣味感觉逐渐变淡，严肃趣味作为一种更具持久性的元素，可以为玩家创造更多价值和意义，让玩家感受到自身和所处世界的改变。

借用拉扎罗关键趣味法则，我们来拆解一下那场花艺沙龙。该活动形式虽然简单，但却包含了以上 4 种趣味元素。首先，插花是一件动手就能完成的事情，还有老师现场指导，这就是简单趣味；其次，虽然有人在群里说怕自己做不好，但他们愿意接受一次挑战，作为送给恋人或者自己的一份惊喜，对他们而言这就是困难趣味；再次，我在群内特意设置的一些规则和引发的互动，让大家感受到了兄弟姐妹一般的开心、温暖、互相照顾的氛围，这是他人趣味；参与花艺沙龙背后的意义，是让我们的生活多一种可能，更加自在美好，活动的意义引发了大家的讨论，引起了大家的重视和珍惜，让他们对后期活动产生了更大的兴趣和追求，这就是严肃趣味。

这4种趣味法则，不仅可以尝试融进活动设计中，也可以尝试融进产品创意（广告创意）中。

有一个朋友的孩子刚满月，我送了她一个小度智能音箱。就是因为我看了小度智能音箱的演示视频。视频中，小度可以人机对话、唱歌、回答问题，提醒你日程、查天气和交通路况，可以语音遥控各种家电，还可以远程视频通话，一家人的互动全都有了……说句话就能实现这么多功能，这就是简单趣味；一键呼叫和父母、孩子对话，这就是他人趣味；和家人常常沟通、互相关心的价值意义，这就是严肃趣味。

思考：想想看，我们还可以运用哪些关键趣味？要如何来设计呢？

2）多变的酬赏

在第三部分，我们理解了多变的酬赏，通过获得酬赏时的"不确定性"能够激发人们更多的渴望，并大大增加行为的重复。而这背后的生理原因则是因为多变性促使大脑中的伏隔核更加活跃，并且增加了多巴胺的含量。我们知道多巴胺能够带来兴奋感和愉悦感，带来对奖赏的渴望和幻想，能够引导我们下一步的行动。

在许多具备吸引力的产品和服务中，都能够发现这一原理的运用。如一直刷微博、刷抖音、逛街时冲进挂有打折牌子的品牌店、忍不住地看手机等。在《上瘾》中，作者将多变的酬赏归纳为3种表现形式：社交酬赏、猎物酬赏、自我酬赏。接下来可以思考一下，我们可以为用户提供哪一种或者哪几种酬赏呢？

（1）社交酬赏

我们为什么喜欢发朋友圈？为什么发布之后会去留意点赞的数量和评论？因为它为我们带来了社交酬赏。社交酬赏源自于我们和他人之间的互动关系。同理，讨论共同话题、参加沙龙活动，也都是在寻找一种社交联结感——通过分享、表达，寻找融入某个群体的感觉，让自己觉得被接纳、被认同、被重视、被喜爱。因此，如果我们能够让用户感受到社交酬赏，那么，将会大大提升吸引力。

举个例子。有一些社群，比如市场部网的各地分会、樊登读书会、混沌研习社、企业家俱乐部、李海峰老师的 DISC 社群组织、24K 社群、琦琦的行动派、王潇的趁早粉丝群、张萌萌姐学习社群（下班加油站）等，他们为粉丝提供了非常强大的社交价值，粉丝可以结识有能量的人，可以彼此陪伴一路成长。这种惊喜的体验，不仅带来了社交联结，更带来了有爱的环境，提升了人们的自信（本书也将会在微博中征集各地社群负责人，协助大家积累全国跨界人脉）。

（2）猎物酬赏

在远古时期，人们依赖"耐力型捕猎"的方法捕杀猎物，直到猎物体力耗尽。在电影《狼图腾》中就有这样的情节。

现在，对人们而言，驱使人们不停追逐的已经不仅是食物，还有其他一些东西。例如，忍不住要剁手的购物欲、追剧时对后面剧情的好奇和期待、老虎机的赏金或游戏中的金币、对朋友圈和微博中有趣信息的好奇、对各类知识的探索……

想想看，或许我们书架上还有许多书根本没拆封，但是听到有好书还是忍不住下单；家里的茶叶、茶具一大堆，还是忍不住增加这类藏品；去商超原本没想买什么，看见打折产品还是囤了一批……

人们总是会不自觉地追逐某一份执着，这种猎物酬赏机制会促使人们不断地重复某种动作。

（3）自我酬赏

我特别喜欢布置和整理房间，虽然过程很琐碎很辛苦，但却乐在其中。小侄子特别喜欢玩拼装积木和拼图游戏，虽然寻找零件的过程很费时，但是克服层层障碍最终大功告成，每次都让他很有满足感。

这种"追逐终结感"的过程，是促使人们持续某种行为的主要因素。但是，我们坚持不懈的行动，仅仅只是为了追逐"终结感"吗？有没有别的影响因素？为什么即便是要去克服障碍、排除困难，我们也要去做这件事呢？这个背后的行为动机又是什么？

爱德华·德西（Edward Deci）和理查德·瑞安（Richard Ryan）在 20 世纪 80 年代提出了"自我决定理论"，强调自我在动机过程中的能动作用。他们认为，驱力、内在需要和情绪是自我决定行为的动机来源。他们将动机分为内部动机、外部动机和去动机。内部动机和外部动机相互作用，而人类对自我的酬赏源自"内部动机"。

内部动机的种类包括 3 种，第一种是对于活动本身的兴趣，第二种是完成活动的乐趣，第 3 种是任务对人的能力的挑战。因此，我们在设计活动时，可以从这 3 个方面来检验我们的活动是否能够激发参与者的内部动机。

那么，这些内部动机又是如何产生的呢？美国认知心理学家布鲁纳（Bruner）认为，内部动机的产生是由以下 3 种内驱力引起的。

- 好奇的内驱力：相对短暂的好奇心和相对稳定的求知欲。
- 好胜的内驱力：力求在群体中显示自己才能或力求达到某种理想状态的动力。
- 互惠的内驱力：希望帮助他人，与他人协同活动、减少冲突，以更有效地完成任务的愿望及需求。

比如说，人们会去抢购 KFC 炸鸡口味的防晒霜，会去抢购周黑鸭微辣、中辣和爆辣色号的口红，会去抢购洽洽的"瓜子脸"面膜，就是基于好奇心的内驱力，满足自己的好奇心和尝鲜的欲望；人们喜欢晒自拍、景点拍、美食拍，晒网红打卡地，就是希望能够展示自己美好生活的内在动机，这就是好胜的内驱力；在某个群体内部的爱心筹款往往能筹款成功，正是因为人们都有帮助或者满足他人的愿望，即便是有些人一开始没有支持，但看到别的朋友都支持了，自己不支持有点儿不好意思，在求同心理的驱使下也会选择行动，期望在未来能够互相帮助，免去被误解和"失连"的风险，这就是互惠的内驱力。

总结一下：

除了"终结感"外，对自我内在动机的满足，也是自我酬赏的一部分。在多变的酬赏中，自我酬赏体现了人们对于个体愉悦感的渴望。

我们在消费者购物动机中分析了消费者的 10 种动机；从内在力量的角度，分析了人们渴望和恐惧的两种心理因素；从对酬赏的追求角度，我们再次发现了人们的 3 种酬赏类型（社交酬赏、猎物酬赏、自我酬赏），以及在自我决定理论中，发现了激发内部动机的 3 种驱动力（好奇、好胜、互惠）。

这些都是以人为核心、以用户为根本的出发点。

在实际产品设计和活动策划的过程中，我们可以结合本章提供的 PDCA 循环体系，融合拉扎罗关键趣味、多变的酬赏、8 种原生性价值来提升产品吸引力。首先了解用户/顾客，满足他们的需求，并通过有效的方式影响他们的内在反应，激发他们的动机，最终触发其参与行为，这将是非常有效的一条内因路径。

3. 执行的秘密——如何做好整体统筹

每次在朋友圈发活动照片时，总会收到很多点赞和评论，于是，经常有人咨询我该怎么做活动才更好。要解决这一问题，一是依赖于活动本身的策划创意，这个大家参考本书前半部分即可；二是依赖于活动的具体计划和执行细节，对此可参考 PDCA 循环体系。

现在，我们以一场跨界合作为例，来详细拆解执行的秘密，你可以根据实际情况简化或延伸。

1）活动的整体框架

通常，我们需要根据活动需求和目的来设计活动的主要内容和亮点创意，并形成一套初步的活动方案及流程。在此基础上，设计具体的执行细节及执行任务清单（时间表），并根据具体的任务完成相对应的设备、资料、人员、资金的筹备。

在整个活动中，我们基本上会涉及如图 12-3 所示的组织结构。

图 12-3　活动整体组织结构

导演组

也可称为总负责组，对整场活动总负责，可以是2~3人（其中必须有1人为总负责，并安排有总策划和现场总执行作为支持）。

策划组

主要负责整体活动创意，活动流程的细化，场地沟通、嘉宾、主持人、节目、座位安排等相关细节的设计。策划组的主要职责是完成"整体活动从最初创意直至完整执行"的整体策划和安排。

推广组

也可以叫作宣传和外联组。主要负责活动的宣传（包含洽谈宣传渠道，撰写宣传文案、报名文案、招商文案等）、赞助的招商、赞助得到的礼品的使用方案、对赞助商回报的呈现及策划、拟定参会清单（如需报名，则需要跟进报名进度）。推广组的主要职责是使活动被更多的人知晓，并按计划招募到赞助方和参会人员（有的大会会单独设立一个招商组）。

视觉组

主要负责活动整体主视觉的创意，以及宣传素材、现场视觉呈现的设计、视频的制作、活动现场摄影摄像的安排等。视觉组的主要职责是将活动的精彩分别在活动前、活动中、活动后呈现出来。

人员组

主要负责活动的阶段化分工、志愿者招募及培训、相关话术指引、报名咨询、现场搭建和执行、各部门人员通知及入场签到，同时现场机动小组将会配合执行负责人解决现场突发事件，服从临时调配。人员组的主要职责是确保现场各部门人员井然有序地按计划执行工作。

物资组

主要负责所有物资的筹备、物流的支持、赞助的礼品管理（到货入库、整理、分发等）、物资盘点、工作人员及嘉宾食宿安排等。物资组的主要职责是做好活动的后勤保障工作。

财务组

主要负责活动的预算及开支管理，确保活动的盈收及账目清晰。

对于跨界活动而言，每一个部门都有可能涉及跨企业、跨品牌的沟通，由此将会带来更多的跨部门的沟通和协作。

举个例子。推广组负责洽谈回来的某品牌的赞助，会涉及策划组在活动中对赞助单位如何巧妙地呈现，涉及提前与主持人沟通赞助方的相关情况，便于更加顺畅地软植入；涉及在全套宣传体系中如何体现赞助方的相关信息；涉及视觉组对相关元素的色彩和设计的调整；涉及物资组在物料制作和现场布置时的整体安排；涉及人员组对志愿者的培训话术；涉及赞助方的发言情况和相关展示素材的审核和收集；涉及赞助单位的资金和实物的到位和使用。

这几个工作组的工作，诚如大家所见，非常清晰易懂，但是要完成得很好，还需要在实践中打磨和领会。这背后有着错综复杂的关系，以及极其容易被大家忽视的灰色地带。这里，我为大家整理了一个工具包——十二表格套系，来帮助你尽可能地管理好活动细节。

2）十二表格套系

以下这12张表能够协助你的团队更好地管理好整场活动。

（1）《工作组架构》

该表主要用于记录各工作小组的相关人员名单、主要职责、联系方式等工作信息，需要内部工作人员人手一份，其主要作用是责任清晰、方便联络。

（2）《时间甘特图》

该图在工作中也被大家口头称为"时间表"，通过条状图来显示具体的项目和时间安排、进展等信息，便于整体跨界活动的统筹，一般在使用时，可以根据具体的活动做一些调整变化。

（3）《活动流程及分工表》

该表主要用于活动现场的各相关责任部门的统筹及配合，包含以时间为轴线的各个流程的次序，以及该流程对应的具体内容、责任人、现场声音、光线、大屏幕、道具、物资、参与人员等的配合。这张表统筹了现场所有人、事、物之间的协调及配合关系。

（4）《参会人员清单》

该清单主要用于记录重要嘉宾、主持人、参会人员等的具体信息，包含姓名、性别、联系方式、角色定位、座位安排、特别备注等信息，便于现场签到人员、礼仪服务人员进行相对应的一系列服务。

（5）《宣传渠道及安排》

该表主要为了安排活动的前期、中期、后期的宣传事宜，根据活动要求，安排宣传渠道及相对应的宣传排期、宣传形式、宣传内容等，并记录宣传渠道的相关具体信息、预估效果等，由宣传组人员进行跟进落实。

（6）《赞助清单》

该表主要为了记录活动中的赞助内容，主要分为以下三3大类信息。

① 赞助方信息：主要包含赞助方品牌、赞助方对接人及联系方式、赞助方LOGO、产品图、视频、嘉宾信息等相关信息的收集进度，以及相对应的回报支持。

② 赞助物资信息：主要包含赞助产品（或者服务）的名称、数量、价值、礼品到位时间，礼品到位方式（赞助方邮寄、指定人员开场前带到现场、工作组去取等），以及负责礼品到位的具体联系人。

③ 礼品使用信息：礼品使用环节（方式）和对应的使用数量（如现场抽奖、伴手礼、社群互动、嘉宾 VIP 礼物、志愿者答谢礼等）。

（7）《礼品使用清单》

该表主要记录礼品的具体使用进度，方便物资管理，主要包含礼品的预计使用安排和实际使用记录。

（8）《物料清单》

该表主要为了统筹整场活动所需的物资信息，主要包含物资内容、数量、规格、负责人、提供方、到位时间、费用预算、具体要求、进展跟进情况等。

（9）《设计清单》

该表主要为了记录整场活动所需要的各种海报、大屏幕、现场物资等的设计内容，方便设计人员参考并妥善安排设计进度。其主要包含设计尺寸、颜色要求、完成日期、制作日期、画面内容、计划达到的效果、负责人、对接人等内容。

（10）《回报清单》

该表是许多人容易忽略的一个表，主要用于检查对赞助方、整场活动中的支持者、志愿者等有帮助的人的一个回报记录。其主要包含回报对象、回报内容、具体信息等。其中最容易遗漏的是对个人的回报内容。通常来讲，我们会记得对赞助商的回报细则，而忽视了在整个活动前期、中期、后期的个人支持者。我们前面提到过"吃水不忘挖井人，更不要忘记给你铁锹的人"。一定要记得对那些支持到你的关键人物给予相应的致谢，无论是一通电话、一段文字、一份礼物，还是现场的一个特别席位，只要能代表你心意的都可以。

(11)《费用预算》

在活动中，看不见的细小费用非常多，因此，提前做好费用预算，并实时地监控费用开支情况尤为重要。其中，有一个很重要的细节就是，选择购买相关物资的人员一定要选到位，否则就会出现不必要的乌龙事件。

曾经有一次，我们举办论坛时赶上下大雪，导致我们的糕点合作伙伴在活动前一天出发采买原材料时，汽车发生了打滑现象，自己被甩出去钻到了车底，幸好没有生命危险，但是她被吓坏了，致使第二天无法如期到场。我们紧急调整方案，赶忙调出人手自己采买水果和糕点。

物资组组长派出一位热心的志愿者去采购，结果这位志愿者到一家进口水果店买了大量的瓜子、零食、昂贵的水果费用不仅远超预算，而且那些瓜子、零食在那样的现场根本用不上。要知道瓜子类型的零食只适合于小型的沙龙和茶话会。在这种档次的论坛上，台上远道而来的嘉宾做着分享，台下的人们却在嗑着瓜子，大家将做何感想？但是，由于对方热心地花了钱，作为工作组必须给予报销并感谢对方在下雪天辛苦采购。

我们有一位物资组的成员，在采购时就特别让人放心，她是一位母亲，也是居家管理的一把好手，每次交给她采购物资时，她都能准确地找到既节省成本，效果又好的方式。

因此，在安排工作时一定要选对人，并清晰地沟通费用预算、采买的具体要求和使用场景，否则，辛苦和热心带来的未必是你期待的结果。

(12)《现场布局图》

该表包含座位图、工作人员定点、各区域布置图主要用于现场的整体布置及安排，其中包含舞台区、座位区、装饰区、拍照区、红毯区、签到区、赞助商展示区等。

你可以在该图上标注每一位工作人员的定点站位。例如，摄影师的代号是 P，那么 P1 ~ P6 在不同环节的定点及对应的具体人员、具体工作职责就非常清晰、一目了然；志愿者的代号按工作类型可以分为 B、C、D，B 级别代表志愿者各版块的组长，C 级别代表拥有具体岗位的志愿者，例如签到处 C1 ~ C3、红毯区 C4 ~ C6、入口 C7 ~ C8、茶歇区 C9 ~ C10 等，D 级别代表机动岗位，其人员分别安排在不同区域进行机动支持。

此外，每名工作人员当天在什么时段出现在什么区域，负责什么具体的事情，如果出现突发情况分别找谁处理，这些事宜都需要提前安排好。座位图方便工作人员及到场的来宾清楚知道自己的座位信息，工作人员定点图方便工作人员清楚自己的工作范围，

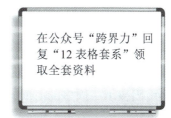

在公众号"跨界力"回复"12 表格套系"领取全套资料

并在需要找寻团队成员时知道如何找到对方，现场布局图方便现场执行导演和外联组、物资组了解物资的摆放、赞助单位的展台序位等。

3）八大平衡关系

任何一场辐射面较广的活动所包含的都不仅仅只是策划和执行，这其中还包含着我们需要平衡的八大关系，具体包含跨界对象、媒体朋友、消费者/粉丝、商户/经销商、政府部门、自己团队、公司总部、供应商/支持方，如图 12-4 所示。

图 12-4　八大平衡关系

然而，并非所有类型的活动都会同时包含这些，我们需要根据活动的具体

类型及辐射范围做出调整。例如，有些活动需要报批到全国总部，那么我们就需要顾及公司总部对活动的需求，以及他们的关注点、利益点在哪里；有些活动涉及外部执行团队、物资制作方等，那么就需要顾及对方的实力、执行能力、圈内口碑等；有些公司在各地有经销商，需要依靠经销商来完成活动的具体落地，那么就需要顾及经销商的执行现状，考虑他们的需求、执行条件、执行中可能出现的问题等。

请记住一句话："关注到人，才有可能最大限度地减少危机。"

我想分享一个让我遗憾终身的活动。

2014年，恒大冰泉南阳经销商的库存压力较大，总经理和我带着公司品牌部到南阳待了一周多的时间，计划安排一次大型活动，活动的目的是提升恒大冰泉在当地的知名度，同时增加销量，减少当地经销商的库存压力。于是，我们策划了一个"南阳惊现冰山"的夏日乐园主题，并邀请了南阳电视台、电台提前做了街头采访的预热和新闻预告，找到当地最活跃的论坛进行话题引导，并找到当地最有效地推方式进行传单的派送。

同时，我们做了一个很高的恒大冰泉瓶型的攀爬气垫，找到当地的执行公司安排各种游乐设施，找到制冰厂预定用真冰堆砌成的冰山，并将恒大冰泉矿泉水镶嵌在内。我们还将活动地点选择在人流量最大的步行街入口处广场，在广场一侧的商超还配合整场活动做了一次全面的促销和抽奖。整个活动包含了线上线下的宣传、话题点、现场聚集人气的乐园活动、拉动销量的促销活动。我们对整个活动信心满满。

可没想到，在活动开始的前一天夜里搭建场地时，问题出现了。由于攀爬气垫高达十几米，需要得到某个政府部门的备案及批准。活动开始前，我一再地向当地的经销商、执行公司跟进确认，都说没有问题，然而，活动前一晚攀爬气垫还是被政府勒令禁止搭建。

沟通无果后，我们连夜调整方案，将场地调整到了另一个商场的广场，在原来的地址处设立了一个公告牌，告知活动地点迁移。然而可想而知，当大家奔着你的冰山和游乐场而来，却得知你的活动换了场地后，又会有多少人愿意跑到新的场地去呢？

这件事情所带来的负面效果可想而知。活动当天，我们在新的场地看到现场的消费者攀爬和在冰山周围照相玩乐的场景，心中五味杂陈。我和品牌部的同事不约而同地想去原定地址看看。到了那里，果然人流量爆满，我们站在广场上，想象着如果活动如期在那里举行，会是怎样一幅热闹的场面。

虽然这场活动的创意获得了总部表扬，并被更多的省市分公司效仿，但这场活动一直是我的一个遗憾，也化作了我的一次宝贵经验，时刻提醒着我。我希望自己走过的弯路，你们不要再走。

请一定注意关注在活动中的各种关系，并真切地要求你的团队成员如实地反馈工作的进展，以及他们捕捉到的风险气息。毕竟，有些事情涉及很多人，而我们无法完全掌控他人的执行能力及信息，但是我们可以用敏锐的嗅觉闻到风险的味道。这种味道来自于我们对执行人的行为、言语、神态、口碑的判断，来自于经验和现实交织后的推断。

4. 传播推广规则

在过往的职业经历中，我发现有大量的企业活动在后期传播推广时无法发挥应有的效果。

- 很棒的活动现场，但是传播出去后令人感受不到现场的感染力。
- 参与者心潮澎湃想要分享活动，可惜没有素材。
- 参与者拿到可以分享的素材时，心早已凉了一大截。
- 网络报道是在某个网站的深处，或者一个娱乐性质的活动却出现在了健康版块……

"那一个有效的传播推广，究竟该如何做呢？"

我认为有以下 5 个规则。

1）目标清晰

我们的传播目的是什么？想清楚了，才能更好地设计传播的内容，选择合适的传播渠道，并设定传播的范围和时间。

举个例子。如果我们想通过报道让大家感受到我们品牌的温度，那么，可以选择在活动中能够体现出来品牌温度的细节——文字、照片、现场发生的有代表性的故事等内容呈现给大家；如果我们想让大家感受到品牌的创新力，那么，所编写的文字、选择的照片、现场的反馈，则全部需要围绕着创新两字来编排，如抓拍那些好奇的表情和动作，统计那些基于好奇心而出现的体验人次、消费人次等各种数据；如果我们想让大家了解我们下一步的动作，那么，可以选择用官方的语气或者诙谐幽默的语气来分享下一步的规划，并适时地添加一些图片说明。

总之，没有任何的传播文案是固定格式的，那些千篇一律的报道有时并无法引起更多的关注，而真正有内容、有观点、有亮点的文章，才会真正吸引到大家的注意力。

2）渠道适合

不同的品牌类型、产品类型、行业类型、用户类型，所对应的发稿渠道也有所不同。我们要综合考虑自身的特点、目标受众的特点、渠道的特点、活动发展的阶段。

举个例子。从行业类型来看，冷冻食品的活动就不适合发布在时尚周刊上，除非这些冷冻食品开始走时尚路线，或者与某位时尚明星有关。

从活动发展阶段来看，在活动开始前，宣传的目的可能是提升活动曝光、活动的报名率、对合作伙伴的联合推广等，而在活动进行中，是为了跟踪报道活动中的亮点，进一步提升活动的热度，在活动结束后则是为了延长活动的余温，带动更多人对下一期活动的期待。

那么，活动的传播推广渠道是不是越多越好呢？答案是——未必。在你的资金和资源有限的情况下，"适合"远比"更多"要好。

举个例子。如果你的前期宣传是为了招募到更多的参与者，那么直接选择适合的社群组织来合作招募，比大范围无重点地撒网效率要高许多，成本也更低。而对于有些活动而言，仅通过朋友圈的刷屏就可以达到比网站更好的招募效果。我发现真正能够带来社交吸引力的，是参与者在朋友圈的自发宣传，他们的朋友会在他们的朋友圈下评论："下次带我一起去啊！""这个活动看起来好有趣，怎么参加？"

可见，老带新的影响力比单纯网络的宣传更实际，而网络宣传是一个很好的背书，能够被搜索到，有助于提升活动公信力。因此，该如何选择宣传渠道，是否要打组合拳，可以根据实际需要来确定。

3）时效保质

人们对活动的好奇心是有时限的，过了某个时限，热情会大幅下降。活动的传播素材最好能在活动进行中就完成对外输出，最迟不要超过次日。我有以下几项建议。

- 活动进行中就安排专人进行高清照片的整理和输出（当然，你可以在右下角添加上一个小小的水印，带上一定透明度，以不影响整体照片的美观为原则）。
- 当日活动结束后的 24 小时内，就立刻完成文案和 10 秒小视频的对外输出，转发率会大量提升。
- 活动结束后的 48 小时内，在大家依然沉浸在活动的美好回忆当中时，可以继续在社群内互动，延长余温，并通过有趣的内容带动大家更多的互动和传播。

想想我们自己的感受，在参与活动时总会忍不住拍几张照片，而如果能够拿到主办方拍摄的高清的优秀的照片，我们会更乐意分享专业摄影师为我们抓拍的现场照片不是吗？多次的亲身经验是，大家总会着急要当天的照片。起初因为人力达不到，我们给到照片时往往是过了一两天，这时大家对照片的转发热情会大大下降，那么照片的功能就仅仅变成了参与者的"收藏"，而无法发挥其"吸引人"的传播效果。

为了避免摄影师的档期跟不上，我自学了 Light Room 软件作为备用，一旦摄影师那边出图速度跟不上，我会亲自上手选片、调色、加水印、输出。对于创业者来讲，对于想要进步的职场人来讲，没有一件事情是你有权利说"我学不会"的。别人能学会的，你也可以。当活动出现危机时，也许任何人都可以选择撤退，但唯独你不能——因为你是负责人。

有的人会说，当天就出活动报道，时间会不会来不及？我的答案是：不会。

我们可以根据发布的渠道提前拟定好文章风格，网站发文通常是比较官方的口吻，自媒体的发文通常可以稍微亲和、幽默、拟人化一些。我们可以提前准备好基本的文章内容，当活动即将结束时，将现场实际发生的一些事情、图片和数据稍做添加和修改，即可迅速完成。即便是活动结束后创作新的文案思路，

6小时也足矣。因此，在24小时内完成当天的报道是完全来得及的。

4）风格差异

正如前文所说，选择不同的媒体形式做传播推广时，文案和图片的风格也应有所不同。

- 官方文稿。相对而言，需要正式一些，口吻严肃、措辞严谨、数据真实有效。具体的大家可以参考人民日报等各地官方媒体的新闻通稿样式。
- 自媒体文稿。你可以根据自媒体渠道的本身属性，以及你对这篇文章的定位，来选择深情、感动、调皮、幽默、悬疑、屌丝等各种风格。
- 朋友圈文字。你可以根据希望传播的内容，拟定几套不同的朋友圈内容转发文字，方便参与者进行分享，当然，你也可以和大家玩互动游戏，统一一个格式，让大家自行填空。例如，"如果跨界是一个魔盒，那么，打开后我希望_____。"

5）视觉有准

在传播推广过程中，给大家留下印象最深刻的就是视觉的呈现，无论是文字、图片，抑或是视频。因此，在传播的过程中，要尽可能地符合品牌VI（视觉识别系统）主视觉。

举个例子。如果我们的品牌主色调是黄色，期待给人以温暖的感觉，那么——从照片选择、语言风格、视频配乐，都要与之相呼应。我们可以选择有一缕阳光照射在某位参与者身上的照片，也可以选择大家抓拍到的参与者充满温暖的一个眼神，还可以选择那些充满希望的互动画面。

语言文案的风格要尽可能的温暖和发自真心，音乐可以选择令人心驰神往的、舒缓的音乐，文案的配色也应是暖色系，要尽可能地选择简洁、舒适的字体，字号不要过大，对于自媒体文案而言，14号通常是比较舒适的字号大小，黑色也尽量不要选择纯黑，可以选择降低1~2个灰度的黑色。

而如果品牌主色调是冷峻的蓝色，想给人以专业感，那么诙谐又屌丝的文章风格显然是不适合的，而专业、严谨、有条理的措辞和专业的数据分析图，加上彰显专业和气度的场景照片，例如包含嘉宾分享手势的专业照片、仅有一束聚光灯的高逼格舞台照、人气满满的震撼场景照，都将会更加突出品牌调性和内涵。

5. 4P2C 拍照原则

实验心理学家赤瑞特拉做过两个著名的心理实验，一个是关于人类获取信息的来源，另一个是关于知识保持（即记忆持久性）的实验。他通过大量的实验证实，人类获取的信息 83% 来自视觉，11% 来自听觉。而关于记忆的持久性，他发现，人们一般能记住自己阅读内容的 10%，自己听到内容的 20%，自己看到内容的 30%，在交流过程中自己所说内容的 70%。

也就是说，视觉对信息的获取影响非常大，占到了 83%，而视觉和沟通对信息的记忆持久度影响也较大，分别占到了 30% 和 70%。因此，如果你希望活动或者品牌影响到更多的人，那么"可视化 + 互动分享"是极其有效的促进方式。

在实际工作中，我遇到的大量非常优秀的活动，都是由于照片选取不当或处理不当而导致在传播时反而对活动和品牌减分。因此，经过大量的实践和总结，我得出了一个 4P2C 拍照原则，按照这个原则来记录你的活动，处理你的视觉素材，你将会有不可思议的收获，如图 2-5 所示。

图 12-5　4P2C 拍照原则

1）P（Purpose）：拍照用途很重要

首先，我们需要清楚拍照的用途，因为用途决定了我们需要怎样构图，画面中需要出现什么元素、什么场景、什么人物，整张照片需要呈现什么样的光感、色调、感觉。

这些听起来似乎很简单。没错，真的很简单。然而，不得不承认，许多人对活动的记录仅仅只是拿起相机或者手机拍下来而已。

检查一下我们或者朋友发出来的活动照片有没有以下几种情况。

- LOGO 为什么只显示一半？
- 合影中有人扭头、有人说话、有人闭眼、有人正在抹鼻子，这居然是官方公众号发布的照片？
- 大会现场图片上的人稀稀拉拉，是为了说明什么？
- 文字极力想表示活动效果很好，可是为什么参会者大多数都是低着头（玩手机）？
- 文字极力夸赞活动的高大上，为什么照片中呈现出来的现场让人感觉很 LOW？
- 想展示沙龙有内涵、有价值，为什么只看到了几个男士和女士在嗑瓜子？
- 想展示培训氛围非常好，为什么照片中只看到大家眉头紧锁的样子？

……

这一切如果作为日常拍照记录是没有问题的，但如果作为对外输出，透过照片传递感染力，传递品牌特性，那么请务必留意照片的传达效果。请提前和你的团队统一思想，明确拍照的目的，以及期待达到的效果。

2）P（Plan）：提前规划要记牢

根据你的拍照目的来具体规划拍照安排，如果摄影师不固定，我们可以出一份拍照指南提供给摄影师，提高沟通效率，并透过视觉样张来确保双方认知的统一。

（1）拍摄标准

① 期待通过照片（视频）给人的感受是怎样的

例如，有希望、感染力、心神向往，想要参与其中；搞笑的、幽默的、有活力的、积极向上的；有温度的、有爱的、感动的、令人深思的；时尚的、潮流的、欧美风……

② 照片需要呈现的主题是怎样的

例如，照片需要主题突出时，在哪些环节、哪些场景下，需要抓取到什么样的照片内容？

③ LOGO 需要如何露出

例如，主办方的 LOGO、赞助单位的 LOGO 需要如何呈现？是要在同一张照片中有所体现，还是需要单独呈现出来？这些要根据照片的使用场景和用途来具体规划。有一个要求是，涉及 LOGO 突出的照片，LOGO 需要呈现完整。

④ 画面中的配角有什么要求

务必注意画面中的配角元素。例如，避免画面主角旁边的配角在闭眼或者低头玩手机、睡觉、擦鼻子等现象被抓拍到画面中；要留意主题元素旁边是否有杂物，是否会影响拍摄主题的表现，如果无法移除，可通过拍摄角度的调整来弥补。

（2）拍摄内容

① 全景照片

从拍摄时间来看，可以包含来宾未到场前一切就绪的现场状态（突出精心准备）、来宾刚到齐后的全景（此时来宾的眼神更加清澈、有精气神，越到活动后期，来宾越会疲惫，尤其对于思考类、时间较长的活动）、活动进行中的全景照片（主要用来展示现场的整体情况，突出现场环境的高大上、人员爆满、气氛火爆等主题）。

从拍摄角度来看，可以根据需要安排从舞台一侧拍摄参会人员正面的全景，或者从参会人员背后拍摄舞台正面全景，如果有高处位置，可以拍摄从上向下的俯视角度全景，如图 12-6 所示。

图 12-6　从不同角度拍摄的全景照片

② 舞台区特写

包含主持人讲话、嘉宾分享、节目和抽奖环节等的特写照片，主要用来记录活动中的具体环节，抓拍重量级的主持人、嘉宾的精彩瞬间，或者与观众的互动画面，也可以抓拍特别的节目等，用于后期在传播时的情景再现，以及对人物、环节等亮点的突出。

对于特别邀请到的嘉宾,一定要安排摄影师特别留意,并将精修好的照片在活动结束后单独发给嘉宾。相信我,你的嘉宾会感受到你贴心的温暖。

③ 观众特写

主要包含在活动开始前、活动过程中捕捉观众的特写画面,用来展示期待传递的活动氛围。例如,专注书写的画面、热情洋溢交谈的画面、开心的笑容、聚精会神的画面、感动落泪的画面、吃惊的画面、鼓掌的画面、举手的画面等,具体需要应根据活动性质,以及想要透过照片表达的情感内容来具体安排。

④ 环境特写

主要包含你所希望为未到场的人们展示的现场细节。例如,现场特别准备的茶歇、花束、礼物、丰富的道具、精心准备的小卡片、伴手礼……

⑤ 合影设计

你可以按照想要的风格来设计你们的合影,不一定都是坐着或者站着,可以发挥你的创意。如果人数太多,可以通过增加手牌、增加手势、增强气势的方式来增加照片的活力,如图12-7和图12-8所示。

图12-7 市场部网线下沙龙合影

图12-8 跨界有道实战班部分学员合影

（3）照片输出

你可以按照你的需求制定照片输出时的一些基本原则,还可以根据实际需求增加维度,以下内容可供参考。

① 时间:活动结束后即输出到社群内或者在线图库等,可在活动当晚21：00前完成输出,方便参会者使用。当然,具体时间和输出途径可以自行设定。

② 水印:水印的位置、大小、颜色、透明度要尽量统一。我曾收到过摄影师发来的添加水印的照片,其中水印位置高低不同、大小不同、颜色不同。虽然摄影师十分辛苦地依据每张照片的色调逐一调整了水印参数,但是整体输出

时却还是会显得杂乱不堪。

水印的颜色尽量要与底色有所反差，但通常为了不影响整体美观，水印可以设定为20%左右的透明度，具体根据画面的整体色调和水印颜色来定。

水印的位置可选择统一设定在底部中间或者右下角，如果是作为网络传播而非打印，水印切记不可以过大，精致小巧且不影响整张图片的美观即可；也可以将水印巧妙地与画面中的窗台、窗帘、桌子等物品融合在一起，如图12-9和图12-10所示；水印尽量使用PNG格式的原图，避免使用矩形色块，否则将会影响整体视觉美观。

图12-9　水印在窗帘上

图12-10　水印在背景喷绘上

③ 照片调色：照片的色调需要与整场活动的主色调、给人的整体感觉以及品牌调性相关。例如，较为温暖的品牌活动，照片的色调可以呈现温暖、阳光的感觉；如果要突出清透感，可以呈现明亮、舒适、有格调，令人心神向往的感觉；如果要突出复古时尚感，可以呈现复古气息等。这些可通过调整滤镜、照片明度、对比度、饱和度、色调等参数来实现。

④ 照片输出大小：通常来讲，如果照片仅用于自媒体稿件传播、朋友圈推广等，1~2M即可，便于保存。如果需要留作后期制作，可以输出得更大一些。

⑤ 照片保存：建议添加水印时不要遮盖原图，一定要告诉你的摄影师，将调好色调的原图和水印版分别保存，并发送至你的指定邮箱，便于你后期下载使用。切记，水印一旦覆盖原图，后期需要使用无水印的照片时，你会非常麻烦（我是经历过这种麻烦的）。

以上就是关于照片规划的一些细节，也是我常用的拍摄指引细则，希望能够对你有所帮助。

3）C（Composition）：拍照重在巧构图

相信你一定有过这样的感觉：面对某张照片，你会觉得如果左边再多一些就好了，如果角度再低一些就完美了……所有造成这些遗憾的原因就是构图的问题。

对于活动照片而言，构图的重点在于以下两个方面。

（1）主题突出且表现完整

无论是摄影还是做PPT，一切的根本是将脑中的画面通过工具呈现出来，因此，脑中先要有画面才行。而许多人不会拍照，甚至有些专业的摄影师也拍不出优秀的活动现场照片，因为他们心中对整体活动，以及对活动中需要呈现的细节和效果、用途不够清楚。

我曾经合作过一个非常出色的摄影师雅桑，当我在台上分享时，曾提到"接下来，我想听一下大家的选择，认同的举YES，不认同的举NO。"这个时候，无论他在做什么，他都会在第一时间拿起相机抓拍现场的举牌场景，很好地记录下互动的画面。这种专业度，不仅是拍摄的专业度，更在于他懂得这个活动的目的，以及需要他呈现出来什么样的场景。

还有一次，他看到我们在现场弧形摆放的座椅刚好缺了一块，在镜头中显得非常不协调，于是，他就利用课间休息的时间找到工作人员做了微调。调整了座椅布局之后，现场照片看起来的确饱满了许多，同时还可以拍到每一位学员。

这就是专业，以终为始，站在结果的角度看待眼下的工作并要求严格。这种以终为始的原则，在我们的生活中处处可以用得到。

比如，在帮同伴拍照时，可以适当地提醒她补一下口红，或者头发再梳得整齐些，或者裙角可以再捋顺一些，下巴再收一些，两个人再靠近一些等细节，看似耽误了一点儿时间，但是成片会让朋友大为喜欢，而且她一定会喜欢和细心的我们同行。

反之，我遇到过有些朋友喜出望外地与嘉宾合影，结果合影的照片没有一张能用的，但是又不好意思（或者没有机会）再次与嘉宾合影，可想而知对方心里的阴影面积会有多大。

在我们的活动上，每次合影的时候我都会花一点儿时间，根据大家的衣着款式、颜色、身高、气质、性别等因素，来调整大家的站位，并在调整的同时，告诉大家如何拍得更有气质，更加出色，并帮大家调整侧身角度、姿势等。虽然开拍前十分"麻烦"，但是成片往往会收获大家的一致赞赏。和朋友一起旅行拍照也是如此，我也会提醒她很多细节，或者把我的帽子或者饰品借给她，这份奔着成片可用的责任心，总是会带来她朋友圈的一片点赞。

（2）构图符合摄影技巧

例如，大家熟悉的三分法（井字构图、黄金分割）、居中构图（对称）、引导线（延长线、汇聚线）、对角线（X线构图）、画框、减法原则、对比构图、平衡法则（和谐）、层次构图（前中后景）、三角形构图、透视、重复等摄影技巧。

具体的构图方法，大家可以参考各种摄影网站的教程，在此不做赘述。

4）C（Capture）：善察敏捉细节好

为什么有的摄影师拍出来的活动照片你会拍案叫绝，总是激动地说："天啊！居然还有这么棒的画面！""天啊，大家居然这么嗨！""这个人好美啊！"

作为组织者，你未必会关注现场所有的细节，而这些在摄影师的镜头下都将为你呈现出来。一个好的摄影师一定非常善于捕捉现场的关键画面，而这些有些是包含在你的摄影计划中，有些是现场的意外惊喜。我曾经也遇到过有些我渴望记录下来的镜头，却没有很好地捕捉下来，对此很是遗憾。因此，善于洞察并能够敏锐地捕捉到细节，是一个优秀的摄影师必须具备的能力。

5）P（Promptly）：公布照片要及时

和传播推广时的原则一样，照片的公布要及时，最好能够在活动刚一结束就立刻公布。现在有许多摄影机构和软件能够提供在线拍摄同时上传到云空间的服务，在活动进行中，大家就可以看到实时更新的现场照片，非常的方便。

6）P（Photoshop）：精心修片不可少

你一定见到过颜色暗淡无光、主题不突出、构图不足等随手拍的照片，你也一定见到过让你心神向往，并主动留言希望朋友下次带你一起参加的活动照片。这两者的区别，除了前面提到的构图、主题等细节外，还有一个很重要的地方就是修图。

我们时常会对自己的照片做精修，美颜、增高、滤镜无所不用，但对于活动照片而言，许多人却容易忽视。照片是最能传递品牌调性、品牌价值观的可视化内容之一，因此在发布之前，要尽量做到美观，与品牌主视觉相匹配，具体可以参考前文"照片输出"章节的具体建议。

总结一下：

在这一章中，我们分享了策划和执行一场跨界活动的背后底层逻辑和实操步骤。在这里，我要再提醒大家一句话，那就是活动本身就是在与人打交道，所以，只要你懂得换位思考，设身处地为你的粉丝考虑，多倾听他们的感受，敏锐地捕捉他们的反应，你的活动就会越来越具备非凡的吸引力。

第五部分
跨界技巧

做任何事都得讲求技巧，跨界这件事也不例外。不过，在掌握跨界技巧前，我们还需要考虑一件事就是，一旦在跨界中遇到了令我们困惑的事情，该怎么办呢？

本部分起，我们就一起先来探讨跨界时最容易出现的几个问题组合，之后再来分析遇到跨界危机时我们要如何应对，最后再来跟大家分享跨界时都需要注意哪些问题，以及如何才能有效积累跨界资源。

第 13 章　跨界漏洞：出现率最高的六大跨界漏洞

说实话，跨界合作的过程与我们的恋爱和婚姻简直是不能再像了。"闪婚"般的快速结合，会在"磨合期"发现越来越多的"新问题"，出现"无心之过""利益的触碰""分工的盲区"等一系列问题。

有的人，会在"心如磐石"中沉稳地解决问题，并让彼此之间越来越默契。而有的人，则走着走着就散了。

为了实现成功跨界，以下是我们需要留意的 6 个至关重要也是出现率最高跨界漏洞。

- 闪婚契约不牢靠
- 一不小心搞乌龙
- 双方信息不对称
- 突发事件利益碰
- 执行能力不对等
- 责任黑洞没人领

13.1　闪婚契约不牢靠

无论跨界的难易程度、体量大小、影响范围究竟如何，合作伙伴在快速决定合作之时，就结下了"闪婚契约"。这份契约，无论是纸质的，还是口头的，均有效，合作方都应该为之负责。

而事实是，由于彼此是初次合作，尤其当对方是经由你的 N 度人脉相识，或者刚从陌生结识，感情较浅，且没有较多社交圈的重叠时，有可能就会出现以下几种情况。

- 单方面的弃约。
- 执行放缓，直至淡忘。
- 在执行过程中，单方面地提出对方无法接受的附加条件或者权责改变。

13.2 双方信息不对称

无论是不是初次合作，我们都无法 100% 地获取和对方相同的信息量，这必然会造成合作双方信息的不对称。在跨界合作中，我们需要多留意以下事项。

1. 双方在洽谈时所提供信息的真实性

正如我的那个糕点赞助商朋友，她之所以决定不再轻易赞助活动，是因为在和我合作之前，她曾和一家地产公司有过合作。对方需要糕点赞助，并一再强调参与活动的客户群体是非常高端的企业家。基于这些客户群体的影响力，她按照对方要求赞助了 200 份。

可到现场后，她发现并非如此。她说："即便是我们家糕点再漂亮、再好吃，可当时疯抢糕点的场景，加上参会者的着装和气质，还是让我觉得这些人的素质并不像地产公司描述的那样是高端的企业家。"她的心里很凉，有种上当受骗的感觉。

因此，了解信息的真实性，能够避免不必要的物质损失和精神损失。

2. 数据对双方合作的有效性

有一次，温州一家做床上用品的企业老板找到我们，希望能冠名我们的活动。在沟通中，他们非常自信（甚至是自豪）地说，他们一个月的销量有多少，淘宝店铺的粉丝有多少。说实话，数据真的很强大。可问题来了，他们的销量是否足以说明他们的品质和服务？他们的淘宝店铺的粉丝有多少是活跃的？对本场活动能提供多大的支持呢？

有时，看起来强大的数据，其实未必能给你带来有效的支持。就像有些社群组织总喜欢说："我们有 ×× 个社群，有 ×× 个粉丝。"没错，这是实力的象征，但不是实力的真相。有些社群组织成员并不多，但他们的购买力、活动参与程度都远超那些"看似更大"的社群组织。

因此，不要被表面数据震撼到，要平静下来想一想，这些数据究竟能发挥多大的有效性。

3. 双方对同一事件的认知是否相同

当对某些事情不够有经验时，我们通常会选择将这件事交给"有经验"或者"语气坚定"的人。而他是否真的有经验，或者这个经验究竟是否适合当前这件事？他坚定的语气代表的是真的有把握，还是习惯性的盲目自信？

你一定经常听到一些人说："放心，这个事儿好弄。"结果却是"没想到这么难弄。"

在综艺节目《亲爱的客栈》第二期中，出现过两次类似的现象。其中一次是客栈最初搭建时，刘涛的老公王珂与施工方老高沟通时，对方一再说能按时完工，结果却一次次地基于各种"没想到"的客观因素或者人为失误，导致工期延期，王珂与老高之间的对话也一时之间成了大家讨论的热点。

这其中所出现的问题就是，王珂与施工方之间的信息不对称，以及施工方与其合作方之间的信息不对称。有时信息不对称是由于对方的故意夸大或者隐瞒导致，有时是由于对方的信息来源于第三方所导致的掌控力缺失。

4. 是否基于渴望和信任，增加了对合作伙伴的幻想

尤其是当我们终于找到了期盼已久的合作伙伴，或者能够和一个知名品牌合作时，这种渴望合作的激动，以及基于对对方品牌权威的盲目信任，会导致我们不知不觉地将"幻想"当作"事实"。就像恋爱初期时的"月晕"现象，随着恋爱进入磨合期，有一些美好的幻想泡沫才被"现实"逐步击破。

有一次，我们跟合作伙伴合作时，对方说他们有摄影师，我们便没有另行安排摄影师。结果活动的前一天我们才知道对方的摄影师没有摄影设备，也非专业摄影师。于是当天我们只得紧急借调摄影设备。设备的主人由于提前有约无法到场，加之合作伙伴的摄影师对借调来的摄影设备并不熟悉，结果拍摄的照片没能达到预期效果。从那之后，一旦对方说有摄影师，我就会详细询问他

们的摄影设备情况（能拍特写还是全景），对方摄影水平如何，是否能够全天专职拍摄，还会查看对方往期摄影作品。

有的时候，我自己也会如大家惊讶的眼神所传达的那般，质疑自己是否有必要如此麻烦，但是一次次的经验教训告诉我：为了有一个好的结果，前期沟通的麻烦是必须的，因为，你总是会发现，筹备过程如若不麻烦，结果便会很麻烦。

13.3　执行能力不对等

不同人的执行力尚且不同，更何况不同的企业。执行的结果是否如双方所期待的那样，的确是存在着诸多变数。

1. 对接人自身的掌控力

我们通常希望与对方有权限的负责人直接对话，但不可避免的是，有时我们不得不先从能接触得到的层级开始商谈合作，这样就会出现以下两种情况。

- 如果对接人自身的权限足够，那么活动中所需要的相关资源和支持便得到了更多的确定性保障，接下来考验的就是这位对接人自身的统筹和执行能力。
- 如果对接人自身的权限不够，需要更高层领导和其他相关部门的支持时，我们就要为变数做好充足的替代方案和心理准备，此时，对接人自身的沟通协调能力便非常关键。

2. 对接人自身的执行力

我非常喜欢那些将事情做得非常细致、非常负责任的对接人，和他们合作，总是会让人多一份安心。他们总是会主动想办法或者直接引荐更高层的负责人加入，共同推动合作进展，遇到困难也会第一时间用积极的态度解决问题，一起想办法克服困难。

反之，我也会遇到做着做着就不了了之的合作伙伴，有时，是高层认为暂时不适合合作；有时，是对接人无法传达出真正的合作价值，导致误解。这样的情况，我自己曾遇到过不止一次，被对方员工拒绝后，与老板一谈，老板直接大喊："这是好事啊！"

因此，要弄明白这份拒绝背后的原因，然后选择是否要换个方式继续。同时，这也充分表明了认识关键人物是有多么的重要。

3. 对方企业相关人员的执行力

合作开始后，双方会加入一些具体版块的负责人，并建立一个微信群，方便沟通，而这时恰恰是更多"不确定"因素出现的时候。

有一次，为了支持一位地产公司的朋友，我们将沙龙地点选在了他们售楼部的一角，并建立了一个微信沟通群。当时现场需要制作一个桁架，为了降低沟通的误差，我直接用PPT做了一个简洁版的桁架喷绘画面，标注了色卡、字体、主题字的高度，制作公司只要将其转化为PS格式，并添加上双方的LOGO即可。

朋友将PPT发给了他们长期合作的一家制作公司。一天后，设计图被发到群里寻求确认，设计师说："没有问题的话，我就让他们制作了。"

我的同伴为了鼓励对方，在群里回复："很好看，辛苦了。"我也跟着回复："辛苦了。"不过保险起见，我下载了原图，想再查看一下细节，结果吓到我了。

我赶紧在群里回复："等等，先别做。"

我发现，在画面的左上角有他们的一个LOGO、我们的一个LOGO，右上角还有一个他们的LOGO。整个画面实际制作尺寸长8米、高3米，而左上角的LOGO竟占据了图片的一半长度，等比例算下来，就是说LOGO实际长4米！我瞬间惊出了一身冷汗。LOGO太大了！岂不是喧宾夺主了吗？

我赶紧用语音加文字两种方式告诉他们，建议所有LOGO并排放在一侧，我们的LOGO可以放在后面，但总长度不能超过画面的四分之一，然后在语音中解释了原因。

在我们的印象当中，设计公司的设计人员理应比我们更为专业。所以，我们有时会想当然地完全信赖对方，但实则却不尽然。

多年前，我曾负责印制过上千份有创意的折叠宣传册，就是因为过分信任而没有提前让对方做样品，最后印制出来的字号有点儿大，失去了宣传册原有的精致。那次的失误，我始终铭记在心，同时也让我意识到，企业的品牌再响亮，员工的经验再丰富，都无法代表当下执行人员的行动力完美无缺。

因此，在跨界合作时，务必要细心、细心、再细心，尽可能地减少跨界的漏洞。

13.4　一不小心搞乌龙

有一次，活动中大屏幕播放画面的设备只能连接苹果笔记本，执行人员好不容易赶紧带去了一台，却发现依然不能用。为什么呢？因为这台苹果笔记本已经将操作系统换成了windows。

又有一次，赞助单位的送货人员送到活动现场的产品整整少了两大箱，经过确认和协调，次日一大早，对方辛辛苦苦地给补了过来。还有一个蛋糕的赞助商不辞辛劳地把几百罐非常好吃、颜值又高的罐装蛋糕送到活动现场，就在他兴致勃勃地准备邀请大家品尝时，突然一惊："天啊，勺子好像忘带了！"

还有一次我去讲课的时候，对方说他们平时不用话筒，都是用的耳麦，现场音响效果很好。结果到了现场才发现耳麦是坏的，幸好我们的工作人员提前准备了小蜜蜂扩音器备用。

除此以外，还有太多"一不小心"造成的疏忽，事后听起来都是些挺有趣的、可以一笑而过的小事，但在当时却足以引出一身冷汗。

在活动开始前，一定要细心地做好各种准备（嗨，这句话你一定听得耳朵都磨出茧子了吧，可为什么还是会出现各种乌龙事件呢？），对此，我有一个用起来非常有效的方法，就是前文中提到过的"导演模型"。以分享型论坛为例，我们可以站在组织者、志愿者、讲师、嘉宾、重要来宾、合作伙伴等视角，在脑中像过电影一样把活动过程从头到尾细细地演示一遍，如此一来，就能快速地查漏补缺，并将不同角色之间的关联互动想得一清二楚。

即便如此，现场也是充满变数的，当然，这也是线下活动的魅力所在（哈哈，笑着接纳并且当作一场冲关游戏也挺不错）。若没有做好相对充分的准备，我们就会面临大量的"我的天啊！""没想到！""居然是……""怎么是这样的？"等一系列千奇百怪的状况。因此，我会要求我们的执行人员在活动开始前一天，所有准备工作都要就绪，绝对不能有"活动开始前再弄"的想法。因为，多年的经验告诉我的是，活动开始前，一定还会有更多的"惊喜"让我们惊讶和猝不及防。

不过，别担心，放平心态，一切都能解决。相信我，这正是我们扩大舒适圈和提升能力等级的重要时刻。而且你会发现，处理紧急事情的能力提升后，你会在面对突发事件时更有自信，更有定力，也更加游刃有余。

13.5　突发事件利益碰

我问洽洽的电商负责人："在和春纪共同合作'恰恰瓜子脸面膜'的过程中，有没有遇到过一些小问题？"

他说："肯定是有的。在合作时，有非常多需要照顾到双方利益的事情，就像主色调啊、风格啊、双方LOGO的序位啊、产品上市时间啊等一系列的问题。这时就得由我们一起探讨解决办法，或者有时候一方主动做些让步，毕竟都是为了最终的合作结果。"

对于合作内部的利益触碰，我们通过沟通和让步可以来解决，但如果是遭遇外部的突发情况或者意料之外的事情呢？就像举办线下活动时，预估现场会来200人，结果报名了368人，那么多出来的这168人怎么办？是直接拒绝吗？如果都同意参加，那多出来的这168人所对应的伴手礼、现场茶歇、座位、物资等该怎么办？谁来承担多出来的这部分费用开销？

这些都是我们在实操中很容易遇见的相当现实的问题。一般情况下，我会跟赞助商提前预估到场人数的范围，并一起协商是否按照1.2倍，或者1.5倍的数量来预留礼品，而对于非常容易采购的或是赞助商自己的产品，会约定在报名截止前的几天内将所需数量告诉他们。

即便如此，如果所需礼品或者物资还是超出了预估，这时又该怎么办呢？一般有以下这样几种方式来处理。

（1）原合作伙伴增加礼品数量

可是，在追加礼品的时候，如果礼品库存不够呢？那就寻找替代礼品。但又怎么解释来宾获得的伴手礼不一样这件事呢？那就根据人数和身份、性别、年龄等因素，或者增加个有趣的环节，设置一个很棒的理由，让不同的礼物充满不同的意义。

（2）紧急增加新的合作伙伴提供支持

当然，这要求我们日常有一定的资源储备，并且在信任账户中有一定的存储。与此同时，要给予与对方相应的回报，甚至更多的行动来表达对对方紧急支持的谢意。当然，我遇到过许多不求回报，只希望当时能帮我救个场的朋友。对于善良的他们，我们一定要铭记在心，日后狠狠地感激。滴水之恩，涌泉相报，不只是一句话，一个态度，更是一种行动。

（3）组织方支出额外成本

有些意料之外的突发事件只能增加额外成本。例如，换到更大的场地，支付更高的场地费；茶歇赞助商突然出事（就像前面第12章中提到的那位老板，外出采购原材料时车子打滑，整个人被甩进了车底），来不及更换新的合作伙伴，最快速的解决方法就是直接采购其他现成的茶歇。

其实还有许多其他的处理方式，在这里我想表达的一个核心是：我们的确无法在活动开始前，将所有的问题考虑周全，只能"尽可能"地考虑周全。我感受非常深刻的是，问题不是不可以解决，而是要不要解决，以及如何解决。

我自己的方法一直都是：A路不行，走B路，B路不行，找C路，如果实在没路了，考虑调整目标。在没有尝试之前，不轻易为自己找借口放弃。不是我有多坚强，而是我们总是会需要为一些人和事负责。

总之，突发利益触碰之时，首要原则是：确保合作的正常进行，且优先保证参与者的体验感。在此基础上，双方做对应的让步和调整。

但凡事总有例外，不是所有的合作都是和和美美、一帆风顺的，如果合作方不配合（或无法配合）呢？如果突发事件变成了一场你和粉丝之间的信任危机呢？这时你该怎么办？我将在下一章讲述两件我亲身经历的危机事件，以及两个核心处理原则。

13.6 责任黑洞没人领

"这个东西准备好了吗？"

"不知道啊。"

"谁负责准备这个啊？"

"开会的时候没提到呀！"

这样的对话你熟悉吗？越是大型的合作，细节越是繁多，越是会发生工作分配不到位的情况，由此就会引发责任黑洞。通常，事后补救的一种方式是看这个事情属于哪一个大的功能组，由组长来认领；还有一种方式是谁有条件和能力完成，谁主动来承担。

一旦出现诸如"我们做不了"和"我们也做不了"的情况，考验的就是双方的责任心和变通力了，更有责任心的人会想尽各种办法解决这个问题。如果在合作的过程中，我们发现有一个人总是在关键时刻冲在前面想办法解决问题，我们一定要好好珍惜他，这样的人值得我们深交。

总结一下：

虽然这6种类型的跨界漏洞时常发生，但只要细心察觉，我们还是能够尽量避免的。同时，特别有意义的是，这也考验了我们每个人的细心、责任心、耐心，同时，大家在这个过程中的表现，也帮助我们鉴别了哪些是值得深交的跨界伙伴。

第14章 跨界危机：如何从意外崩塌的危机中逆转翻盘

一旦跨界的漏洞没有提前捕捉到，便很有可能演变为跨界中的危机事件。

有一次，一个朋友让我帮忙为她的一场瑜伽活动征集20名参与者，同时她还为大家准备了礼物。我在我的社群中迅速征集到了20人。没承想活动临开始前两天，朋友却突然吞吞吐吐地告诉我说，瑜伽活动没有办法如期举行了。

我感到事情不妙，于是追问活动是延期还是取消。朋友说了实话，说她的领导突然决定取消活动，得知消息的她一再告诉领导粉丝已经招满，这样做不仅会失信于粉丝，也没办法向积极帮助他们的我交代，说不定他们以后再有紧急情况就不会有人乐意帮忙了，即便如此，朋友的领导也没有改变决定。

朋友再三向我道歉，说她很无助也很无奈。但是，面对粉丝的信任，我却不能"言而无信"。要知道，有些变化，到我们这里就应该是终点了，因为我们是负责人，过滤变化，就是负责人这个"沙漏"所要做的事情。于是，我找来了瑜伽老师、瑜伽场地，并找圈内热心的朋友支持了部分礼品，一切如最初承诺给粉丝的一样，活动最终如期举行。

朋友说："其实你直接告诉大家原因就好了，何必自己这么麻烦，你又没有任何收获。"

我说："是的，也许告诉大家后，基于平日里大家对我的信任，他们会谅解，但是免不了心里会有失落。无论原因多么值得原谅，我们的失信于人却会成为事实。何况，这不还没有到不得不取消的地步嘛，咱们跨界圈里这么多朋友都是很乐意'给'的。"

14.1 处理跨界危机的 2 个核心原则

没错，跨界的核心能力就是"给的能力"，核心精神就是"给的精神"，这种跨界文化，再一次在危机发生时起到了雪中送炭般的重要作用。

在跨界过程中处理危机事件时，我们有两个核心原则：

- 完美执行。
- 客户满意。

如果我们通过一些努力，能够将事情按照既定计划完整地执行下去的话，那我们就要力争按计划进行。因为粉丝的满意度是最重要的事，如果计划被迫必须改变，那么更要将客户满意放在第一位，在第一时间做出调整性的方案，以客户需求为首要核心，考虑到客户的情绪，洞察客户的内心想法，找到替代方案，甚至必要的话，要全力地做出弥补。

当然，在具体操作的时候，这两个核心原则会遇到一些实际问题。例如，合作双方中的一方不愿意执行了，或者无力执行了，那么由谁来保证完整地执行？另一方是否愿意来执行？

就像上面那个事件中，如果我也没有努力去寻找资源来提供替代性方案，势必会造成信任的丧失。

有一个更加残酷的事实是，许多客户或者粉丝莫名其妙地就离开了、脱粉了，甚至是粉转黑了，一切都是悄无声息的，极少会有人专门跑来告诉你："我不准备喜欢你了，因为你上次言而无信。"大多数的人（尤其是他们还是曾经信任你的人）会这样告诉你："啊，好遗憾啊，那就以后有机会再参加你的活动吧。"然后，这个"机会"就从 100% 降低为了 50%，甚至更低。50% 的意思就是在粉丝的心理上，从争着抢着参加活动变为了观望和犹豫，你们之间的信任契约、守时契约已经被打破，后续再做活动的时候，粉丝放鸽子的概率也极有可能会增加。

再如，替代或者弥补方案中，如果需要双方额外付出一些成本，由谁来承担？坦白说，就像交通事故的责任认定一样，谁的责任大，谁负责的就会多一些。但新的问题来了，如果责任较大的一方无力承担，或者时间上来不及完成，该怎么办？如果责任不是双方的问题，而是第三方的因素或者不可抗力，这个责任和付出该如何平衡？

其实，还是要以跨界危机处理中的这两个原则为准绳，即完美执行、客户满意。一切以最终的目标和初心为标准，双方一起努力。你做不了的我来做，你来不及的我来分担。但是，这可能会产生一个新的问题，那就是为了"照常进行"或者"客户满意"，双方的付出会出现不均等甚至严重失衡的情况，这时又该怎么办呢？

14.2 面对跨界危机时的 3 种思维方式

此时，我们需要具备以下 3 种思考方式。

- 接纳事实。为了维持客户满意度或者为了避免信任危机，心甘情愿地付出一定的时间、资源、资金成本，从整体和全局角度出发，而非对比双方的付出程度。
- 秋后算账。做出调整方案时，双方协商好待活动如期完成后，内部做个补偿。
- 情感预存。这一次你的慷慨、负责和仗义，一定会在对方心中留下深刻的印象；这一次你大方的伸手帮对方化解了窘境，十有八九他会感恩在心（或者心怀愧疚）。总之，这就相当于，你为你们之间的情感账户预存了一笔会自动升值的基金。

你看，一切都是以完美执行和客户满意为优先，其他的问题都排在后面。这就是跨界合作的核心，也是处理跨界突发事件的行为准则。太多的经验和事实证明，轻易放弃、言而无信、不顾粉丝体验感的人或者品牌，会逐渐被大家远离。而临阵脱逃、不负责任的跨界伙伴，也会被大家悄悄地远离（这个悄悄，就是可能还会偶尔保持联系，但是不会再有重要合作）。

14.3 跨界危机事件案例

在遭遇跨界危机事件时，你会怎么做？

跨界力——如何让你和产品更受欢迎

有一件我亲身经历的危机事件，我犹豫再三要不要分享，因为涉及一些内幕和负能量。为了能够让大家提前了解到更多真实存在的危机事件，我决定分享给大家（已对部分身份信息做了化名和适度处理）。

阿红在一家户外娱乐项目公司负责市场工作，她刚从外地调到我们省，人生地不熟，于是经朋友介绍我们相识，她希望我能帮忙一起策划夏季开园事件，她想让更多的人知道这个地方，并希望在开园期间打造爆满的客流量。

我和我们的副会长一起讨论出了一个创意，很快得到了阿红以及他们公司的一致通过。为了增加曝光度、客流量，我们找到了非常多大V级别的自媒体，以及拥有高质量客户群的品牌帮忙宣传，并推出了亲子特惠票价的优惠政策。作为宣传回报，阿红答应提供一些赠票给自媒体和品牌的粉丝。

很快，阿红的总部领导便知道了这件事并夸赞了阿红，正当他们庆贺活动的影响效果不错之时，阿红接到了一个同事的投诉，并被要求暂停活动。这位同事是阿红所在分公司销售部的前辈，负责各个售票渠道的销量，其投诉理由为：阿红的活动和票价影响到了常规售票渠道的销量。

据阿红说，她查阅了一些数据，发现常规渠道售票的销量几个月来一直不高，她认为很明显这是为未完成公司任务找到了一个看似"合理"的借口。为了降低负面影响，经过再三沟通和争取，阿红的领导一力扛下责任，这个活动要正常进行，但是原本答应提供的赠票数量要减少一半，优惠票价力度也有所降低。此时，合作的自媒体、网站、合作品牌等各渠道招募粉丝已经持续了4天。

问题来了，如果是你，你会怎么办？

此处，我们留一个开放式的问题，请在下框中留下你的解决方法，欢迎在微博中@作者董佳韵，与大家一起探讨（第15章中有故事的结局）。

第 15 章　跨界法则：
六个不可不知的跨界法则

来，此刻让我们深呼吸一下……

在整个第五部分，我会分享许多自己亲身经历的、看到的、听到的那些真实的"危机"事件。它们看起来不够美好、不够圆满，充满着"天啊，怎么会这样！""居然能这样！""这也太过分了吧！""太不可思议了！"等等这样的感叹，甚至有些事情会令人难以接受，或者感觉到一丝灰暗。

但此刻我想说的是："别怕、别灰心，在这些事件中，我们要收获的是如何拥有保护力，保护我们的粉丝、我们的客户、我们的合作伙伴，也保护我们自己。"知世故而不世故，面对纷杂，依然留有一份纯真，才是真正的成熟。

接下来，我将与大家分享 6 个不得不知的跨界法则，掌握了这几条法则，将有助于你更好地实现跨界。这 6 个跨界法则是：

- 清晰的跨界目的
- 吻合的品牌期待
- 丰富的资源人脉
- 谦虚的跨界姿态
- 真诚为他人负责
- 高标准以终为始

15.1　清晰的跨界目的

细心的你一定发现了一个规律：在本书的诸多案例解析中，我们常会问一个问题——做这件事的目的是什么？身处纷杂的世界中，面对繁多的信息，我们往往免不了被外物吸引，忘却初衷。就像故事中那个抓小偷的警察，好不容易赶上小偷之后，却超了过去。

只有清晰了解跨界背后的"为了什么"和"为什么"，才能更好地做出决策。前者是目的，后者是原因。做市场久了，容易陷入一种"自嗨"局面，看着某些数据，感觉做得非常不错，然而，这些数据对大局的某个方面而言是否真的有帮助？这个问题才是核心。

思考下面这些问题：

- 老板让一个月做两场活动，我做了，为什么公司数据还是没有提升？
- 这个活动创意这么好，为什么他们不愿意一起做？
- 我要选择哪一款产品来赞助对方？
- 他的实力和渠道数据看起来真的好厉害，为什么没有效果？
- 为什么尝试了这么多的活动，消费者还是不买账？

……

出现这些问题的原因，大都来源于不清楚跨界的目的是什么。

15.2　吻合的品牌期待

跨界的第二个法则是：吻合的品牌期待。如果我们用剥洋葱的方法，来看看究竟是谁的（什么）期待呢？

- 跨界合作双方品牌的特性和彼此的期待是否吻合。
- 对用户或者粉丝来讲，是否满足或超越他们的期待。

吻合的品牌期待，有可能是从双方的品牌类型、品牌功能、品牌形象、品牌调性、发展需求、市场地位、消费者心目中的品牌认知、品牌情感、品牌好奇、品牌建议等方面来结合的。

例如，我们会觉得护肤品牌和服装品牌的结合非常自然，因为它们都具有让人变美的特性；我们会觉得书店和读书类 App 结合得非常自然，因为它们都具有个人提升的特性；我们会觉得精致的茶点和休闲场所的结合非常自然，因为人们都崇尚美好人生。再如，2006 年前后，网上开始流传出马应龙痔疮膏有去黑眼圈、消眼袋的神奇功能，结果马应龙研发中心真的研发出来了一款眼霜。

网上有这样一个段子：

粉丝甲："你们家眼膏治痔疮超棒的！"

马应龙研发中心："好勒，小的这就去研发上市。"

粉丝乙："你们家痔疮膏去黑眼圈超棒的！"

马应龙研发中心："好嘞，小的这就去研发上市。"

粉丝丙："你们家眼霜长睫毛超棒的！"

马应龙研发中心："好勒，小的这就去研发上市。"

粉丝丁："我有个大胆的想法，不知当讲不当讲？"

马应龙研发中心："这个……没啥重要的事那就别讲了吧。"

粉丝丁："不行！我一定要讲！眼霜增长睫毛效果这么棒，那一定能拯救我的发际线吧？"

马应龙研发中心："……"

15.3 丰富的资源人脉

毫无疑问，资源人脉对于跨界的重要性是有目共睹的，它不仅表现在我们是否在想要与某个品牌合作时能够准确地联系到对方，或者在对方可以支持也可以不支持我们时选择支持我们，更表现在优秀的人脉能够带给我们更广阔的视野、思维、格局，他们的一言一行和思维方式、行事准则传递给我们的是无声的宝藏。

在我们想到一个创意点，想要和一个品牌共同实现时，有没有遇到过以下情况？

第一种情况是，对方说："你们有方案吗？可以先把方案给我，我让我们领导看一下，然后我们再做具体的沟通。"好的结果是，大概半个月或者一个月过去了，方案在改过几次稿之后终于可以落实了。不好的结果是，然后就没有然后了。

第二种情况是，我们和对方负责人直接展开沟通，快速地知道彼此的兴趣点和需求，明确合作是否可行，然后一起商讨创新之处，互相提供资源支持，快速达成合作意向，最后再策划具体细节方案。

你更倾向于哪一种情况呢？

如果是我，我更倾向于后者。第二种做事方式不仅效率高，更重要的是，在策划和创意阶段就可以直接融入彼此的思想和资源，这非常有助于合作的可行性和丰富性。

与此同时，优秀的人脉能够带给我们优秀的思维。想想看，为什么我们希望添加优秀的人成为微信好友？并不是因为这样能够带来表面的"社交虚荣"，让我们有底气去炫耀"你看，我认识×××"，而是透过他们的朋友圈，在潜移默化之间，让我们能够领悟到优秀的人日常都在关注什么，他们如此优秀的背后原因是什么，必要时让我们能够有机会向他们请教，接收到智慧锦囊。

我们经常见到一些人在社群里到处加人，申请好友的备注里面连自我介绍都没有，或者加完好友之后就从此沉寂，一句招呼和问候都没有。

我们不得不重新定义一下，对我们自己而言何为人脉？

如果我们把人脉定义为：那些微信群里的人、活动现场的人，因为他们是我们的潜在客户，那么，人脉就只是我们的钱袋子而已。如果我们把人脉定义为：当有好的机会出现时，他能想起你，给你打电话，那么，人脉就是意想不到的支持。

所以，在群内加人也好，在活动现场结识新朋友也好，本身没有好坏对错之分，重点在于是否在相识之后产生了真正有效的情感联结，是否留下了美好的第一印象，让对方喜欢上了自己。

没有喜欢，何来继续？没有继续，何来深交或成交？

15.4　谦虚的跨界姿态

说实话，我所见到的那些非常厉害的跨界高手，都是特别能和别人聊到一起去的，那种自然的气场能够让人感觉到超然的放松和舒适，和他们在一起，能够突然迸发出更多的创意和想法，毫无征兆的那种。

越是地位高的人，越是亲切可人。真正有能量的人，总能够把握住何时该"藏"，何时该"露"。不管合作伙伴的品牌是比我们更强势，还是刚起步，抑或合作伙伴看起来年龄更小，我们彼此之间都应该用一个平等、谦虚、和谐共赢的姿态交流。这是一份尊重——对对方的尊重，也是对自己人格的尊重。

要知道，现在我们是因为品牌或者公司的合作需要相识，但其实我们交的是对面这个"人"，沉淀在我们人生中的，也是我们彼此之间的共同经历和情谊。

别人选择支持我们的首要原因是，他们认为我们值得（被支持）。也许不久后的某一天，我们的事业有了新的方向，对方恰恰就是那个能支持到我们的人。相信我，这样的事情数不胜数，今日的新朋友，不知在未来的哪一天就会成为自己十字路口的那个贵人。

正如，我自己也想不到，4 年前我业余经营的公众号里的一个粉丝，是我实现出书梦想的重要红娘；更令人不曾想到的是，2017 年前参与我组织的女性论坛的一位朋友，她现在的事业合伙人竟是她在那场论坛中偶然结识的。

时常听到有人讲："要管理好自己的人脉，多接触比自己优秀的人，远离不如自己的人。"对此我并不认同。如果大家都去接触比自己优秀的人了，那么优秀的人也会去接触更加优秀的人，哪里还会理睬我们呢？

如果我们把人根据生命状态分为高、中、低三个层次的话，我的建议是，和同阶的人合作，向高位的人谦虚学习，向暂处低位的人伸出援手。这是具备跨界力的人应当具备的素养，也是真正掌握跨界之"道"的必备精神。

15.5 真诚为他人负责

还记得那个赞助了我们活动的糕点品牌的故事吗？我们一次面也没有见过，仅通过一次电话，对方就决定要支持我们的活动，就是因为他们感受到了我的真诚和对他们的负责。

我曾经在朋友圈做过几次调研，也在同事中发放过匿名评价小卡片来收集我在别人眼中的印象。我很庆幸，多年来，分别有两个词是重合的，那就是真诚、负责。这也是我想要保持的初心。

在危机出现的时候，如果你的一个合作伙伴依然非常真诚地对待你，不仅不将责任完全丢给你，不给你施压，反而非常主动地为你承担责任，优先考虑你的利益，并利用自己的资源帮你减轻甚至避免损失，请问，你会如何看待这位合作伙伴？你下次还愿意和他合作吗？

反之，你的另一个合作伙伴为了自己的利益，宁可让你为难，让你亏损，并在时间越来越紧迫时，对你连环 call（不停给你打电话），只为保住自己最初的权益。那么，你会如何看待这位合作伙伴？你下次还愿意和他合作吗？

这两种类型的合作伙伴绝非杜撰，而是我在上一章跨界危机的最后一个开放式案例中亲身经历过的两种类型。第一种是我至今的好友许栩，当时她在一家知名汽车服务公司负责市场，还有几位是其他公司的负责人。也是从那次之后，我更加珍惜这几位可信可交的朋友。第二种是一家自媒体公众号的策划。

除此之外，还有一种情形也是我很感激的，介于这两者之间。他们选择了自己解决影响他们的部分，而且对我毫无责怪之意。

那次危机发生时，我刚好在医院，我努力沟通了一整个下午。次日凌晨，我向所有相关人员发送了一封真诚的致歉信，并表明了我的立场：我会尽全力与阿红公司沟通，尽可能为大家争取最初答应的赠票数量，如果实在未能达成，保底方案是我个人出资为大家购买门票作为赠票，然后我再次对大家的理解和那一周的鼎力支持表示发自内心的感谢。次日，我逐一电话致歉。就是这一遍的电话，让我遇到了上述的 3 种情形。有感动，有苦笑，也有欣慰。

我们要做哪一种合作伙伴呢？决定权在我们自己手上。

15.6　高标准以终为始

2014 年，我到了一家当时非常知名的快消品公司负责品牌方面的工作，后来由于公司要新建一个客服部，总经理推荐我去兼管，但需要与总部领导远程视频面试。面试结束后，远在总部的一个曾经一起做过活动的同事悄悄告诉我说，总部领导在餐厅午餐时提到了我的名字，说全国面试下来，我的表现最好。

原来是因为下面这段对话。

领导问："如果客户投诉发生在周末，而当时你又联系不到你们部门负责这件事情的员工，你会怎么办？"

我说："当然要第一时间尽快处理。这件事情的重点是在第一时间尽快解决，避免恶化，而不是谁来解决。在我心里以及我的部门里，领导和员工是一体的，只是责任不同、分工不同，而非有高低之分。"

现在想来，这正是以结果为导向的工作原则，以终为始，一切以解决问题为首要目标。谁多做一点，少做一点，在结果面前都不重要。

跨界合作亦是如此，尤其是危机事件和漏洞出现之时。

在这第 6 个跨界法则中，有两个关键词：一是"以终为始"，二是"高标准"。有时为了达到"完整执行下去"，我们首先想到的便是"降低标准"。想想看，有多少次，我们听到的一句话是："哎呀，算了，就这样吧。""没办法，只能这样了。"殊不知，在我们选择放弃时，还有 N 条路在等着我们，而我们只要肯多去尝试，是很可能可以实现最初的高标准的。

我们真的可以尝试一个方法：A 路不通，走 B 路，B 路不通，找 C 路，实在没路了，再尝试调整目标，而调整目标是没有办法的办法，是最后的选择，而非遇到困难时的第一选择。

我们的能力和能量就是在一次次的磨炼中疯长的，而你给他人留下的印象，也是在一次次的共事中渗透在大家心里的。

总结一下：

在这一章中，我们分享了 6 个由实战经验而来的跨界法则，我相信在阅读每一个故事时，你的脑海中会出现某些画面和想法。相信我，只要你秉持着"给的心态"，并尽可能地遵循这些法则，你就能收获到更多的不可思议。

| 第 16 章 | 跨界雷区：
这六个雷区千万不要踩

跨界法则从正面告诉我们应该如何去做，接下来，还有 6 个雷区，请一定不要踩。

- 有色眼镜，认知失衡
- 漠视关联，忽视细节
- 事实失真，信任危机
- 出尔反尔，口碑危机
- 关注自己，不顾他人
- 只顾眼前，不看长线

16.1 有色眼镜，认知失衡

酒司令的克总曾经给我透露过一个他的故事。

他的一个客户，将合作的后续执行工作交给了一个刚毕业两年的小姑娘。这个小姑娘对克总和克总的员工说话是相当的不客气，在她眼中，克总是服务方（乙方），她们是出钱方（甲方），乙方就得供着甲方，甚至一些能简化的事情也变得非常复杂，致使双方合作起来很不顺畅。

有一次她和这个小姑娘聊了几句真心话："姑娘，我说几句我的想法啊，你听听看有没有道理。你一直这么努力，这么辛苦，就是希望以后事业发展得能越来越好，是吧？咱们说句实话，一个人在一家公司的时间有多长，每个人不一样，不过有一种可能是，几年之后会选择换份工作。即便不换，你看，我比你年长快 20 岁，在社会上多少还有些资源，你以后有哪些需要支持的地方，说不定我能帮到你呢。在社会上啊，就是互相支持，互相帮助，多交一个朋友总是要好的，你说呢？"

克总说从那之后，那个姑娘再也没有刻意为难过他们的员工，现在像一个妹妹一样常和他谈心。

在我们认知不够成熟的时候，会陷入"先入为主""虚荣心爆棚"的陷阱，尤其是面对有求于我们的人，常常不由自主地感觉"我很重要""他需要我""他没我不行"，于是，突然之间自信心爆满、强势、傲慢、冷淡、高冷、严肃等心态也就随之而来。

这些状态，你熟悉吗？

事实上，我们根本不知道今天遇到的这个人，在未来的某一天会对我们产生多么巨大的影响。

从今天起，不要小看身边任何一个值得尊重的人，包括那些此刻非常需要和我们合作的"乙方"，更不要再对当下具有某些标签的人嗤之以鼻，不要戴着有色眼镜去看他们。例如，非常辛苦的广告公司业务员、热心的保险人员、快递人员、电商从业者、微商代购……现在这个时代，越来越多的人从事着第二职业、第三职业，我们所看到的也许只是他们的冰山一角。

16.2 漠视关联，忽视细节

《逆风优雅》的作者分享了她在为娱乐圈筹备各种盛会时，会特别留意明星座位的安排。她不仅要考虑每一个人的身份，还要考虑到谁和谁坐一起更融洽，谁和谁不能安排在一起。她把很多细节都做得很到位，很多明星都是她的贴心好友。

这就是细节的力量——带给我们正向的圆满，或是负向的遗憾。

跨界的创意是否可以实现？八大平衡关系中是否还有未被照顾到的地方？粉丝的体验感如何？主办方是否提前亲身感受过细节？别人成功的跨界案例，我们在借鉴时是否有哪些环境、背景、资源、时间、地点、人群等细节的不同？

那些我们以为的、我们不曾预见的事情，都有可能在意想不到之时为我们带来"惊喜"，从而影响整个结果。重视有关联的信息，重视有可能发生的风险，觉察有可能未被想到的漏洞，才会让我们离圆满更进一步。

16.3　信息失真，信任危机

一天，姐妹曼丽问我是否认识具有某个资源的人，我问她，琳琳不就是做这个的吗？琳琳和曼丽也是认识的，可曼丽却摇了摇头，告诉了我一件事。

她说有一次，她约琳琳到她的好友郭总的咖啡厅去玩儿，并且介绍了郭总和琳琳认识。谈话间，琳琳说她之前在电视台工作，郭总便顺着话题和她聊了一些电视台的事情。分开时，郭总把曼丽留了下来，跟她说了几句悄悄话："妹子，这个女孩儿你了解得多不？"

"一般吧，刚认识没多久。"

"我有个建议，你可以听一听。你跟她接触的时候，得多注意，她的话很多都不真。"

曼丽目瞪口呆，一脸惊讶。原来，郭总在创业开咖啡厅之前，在琳琳提起的那家电视台工作了十几年。

郭总问琳琳："你认识张导吗？好久不见了，也不知道他现在忙什么呢。"

琳琳说："认识啊，张导我们关系挺好的，他现在还是老样子。"

然而真相是，电视台根本没有张导这个人，这是郭总杜撰出来的。

一旦失信于人，就很难重新挽回原本的信任。

合作中被夸大的那些数据、被隐藏的那些事实，终有一天会被知晓。跨界合作推崇的是真诚、善良、美好的合作，而非尔虞我诈的"战场"，这里容不得半点虚假和侥幸。正所谓：圈子不大，一臭满街。

16.4　出尔反尔，口碑危机

在一次活动中，我的一个好朋友向我推荐了她的摄影师，夸赞他拍得好，希望能多帮他引荐更多的业务，如果我有需要也可以随时找他帮忙拍。

那次见面后不久，我组织了一场公益活动，来宾都是非常优秀的女性。按照我们往期的经验来看，只要他拍得好，一定会收获一大批的女粉丝。于是，我特别邀请了这位摄影师，希望能为他带去一批潜在客户。他很高兴，并且愿意义务支持。对此我也特别感动和感激。

但问题来了。

活动前一天，当我再次跟进并提示活动当天的细节时，他却回复说："我明天去不了了，这边接了一个活儿，明天得去那个活动现场。"

现在想来真的是后怕。还好我习惯提前将所有信息再做一次跟进确认，否则，我只有在活动开始前才会发现被这位摄影师放鸽子。我赶紧找了其他的摄影师救场，而这位摄影师，我从此再没有约过他，更不敢将他推荐给我的任何一个朋友。

出尔反尔，会让一个人从此在信任名单中被抹去。

"如果真的临时有事怎么办？"

倘若我们真的遇到了不可抗因素无法兑现承诺，至少可以选择真诚地道歉，并留足让对方补救的时间；或者我们可以主动为对方提供一个替代方案，不至于让对方过于为难，无路可走。

如果你是那位摄影师，一边是答应过的义务支持，另一边是有收入的订单，你会怎么做？

如果是我，我会这样做：按承诺的先后顺序来决定，我会推掉后来的这个有收入的订单。如果必须推掉前面的约定，那就提前告诉对方无法兑现承诺的缘由，并真诚地道歉，并为对方提供力所能及的解决方法。例如，私下与自己的摄影师朋友沟通，由朋友代替自己去完成拍摄工作，确保不影响活动质量，或者提供一些摄影师的联络方式，由双方具体洽谈。

这个逻辑，我在帮助公司进行缩编时曾用过，效果很好，我管理的两个部门是唯一没有闹事的部门。

回到本节主题，请一定做个守信用的人，出尔反尔的雷区一定不要踩。由于篇幅原因，还有许多真实故事无法一一描述，但请记得，这个雷区的爆炸效果出乎你的想象，不仅炸得到对方，也炸得到自己。

16.5 关注自己，不顾他人

你知道吗，许多人在洽谈跨界合作中，都非常容易犯一个错误，而这个错误会直接导致对方拒绝合作。这个错误就是：只关注自己。

想想看，在洽谈合作中，对方与你侃侃而谈，一直讲自己的项目多么好，市场多么需要，创意多么新颖，多么有前景……

你点点头说："嗯，看起来不错。"

下一句，你在心里说的可能就是："可这与我有什么关系呢？"

这就是许多合作洽谈中，一方人热情似火，另一方却冷若冰霜的原因。你的故事很精彩，但别人根本没在故事里。因此，在跨界的第3个步骤——找到并成功说服中，有一个雷区一定不要踩，那就是，只关注自己，忽视了他人。

- 不要忽视他人当下的状态。
- 不要忽视他人的参与感。
- 不要忽视他人的需求和收获。

多关注对方的需求，我们才能收获良好的关系。美国作家安·德玛瑞斯、瓦莱丽·怀特、莱斯莉·奥尔德曼曾指出：留下良好的第一印象的秘诀，就是关注对方的需求。

16.6 只顾眼前，不看长线

跨界的第6个雷区与我们的视野和格局有关，那就是——只顾眼前，不看长线。这个时代，大多数的人都在飞速成长，若我们的眼界不变，落后的将会是我们自己，同时我们也会错过非常多有潜力的、优秀的合作伙伴。

1. 选择合作伙伴时

（1）不要只看对方当前的实力，更要看到对方的潜力

主持人左岩在她的书《岩色》中，曾提到她的一位朋友说的话："我为什么要红，就是希望有一天我红了，不是别人跟我说'你不要来'，而是我有权利说'老娘不去！'"在聚光灯下，太多的人都在努力着，而那份追逐或许只是为了一个

说"No"的权利，与金钱无关，只是关于梦想，关于尊严。

有一件很恐怖的事情——我们心中存留的对某一个人的认知，从我们转身与他分别之后便开始发生变化。我们根本不知道转身之后的下一秒、下一天、下一周、下一月、下一年在他的身上发生了什么，也不知道他在我们不知道的日日夜夜又在如何的努力着。

但我们习惯性地保留了对方上一幕的印象，习惯性地认为他还是上次的那个他。

这个世界始终都在运转，时间在以它的方式向前走着，自然界的万物在以它的方式自然生长着，我们身边的人也在以他们的速度变化着。所以，不要轻易拒绝一个暂时实力不如我们的人，不要轻易对一个人的最新动态吃惊，更不要对他巨大的变化产生怀疑。人，都会向前走。而终有一日，那个我们曾经看不上眼的小家伙会令人刮目相看。

（2）不要只看任务清单中的计划

我知道大量的职业经理人都是非常忙碌的，他们每日、每周、每月的任务清单都很长，于是，当有一些清单之外的机会来临时，他们通常会以"忙不过来""没有这个计划"来回绝。

我曾听到有的市场负责人抱怨："哎呀，没办法，这是年初就定下的，不管怎样还得做啊。"

为什么？作为负责人，决策权在你手中。试问，谁能够在一年前就能准确预知未来一年的各种变化呢？与其被"习惯性的执行"蒙蔽了判断，你还可以试着大胆地停下来对自己说："是时候做出调整了。"

2. 危机出现时

水世界故事中的那次危机事件发生至今，我和那几位朋友关系一直很好，他们所表现出来的智慧和胸怀让我铭记于心。他们并没有只考虑眼前要如何面对减少的赠票而向我施压，而是关注到我是否值得信任，未来是否要继续合作。

把注意力从关注当前的危机当中跳出来，将眼光放长远，这个危机当中也许蕴藏着一份非常棒的礼物，也许它能成为一个难得的机会，也许它能为我们带来此生重要的贵人（具体详见第17章中的"危机冲突中也藏着你的贵人"）。

3. 制定市场决策时

曾经在一家知名互联网公司任职时，我特意将近 10 年的该品牌和同行品牌的市场数据做了一个分析，在趋势图中，我看到了以下两个现象。

- 该品牌虽然一直处于行业第一的地位，但是与其他品牌的差距越来越小，尤其是近几年差距的缩小速度非常惊人。
- 在个别认知标签、个别地区的市场占有率方面，该品牌已被其他品牌赶超。

我嗅到了危机的味道，于是跟总部负责全国市场的虚线主管沟通了我的想法，一是希望能探讨出一些有效的应对方法，二是希望能听取一些建议。

然而我得到的回应是："咱们现在依然是领先地位，你要把工作的注意力放在你手头的工作上，咱们现在还有这么多的项目要做，你考虑这些有用吗？"

我被这顿责骂惊呆了，无声地苦笑了一下便"乖乖地"结束了通话。

我大概不是一个轻易放弃的人，思前想后，我找到了我的直属领导，拿着我们区域中 7 个城市的数据，向他一一分析我的想法，并提出了我们需要做出的改变。幸运的是，有这位领导的支持，我大胆地在我们区域内开始尝试改变，就连常规的客户培训都不放过。事实证明，这些改变在几个月后呈现出了很好的效果。

有一个部门经理说："一直都觉得公司需要做一些改变，但是公司中没有人敢做，也没有人愿意费那个事儿。其实，我挺想像你一样活得精彩一点，做一些成绩出来的，但是又不敢。"

这个世界上，有太多的东西不是我们不知道，也不是我们想不到，只是我们没有去做罢了。

抬起头，跳出来，看到未来，才能真正看清现在。

总结一下：

在本章中，我分享了跨界过程中最有可能踩到的 6 个雷区，每一个雷都是重磅炸弹，而且后果不堪设想。但与其小心翼翼地避免踩雷，不如提升我们的内在、视野和格局，让我们自己成为在跨界当中那个真诚、智慧而又有远见的人。

第 17 章　跨界资源：
如何有效积累跨界资源

经常有人问我，怎样才能为跨界积累足够的资源。现在我就与大家分享一下积累跨界资源的方法，相信掌握以下 6 个方法，将能够助我们一臂之力，让我们快速拥有各类有效的跨界资源。

17.1　成为资源结点

我问市场部网 CEO 老炯："你觉得最好的积累跨界资源的方法是什么？"他说："成为资源的结点。"

没错，我们各地的会长、其他社群组织的发起人、对话类节目主持人、访谈类新媒体主编，都会在工作中结识到非常多的高能量人脉。

想起来多年前的一个朋友，他辞去了一家知名企业部门经理的职位，转而去了一所企业家俱乐部，作为创始人的助理，负责俱乐部成员的服务和活动。他说，也许 title 变了，不再有那么耀眼的知名企业的光环，但是这个工作能让他的人脉、眼界提升更多。与这些优秀人士的接触，让他学到了很多在原先企业里学不到的东西。

可见，我们可以有意地规划自己的职业路径，即使是在传统的企业，只要有心，依然可以积累下优质的人脉资源。如果你可以成为资源的结点，你将拥有越来越多的资源，这些资源将自带增长因子，不断地向你靠拢。当然，前提是你喜欢和你需要。

17.2 加入圈层组织

积累跨界资源的第二个方法是，加入喜欢的组织和圈层，成为其中的一员。这是相对轻松、快捷的方式。我们只需要符合这些组织和圈层的条件和要求，即可申请成功，这些条件大多为资金、他人推荐、个人身份、行为认同等。一旦申请成功，我们一样可以拥有这个组织和圈层内的人脉资源。

与作为资源的结点相比，这个方法的不同之处在于：成为资源的结点，我们自己是资源的核心，自带公信力和向心力；加入现有的组织和圈层，虽然不需要花费组织和管理的精力，但需要严格遵守组织的内部规定。当然，我们可以通过一些合理并讨喜的方法，建立我们在这个组织中的影响力、吸引力和威信。

（1）选择适合自己的、优秀的组织和圈层

真正优秀的组织和圈层，不是看它有多少个群，有多少个人，而是看其背后的组织和运营，还有其背后的能量。

（2）多参加行业学习交流会

参加这样的活动，要持有目标地参加，有缘的话，可以结识行业大咖或者偶像。这样的机会很难得，不要错过和邻座参会者交流的机会。如果我们想索要嘉宾的微信或者其他联系方式，请务必准备好妥善的理由，并首先让对方对我们产生好感。

有一个心得想要分享给大家。

之前我看到喜欢的、崇拜的嘉宾，总是心跳加速，犹豫再三，不敢上前交流，更别提加为好友了。现在我发现，其实，并不是所有的嘉宾都像我们想象的那样高不可攀，他们中的大部分人都是很亲切、很和善的。当我们通过眼神、言语、神态非常真诚地表达了对他们的喜欢，他们会接受我们的心意的。尤其是当告诉他们有哪些地方希望能够再次向他们学习，或者为了感谢在他们身上学习到的内容，我们希望在什么方面能够支持到他们时，他们会像朋友一样心怀感激。在获得他们允许的情况下，我们就有更大的机会在现场加之为微信好友。当然，要珍惜，不要无端打扰。

（3）说服老板让自己多参加会议，主动承担出席的相关工作

如果你是职业经理人，你要努力说服老板多带你参加各种会议，在你的能力被认可时，老板会尝试要你代替他出席部分场合，这样，你便可以提升社交能力、眼界和人脉。

你需要提前了解会议的内容、参与的嘉宾、老板出席的目的和需要，以"帮助你的老板"为首要目标，切忌主次不分、喧宾夺主。换位思考一下，如果是你带了一个下属参加某个会议，你希望他如何表现呢？

（4）另辟蹊径，跨行寻找

大多数时候，我们都喜欢直接加入某个行业协会，可如果这样的行业协会很难申请，或者部分条件你达不到，又该怎么办呢？

跨界寻找——分析一下我们想要积累的人脉资源有哪些标签和特征，不仅要关注直接标签，还可以关注他们的第二标签。

例如，学习生涯发展的人，大多是 HR、心理学爱好者、创业者；学习国学的人，许多都是企业家；沙漠徒步爱好者，大多是在某些领域中极具毅力的成功人士；喜欢听正面管教课程的人，大多是讲师和孩子家长；高端车主俱乐部，大多是有一定能量的人……

换个角度，我们一样可以积累想要的跨界资源，优点是在与他们的相处中，我们多了一方面的共鸣，缺点是这种方式不够直接，需要一个筛选的过程。

17.3 自建资源林子

如果加入已有的组织非常麻烦，你更喜欢自己来主导并服务大家，那么你可以选择自建资源圈。就像市场部网各地分会一样，自己建立一个符合自身定位的圈层，服务每一个参与其中的成员，同时也帮助了自己。

优点是你会在此过程中获得更多的认可和向心力，逐渐在某个领域拥有个人 IP 和影响力。

挑战是你需要付出更多的时间和精力来组织和管理，并要在一定时期内坚持，你需要掌握社群运营技巧、活动筹备技巧、组织管理方法。如果你无法做到，你的社群将很快会被广告和沉默攻陷。

17.4 带着真诚，处处皆资源

不瞒你说，积累资源和人脉有时是顺理成章的事情，如果过于刻意，反而显得功利和缺少诚意。想想看，谁又甘愿让自己的某项能力（资源）成为别人的工具呢？助人的热情和善良与成为工具之间仅一步之遥，关键在于是不是双向的，是否真诚并感恩。

1. 每一个面试官都可能是你的贵人

在调研大家心目中"积累跨界资源的有效方法"时，有一位 HR 的朋友说："面试。"

是的，没错。突然想起，我有好几位曾经给过我支持的朋友，都是曾经的面试官，虽然最后没有一起共事，却通过面试彼此了解，成了私下里的朋友。

每一个人在这个世界上，都是多重身份的交织，此刻的相遇，也许是面试官与求职者的关系，下一刻，也许就是彼此的贵人。

- 有一位全国知名的快消品牌副总裁，在离开企业自己创业时曾邀请我一起创业，对此我感到非常的荣幸。
- 有一位知名银饰品牌的面试官，告诉我买首饰找她拿内部折扣。
- 有一位知名电器品牌的面试官，直到如今我们都是互相欣赏和彼此认可的朋友。
- 有一位大米品牌的面试官，现在自己在开发田园农庄项目，在我发朋友圈说"电脑总是蓝屏，求帮助"时，他第一时间派员工来我家取电脑，并在电脑修好后告诉我说，如果我需要培训场地，他那里可以免费提供。

……

我一直都很感激在这样的机遇下，与对方最终成为朋友的那些曾经的"面试官"，因为这份友谊彰显出一份理性的了解与认可。

2. 危机冲突中也藏着你的贵人

曾经在一家公司的时候，由于这家公司的某个单品一日内蹿红，由此招来了不少麻烦，这些麻烦有真有假。公司的要求是零投诉、零负面。因此，一个月内就需要处理上百起大大小小的危机事件，这里面有真假身份的消费者投诉，有"职业打假人"的恶意状告，有法院的传单，有超市的下架通知，有小媒体的真假负面消息……

对于一个危机处理零基础经验的我而言，那几个月是我恶补各种法律知识、危机应对技巧、投诉处理方式的"黄金时刻"。是的，不是黑暗岁月，而是黄金时刻。为了找到恶意中伤我们的人，我和同事甚至像个"侦探"一样去寻找蛛丝马迹，假扮情侣去"跟踪"。现在想来，很是有趣。

我用得最多的方法就是"以诚相待"。"对方"是一个"人"，只要能够做到适当地"共情"，并真心以待，大多数问题都是可以化解的。我相信人们生而善良，而面对那些以伤害别人为生的人，不好意思，只有勇敢地拿起武器来保护我们自己。

后来，其中一些人成了我日后非常重要的朋友，这么多年，他们给过我不少帮助，也许这就叫作"不打不相识"。

3. 藏在路上的贵人

总有人问我："你是怎么认识这么多市场人的？"其实渠道很多，今天我想分享一个有意思的渠道——路上。

上个月，我在地铁的广告栏中看到插坐学院的一个公益分享课的信息，然后就抱着试试看的心态扫描了二维码，后来进入了他们的粉丝群。入群后，我做的第一件事就是改了群名片，第二件事就是添加了群主的企业微信。

原来，群主就是插坐学院的市场负责人，沟通之后，他用个人号添加了我的微信。那一周的周末，他来到了我们的跨界品牌对接会，现在已经在和几个品牌对接合作。

你看，相遇方式就是这样看似平淡无奇却又无比奇妙。

那天晚上，我一边剥着小龙虾，一边向朋友们谈起我们认识的经过，很是感慨，幸好他是一位心态开放的管理者，否则大家就没有这样一份相遇。

这大概是我的一个习惯，看到未来有可能产生情感联结的人，我都愿意走上前聊两句。

- 有时看到活动节目够炫酷，就在他们表演完后默默地到后台找他们留一个联络方式，以备日后我的活动所需，他们大多数人也很乐意与我相识。
- 有时逛到一家特别漂亮的咖啡馆或者花店、书店，我会鼓起勇气找他们的老板或者店长聊聊，听听他们的想法，当然了，通常有格局的老板和店长都蛮欢迎的。
- 有时看到一场活动组织得非常震撼和圆满，我会去找他们的总负责人聊聊。有一次，我看到他们请的是我们电视台非常著名的一位主持人，在亲眼见证过他在现场的风格和主持功底后，我鼓起勇气趁他台下休息时，跟他简单聊了几句，说明来意并互加了微信。

回忆阵阵袭来，我身边还有一些朋友是在吃饭时结识的店老板、旅行时遇到的热心人、火车站遇到的帮其转乘的外教老师、参加活动时遇到的有共同兴趣的朋友……

人生真的非常奇妙，我们不知道会在什么时候遇上未来的贵人，他们带着光芒，带着对你的善意和不断增长的能量，在面试中、在冲突中、在路上、在每一个意想不到的瞬间，与你遇见。

17.5 树个人品牌，自带吸引力

拥有优秀的个人品牌，会让我们自带吸引力。就像我们总是渴望结识某些人一样，也会有很多人渴望和我们相识。

问题来了，相识之后会怎样呢？我的意思是，是会更加喜欢，还是"见光死"呢？树立个人品牌的方法，在许多书里都有分享，大家可以找寻适合自己的方式。在这里我想强调的是，认知的一致性。

有一次我去北京有幸拜访了一位非常知名的青年作家，他的文字和网络发声给我留下了非常令人尊重和颇具才华的印象，那天聚会上还有他的几位圈内好友。但在目睹了真实的一切之后，坦白讲，我心里有种淡淡的失落，甚至有那么一刻，我开始怀疑作家圈是怎么了。转念又想到我的其他作家朋友，才开始意识到这只是个体的差异。

那天以后，我与聚会上的任何人不再有联络，也开始暗暗下决心，希望自己在台上或者在文字前留给别人的印象，能够和真实的我保持一致。

类似的事情不止一件，所以我开始反思，所谓的个人品牌，未必是我们在设计自己的人设时想要别人看到的那些，而是基于他人的真切感受之下的认知总和，前者的吸引力是一时的，后者的吸引力则是深厚而久远的。而后者需要我们不断地充实和提升内在，是"路转粉"，还是"粉转黑"，全在我们自己。

思考：你要树立一个怎样的个人品牌？

17.6 留下求助的印迹

在第 11 章中，我们提到过一种解决燃眉之急的方法——善于发动第二人脉。可是，我们发现，有许多人在被帮助之后，就与他们失去了交集。那些愿意主动帮我们引荐关键人物的第二人脉、第三人脉，他们其实更值得我们珍惜，倘若你用心去了解，你会发现他们本身就是一个"善良的宝藏"。

我们常说"吃水不忘挖井人，更不要忘了递给我们铁锹的人"，他们就是那位递给我们铁锹的人。因此，及时地备注上他们曾经如何帮助过我们，及时地表达感激，并适当地了解他们目前的状态和需求，了解我们能在何时何处支持到他们，这会为彼此增加交集。

总结一下：

本章中，我们分享了 6 种在日常工作和生活中积累跨界资源的方法，每一种方法都非常有效，你可以任选一种或者几种，从现在开始，以真诚和"给"的心态为出发点积累自己的跨界资源。我相信你会在不久之后发现自己不可思议的变化，到时希望能收到你的好消息。

参考文献

[1] 卡罗尔. 德韦克. 终身成长 [M]. 楚祎楠，译. 南昌：江西人民出版社，2017.

[2] 尼尔·埃亚尔，瑞安·胡佛等. 上瘾：让用户养成使用习惯的四大产品逻辑 [M]. 钟莉婷，杨晓红，译. 北京：中信出版社，2017.

[3] 程志良. 成瘾：如何设计让人上瘾的产品、品牌和观念 [M]. 北京：机械工业出版社，2017.

[4] 乔纳·伯杰. 疯传：让你的产品、思想、行为像病毒一样入侵 [M]. 刘生敏，廖建桥，译. 北京：电子工业出版社，2014.

[5] 乔纳·伯杰. 传染：塑造消费、心智、决策的隐秘力量 [M]. 李长龙，译. 北京：电子工业出版社，2017.

[6] 奇普·希思、丹·希思. 行为设计学：打造峰值体验 [M]. 靳婷婷，译. 北京：中信出版社，2018.

[7] 亚当·奥尔特. 欲罢不能 [M]. 闾佳，译. 北京：机械工业出版社，2018.

[8] 樊登. 低风险创业 [M]. 北京：人民邮电出版社，2019.

[9] 凯文·凯利. 必然 [M]. 周峰，董理，金阳，译. 北京：电子工业出版社，2016.

[10] C. R.斯奈德，沙恩·洛佩斯. 积极心理学 [M]. 王彦，席居哲，王艳梅，译. 北京：人民邮电出版社，2013.

[11] 安·德玛瑞斯，瓦莱丽·怀特，莱斯莉·奥尔德曼. 第一印象心理学 [M]. 赵欣，译. 北京：新世界出版社，2017.

[12] 彭凯平. 吾心可鉴：澎湃的福流 [M]. 北京：清华大学出版社，2016.

[13] 黄国胜. 隐藏的人格：一个心理咨询师的人格面具分析 [M]. 北京：北京联合出版公司，2016.

[14] 玛塔·提巴迪. 我们头脑里的导盲犬 [M]. 倪安宇，译. 北京：北京联合出版公司，2018.

[15] 键山秀三郎. 扫除道 [M]. 陈晓丽，译. 北京：企业管理出版社，2000.

[16] 乔舒亚·菲尔茨·米尔本，瑞安·尼科迪默斯. 极简主义 [M]. 李紫，译. 长沙：湖南文艺出版社，2017.

[17] 莎朗·莎兹伯格，一平方米的静心 [M]. 李芸玫，译. 北京：北京时代华文书局，2018.

[18] 本田健. 让好运每天都发生 [M]. 赖郁婷，译. 北京：华夏出版社，2019.

[19] 山姆·高斯林. 看人的艺术 [M]. 宋媛媛，译. 北京：北京联合出版公司，2018.

[20] 左岩. 岩色 [M]. 哈尔滨：北方文艺出版社，2016.

[21] 苏红. 逆风优雅 [M]. 北京：北京联合出版公司，2017.

[22] 郭建崴. 物理学与进化论的"跨界" [N]. 光明日报，2016.

附录

理论模型及工具：

- 与我相关
- 情感联结
- 曝光效应
- 反曝光效应
- 可视化表达
- 差异化
- 出乎意料的惊喜
- 峰终定律
- 剥洋葱方法
- 场景化定位
- 需求认知匹配模型（用户需求灰盒子模型）
- 上瘾模型
- 零售 + X 模型
- 十个购买动机
- 八种原生价值
- 十种跨界思维方式
- PDCA 循环体系
- 拉扎罗关键趣味
- 三种酬赏方式
- SWOT 分析法
- 波特五力分析模型
- 波特价值链分析
- 波士顿矩阵
- GE 行业吸引力矩阵法
- 跨界认知塔
- 十二表格套系
- 八大平衡关系
- 4P2C 拍照法则

心理现象：

- 占便宜心理
- 安全感和对比心理
- 害怕失去
- 多变的酬赏
- 聚众效应
- 镜像系统
- 联结与失连
- 恒河猴依恋实验
- 斯金纳操作性条件反射实验

致谢信

这是我人生的第一本书,它对我而言意义重大。当我重新梳理自己的人生时发现,当前最能代表我的四个字是:"跨界、成长"。我想要感谢出现在我生命里的所有朋友,尤其要感谢樊登老师,他所推荐的书在我许多个睡前、整理房间时、沐浴时、化妆时、做饭时陪伴着我,这些来自各个国家、各个领域的书,让我看到了更多的思想和故事。

这本书的文稿撰写用了一年时间,而它的思考和开发得益于两年前的"第一届 LADY DONG 全球视野女性论坛"(当时叫作"高知女性论坛")中的分享,以及一年后再次深入研发并制作为《跨界有道》线下实战班的课程内容。在这个过程中,我要感谢他山石智库姚兰女士的信任,我们在未曾谋面之时,她就热心地促成美国洛杉矶前任副市长陈愉(Joy Chen)成为论坛嘉宾;感谢曾经一起奋斗过的女性朋友李姿和刘白鸽,更要感谢为课程研发提供诸多诚恳建议的好朋友贺静、王一如、黄豪杰,在他们的见证下,课程至今已不断迭代升级了七版。

感谢朋友们的邀请,我才得以有更多的机会在全国进行跨界主题的分享,并收集到更多的有效反馈。特别要感谢佳能公司的石静雅、西西弗图书的夏菁、沈鹏、WorkFace 创始人佘枭飞、市场部网陕西/武汉/安徽/广西分会的会长高敏涛、付轶群、周卉、陆献花等朋友的支持。

非常感谢市场部网/异业部创始人兼 CEO 老炯(杨叶伟先生),及市场部网各地分会的朋友们。在本书筹划之初,老炯和市场部网全国的朋友们给予了我大力支持。同时也要感谢参与过本书调研过程的所有人。

在这里，我还要感谢的是我的高中班主任张鸿雁老师，正是因为毕业时他要求每位同学写一封给自己的信，我才能够在信中写出"十年之内，我要出一本书"这句话。虽然已过了十年之约，这句承诺却在无形中促使着我完成写书的梦想。同样要感谢的还有我的初中班主任石文琦老师，我一直记得他说的那句话："看成绩，比差距，找原因，争第一"，这种解决问题的思维方式一直深深地影响着我。

总是有朋友问，你是怎么走上写书这条路的？这正是跨界的魅力、人脉的魅力、真诚的魅力。我一定要感谢多年前在我公众号上有缘相识至今的河南科技出版社的好朋友杨艳霞，她为本书的出版提供了许多宝贵建议；还要感谢至今未曾谋面的作家毛作东先生，在他的热情引荐和建议下，我才得以结识清华大学出版社策划编辑张志军老师，非常感激他愿意给我和"跨界"主题一个步入出版界的机会，这对于渴望让更多人享受跨界带来的魅力的我来讲，是最大的支持和信任；感谢清华大学出版社策划编辑张尚国老师不遗余力地推进出版流程，同时，也要感谢清华大学出版社审稿编辑高伟老师为本书在文字审读方面所做的大量工作，我们一度字斟句酌地改稿到深夜两点，她的专业、细致和独到的见解让我喜出望外、相见恨晚。

最后，我想感谢一个非常非常重要的人——我的父亲。在撰写本书的过程中，我的脑中不断出现他的影子，还有我从小到大与他相处的点点滴滴。他是一个非常优秀的人，爱看书、不怕困难，待人热忱、真诚、善良、大方、负责。记得他躺在病床上输液的那段时间，我坐在床的一角用 iPad 画画，然后拿给他看我画得像不像。我太希望那个时候我可以和他的心走得更近一些，多说一些贴心话，至少不用把对他的崇拜和爱藏在心里；我太希望我能早一点懂得更多，这样我就能更多地理解他的一颦一笑，撤掉我的"假装"，找到我在家族系统中原本的角色，让他体会到我心里的爱。然而，最终一切都没有发生，我再也没有了说出来的机会。

所以，这本书献给我人生中最重要的人——我的父亲，愿他在另一个世界能够继续以女儿为骄傲，像我小时候那样。

也愿更多的人早日拥有多领域的跨界力，少些遗憾，多些可能。

跨界行家如是说

跨界之核心在于"给予",懂得给予才会有所收获。跨界中的创新更是由组合与变换衍生而成的,学习个中要义并加以灵活运用,是我们一生都值得追求的事。

——容冠鹏　市场部网佛山分会会长/原网易传媒广州分公司项目经理

拥有"跨界力",你就具备从一个行业转到另一行业、从一个岗位转到另外一岗位的适应力。

——张超　市场部网安徽分会副会长

新生代的品牌塑造更需要内容的加持,营销行为应更具有互动性和话题性。跨界营销让品牌之间的互动更具话题性,跨界力应该成为当下品牌人的基本思维。相信本书会给大家带来更多的深度启发。

——柳青　市场部网华东总会会长/艾逗传媒董事长

这本书会给予很多人一种不一样的收获,你的思维方式决定了你的决策。在这万物变化的年代,无跨界不成功!

——周卉　市场部网安徽分会会长/鑫泉教育合肥分公司市场总监

聚势、融合、跨界营销,是营销人的必备能力。《跨界力》这本书很好地整理并发掘出跨界营销的成功案例与思维模式,并将跨界营销的精神和能力分享给读者,是每个营销人的必读之作。

——汪春友　市场部网芜湖分会会长/趣播科技负责人

跨界的核心不在于"跨"，而在于"界"：能否在不同边界的交集之处寻找到连接点，从而产生新的联结，能就是"跨界"，不能就是"跨栏"。

而这种联结建立的核心精神是"给的心态"和"给的能力"：在交流中，优先考虑我们能为对方支持些什么，而后在获得帮助后，主动表达感激，由此正向循环，营造一种有温度、有信任和有责任的圈层。

——黄豪杰　市场部洛阳分会会长/玩转洛阳宝妈团创始人/招生邦创始人

营销4.0时代，产品在客户需求方面发生变革，价格在客户成本控制方面发生着变革，通路在用户触点方面发生着变革。面对如此众多的变革挑战，单一品牌在细分市场上已略显后劲不足，产品需要找到新的消费场景，我们的品牌企业和品牌管理者需要拥有"跨界力"。

——余老狮　市场部网上海分会会长 | 驰亚科技联合创始人

经常有企业咨询我如何做好跨界。近几年来，跨界是一个很热的话题，至少在我看来这不是几句话能讲明白的。所以我的回复大多是"我不善于讲解长篇大论，也不是搞学术研究的，如果你想解决企业问题，那么我可以有针对性地给出合理的方向和建议。"

幸运的是，佳韵的这本呕心沥血之作《跨界力》终于面世了！这是一本融合作者多年理论研究和实践经验的跨界宝典，也是一本值得我们悉心学习的教科书式的跨界典范，相信读者朋友们在研读后，定会对跨界有一个更加清晰的认知和全盘把控。

——马文东　市场部网北京分会会长兼品牌、市场、项目顾问

相对于单兵作战，跨界营销、IP赋能、品牌联动等新玩法，对于扩大品牌影响力的作用显得尤为明显，也更能让各自品牌在目标消费群体中得到一致认可。

——高敏涛　市场部网西北总会、西安市品牌策划创意行业协会、秦领会会长

佳韵是个特别温暖、特别真诚的人，她在《跨界力》这本书中分享了"给"的秘密，这也正是她在现实生活中所践行的做人做事的原则。佳韵的这本书其实也在告诉我们：变化节奏极快的当下，身为营销人必须与时俱进，跨界力意味着当今社会，如果你不具备突破性思维以及资源快速整合的能力，那真的很难成功运作品牌，也很难帮助企业达成业绩目标，实现指数级增长。

　　这是本非常值得一读的书，它可以帮助你理清思路，积蓄职场势能，同时也会让你重新开拓思路，看到更多的可能。

——应文婕　市场部网上海分会会长 / 苏州拴穗企业管理咨询有限公司创始人 / 前华特迪士尼（中国）有限公司全国市场经理 /2020 艾菲全球奖大中华区终审评委 / 知密创业女性平台上海分会会长